Schnell-Übersicht Turbo Pascal 7.0

Josef Steiner

Markt&Technik
Buch- und Software-
Verlag AG

SCHNELL-
ÜBERSICHT

Turbo Pascal 7.0
Turbo Pascal 7.0
Turbo Pascal 7.0
Turbo Pascal 7.0
Turbo Pascal 7.0
Turbo Pascal 7.0
Turbo Pascal 7.0
Turbo Pascal 7.0
Turbo Pascal 7.0
Turbo Pascal 7.0
Turbo Pascal 7.0

Die Deutsche Bibliothek – CIP-Einheitsaufnahme

Steiner, Josef:
Turbo Pascal 7.0 / Josef Steiner.
[Hrsg. von Josef Steiner und Robert Valentin]. –
Haar bei München : Markt-u.-Technik-Verl., 1993
    (Schnell-Übersicht)
    ISBN 3-87791-427-6

15   14   13   12   11   10   9   8   7   6   5   4   3   2   1

96   95   94   93

ISBN 3-87791-427-6

© 1993 by Markt&Technik Verlag Aktiengesellschaft,
Hans-Pinsel-Straße 2, D-8013 Haar bei München/Germany
Alle Rechte vorbehalten
Einbandgestaltung: Grafikdesign Heinz Rauner
Dieses Produkt wurde mit Desktop-Publishing-Programmen erstellt
und auf chlorfrei gebleichtem Papier gedruckt
Satz und Belichtung: CD GmbH, Neuler
Druck: Freiburger Graphische Betriebe
Printed in Germany

Was finden Sie in dieser Schnell-Übersicht?

Tips zur Schnell-Übersicht:

▪ **Lesen Sie das Kapitel »Arbeiten mit der Schnell-Übersicht Turbo Pascal 7.0«**
Sie finden hier eine ausführliche Anleitung zum effektiven Einsatz der Schnell-Übersicht.

▪ **Lassen Sie die Schnell-Übersicht offen aufliegen**
Das handliche Buch findet immer einen freien Platz.

▪ **Klappen Sie das Inhaltsverzeichnis aus**
Sie finden hier schnell das richtige Kapitel.

▪ **Suchen Sie ein Kapitel nach den Registermarken**
Die Nummern auf den Marken ermöglichen ein schnelles Auffinden.

▪ **Nutzen Sie die Verweise für weitere Informationen**
In jedem Kapitel sind umfangreiche Verweise, mit deren Hilfe weitere Beschreibungen gefunden werden können.

Tabellenübersicht

Nachfolgend finden Sie eine Auflistung der Tabellen, die in dieser
Schnell-Übersicht enthalten sind. Es handelt sich dabei meist um
Tabellen, die über Tastenfunktionen, Befehle oder Parameter Auskunft
geben.

Übersicht aller Tabellen

Inhaltsverzeichnis

Vorwort

Mit zunehmender Leistungsfähigkeit von Personalcomputern und Software wird es für den Anwender immer schwieriger, die Übersicht über alle Funktionen der eingesetzten Software zu behalten. In den meisten Fällen wird nur ein Teil der angebotenen Möglichkeiten genutzt, mit denen er sich im Laufe der Zeit zurechtfindet. In einführenden Schulungen können nur die wichtigsten Funktionen gelehrt und verstanden werden.

So bleibt sowohl für neue Anwender als auch für solche, die schon einige Erfahrungen mit der eingesetzten Software haben, ein Informationsdefizit. Beide möchten bisher unbekannte oder wenig genutzte Funktionen schnell und unkompliziert nachschlagen können.

Für diese Anwendergruppen ist die Reihe »Schnell-Übersicht« entwickelt worden. Sie besteht aus Nachschlagewerken zu Standardprogrammen und Programmiersprachen, die in kompakter und übersichtlicher Form schnelle Antworten auf die Fragen geben, die bei der täglichen Arbeit mit dem jeweiligen Programm auftreten.

▨ Die Beschreibungen sind problemorientiert aufgebaut, und miteinander verwandte Themen sind in räumlicher Nähe zueinander zu finden.

▨ Alle Informationen werden so vermittelt, wie sie bei der praktischen Arbeit benötigt werden.

▨ Eine Übersicht auf der Titelseite gibt einen schnellen Überblick darüber, welche Themenkreise wo zu finden sind.

▨ Ein ausklappbares Inhaltsverzeichnis erleichtert das Auffinden der Lösungen zu einem bestimmten Problem.

▨ Ein einheitlicher Aufbau der Kapitel erleichtert die schnelle Erkennung und Umsetzung der benötigten Informationen.

▨ Zahlreiche Querverweise erschließen den Zugriff auf weiterführende Informationen.

▨ Das handliche Format vermeidet Platzprobleme am Arbeitsplatz.

▨ Alle Bücher sind nach einheitlichen Prinzipien gegliedert. So finden Sie sich in weiteren Schnell-Übersichten sofort zurecht.

Damit schließt sich die Lücke zwischen umfangreichen und unhandlichen Programmhandbüchern und knappen Übersichtskarten. Die Schnell-Übersicht bietet ein Maximum an übersichtlich gegliederter Information auf wenig Raum. Die praktischen Erfahrungen des Autorenteams garantieren den praxisgerechten Aufbau jedes Buches.

Wir wünschen Ihnen viel Erfolg mit der Schnell-Übersicht für Turbo Pascal 7.0.

Das Autorenteam

Arbeiten mit der Schnell-Übersicht Turbo Pascal 7.0

Beachten Sie die folgenden Tips zum Arbeiten mit der Schnell-Übersicht. Damit können Sie diesen handlichen Helfer effektiv einsetzen und Informationen schnell finden.

Tips

Stellen Sie Ihre Schnell-Übersicht in unmittelbare Nähe Ihrer Tastatur
So können Sie jederzeit bei Auftreten eines Problems schnell zum richtigen Buch greifen und nachschlagen.

Klappen Sie das Inhaltsverzeichnis aus
In diesem kompakten ausklappbaren Inhaltsverzeichnis finden Sie schnell das richtige Kapitel zu jedem Problem.

Lassen Sie die Schnell-Übersicht offen an Ihrem Arbeitsplatz liegen
Das handliche Buch findet immer einen freien Platz. Jetzt haben Sie bei Auftreten eines weiteren Problems Ihre Schnell-Übersicht sofort griffbereit und müssen nur noch das richtige Kapitel aufschlagen.

So schlagen Sie ein Problem nach

Suchen Sie im ausklappbaren Inhaltsverzeichnis nach Ihrem Problem
Suchen Sie hier nach dem entsprechenden Kapitel, in dem Ihr Problem beschrieben sein könnte. In der Auflistung der Unterthemen finden Sie schnell das richtige Kapitel mit Kapitel- und Seitennummer.

Schlagen Sie das gewünschte Kapitel auf
Die Registermarken mit Kapitelnummern ermöglichen Ihnen ein schnelles Auffinden.

So schlagen Sie einen Befehl nach

Suchen Sie auf dem Ausklapper nach dem Befehl
Auf der Rückseite dieses Ausklappers finden Sie eine alphabetisch sortierte Befehlsliste, in der Sie schnell den gewünschten Befehl finden können.

So schlagen Sie einen Begriff nach

Suchen Sie im Stichwortverzeichnis nach dem Begriff
Das Stichwortverzeichnis finden Sie am Ende des Buches.

Typischer Aufbau eines Kapitels

Kapitelbeschreibung
> Nach der Überschrift folgt eine kurze Beschreibung des Kapitels.

Beschreibung eines Befehls
> Eine Befehlsbeschreibung beginnt immer mit einer Überschrift, in der der entsprechende Befehl rechts aufgeführt ist.
> Darunter finden Sie eine kurze Beschreibung dieses Befehls.
> Dann folgt die Syntaxdarstellung und die Beschreibung der einzelnen Parameter, sofern welche vorhanden sind (Details zur Syntaxdarstellung siehe übernächste Seite).

Anmerkungen
> In den darauffolgenden Anmerkungen sind Tips und Spezialitäten zu dem Befehl gesammelt. Falls es sich für Sie um einen neuen Befehl oder eine neue Programmfunktion handelt, sollten Sie diese diese Anmerkungen durchlesen, andernfalls können Sie sie kurz überfliegen. Sie finden hier immer Tips, die Ihnen die weitere Arbeit mit dem Programm erleichtern.

Verweise
> Bei jeder Erwähnung eines Punktes, zu dem Sie nähere Erläuterungen in einem anderen Kapitel nachschlagen können, finden Sie einen entsprechenden Verweis mit der Kapitelnummer. Am Ende jedes Kapitels sind meistens die Verweise noch einmal mit den Überschriften aufgeführt.

Wenn Sie all diese Tips beachten, wird das handliche Buch ein nützlicher Helfer bei Ihrer Arbeit mit Turbo Pascal 7.0 sein.

Schreibweisen und Syntaxdarstellung

Schreibweisen

In dieser Schnell-Übersicht werden die folgenden Schreibweisen zur Unterscheidung von Textelementen verwendet.

Fettdruck
> Für Befehle, Schlüsselwörter und Textteile, die genau wie angegeben geschrieben werden müssen.

Kursiv
> Für Parameter und vom Benutzer einzugebenden Text.

`Schreibmaschinenschrift`
> Für Beispielsbefehlszeilen, Programmcodes und Beispiele.

umrandete Schrift
Für Tasten und Tastenfolgen. Eine Liste mit Tastenbezeichnungen finden Sie auf der nächsten Seite.

Syntaxdarstellung

Alle Syntaxdarstellungen sind in einer bestimmten Form aufgebaut, die Ihnen die Anwendung der Befehle verständlich machen soll. Wir haben bewußt auf die Darstellung von »Syntax-Diagrammen«, die in allen Dokumentationen zu Pascal auftreten, verzichtet und haben versucht, die Syntax in schriftlicher Form darzustellen.

Zeichen und Formate

BEFEHL: Befehle, Schlüsselwörter, Prozedur- und Funktionsnamen sind hervorgehoben
Befehle wie zum Beispiel **FOR** oder **WHILE** erscheinen in fetter Schrift. Diese Wörter müssen genau in der Form eingegeben werden, wobei es unwesentlich ist, ob sie groß oder klein geschrieben werden.

Parameter : **Zur Angabe der aktuell benötigten Werte bei der Befehlseingabe**
Die Parameter, *kursiv* dargestellt, werden bei der Anwendung immer durch die aktuellen Werte ersetzt.

[ ]: Eckige Klammern stellen optionale Angaben dar
Diese Angaben sind nur bei Bedarf vorzunehmen. Sie können entfallen oder durch andere Angaben ersetzt werden. Details dazu finden Sie bei der Befehlsbeschreibung oder unter »Parameter«. Die Klammern dürfen nicht angegeben werden.

Syntax bei Prozeduren und Funktionen

Bei der Syntaxdarstellung von Prozeduren und Funktionen wurde die Form gewählt, die die Deklaration der entsprechenden Routine in Turbo Pascal 7.0 darstellt. Dadurch ist zwar nicht unmittelbar der Aufruf zu sehen, allerdings ist dies die einzige Form, bei der die Parameterarten deutlich zu sehen sind.

Die Form des Prozedur- bzw. Funktionsaufrufs ist oft in Beispielen zu finden. Sobald Sie die Grundlagen von Turbo Pascal 7.0 kennen, können Sie die Darstellung im Buch schnell umsetzen.

Tastenübersicht

Da auf dem Markt verschiedene Tastaturen verfügbar sind, gibt es auch unterschiedliche Tastenbezeichnungen. Wir haben uns für die Bezeichnungen der deutschen Multifunktionstastatur entschieden.

Hier eine Vergleichstabelle der verschiedenen Tastenbezeichnungen:

MF deutsch	MF englisch	AT deutsch	PC englisch	Bezeichnung Funktion
Bild↓	PgDn	Bild↓	PgDn	Bildschirm nach unten
Bild↑	PgUp	Bild↑	PgUp	Bildschirm nach oben
Druck	PrtSc	⇑ + Druck	PrtSc	Drucken
Einfg	Ins	Einfg	Ins	Einfügen
Ende	End	Ende	End	Ende-Position
Entf	Del	Lösch	Del	Entfernen
Esc	Esc	Eing Lösch	Esc	Eingabe löschen
Num ⇓	NumLock	Num ⇓	NumLock	Zahlenarretierung
Pos1	Home	Pos1	Home	Position1
Rollen ⇓	ScrollLock	Rollen ⇓	ScrollLock	Feststelltaste
Strg	Ctrl	Strg	Ctrl	Steuerung
Untbr	Break	Abbr	Break	Unterbrechen
↵	Return	↵	Return	Eingabetaste
→|	Tab	→|	Tab	Tabulatorsprung
←	Backspace	←	Backspace	Rücktaste
⇑	Shift	⇑	Shift	Hochstelltaste
⇓	CapsLock	Groß ⇓	CapsLock	Feststelltaste

Folgendes ist bei der Tastendarstellung noch zu beachten:

Ende ↓	Hier wird zuerst die Taste Ende betätigt und anschließend die Taste ↓. Es müssen nicht beide Tasten gleichzeitig betätigt werden.
Alt + 4	Hier müssen beide Tasten gleichzeitig betätigt werden.

1

Kapitel 1:

GRUNDLAGEN

1.1 1.1 Installation

Das Installationsprogramm wird mit dem Befehl

INSTALL

von der Installationsdiskette 1 aufgerufen.

Es sind anschließend die Zugriffspfade für Turbo Pascal selbst sowie die verschiedenen Unterverzeichnisse für Units und Beispielprogramme anzugeben.

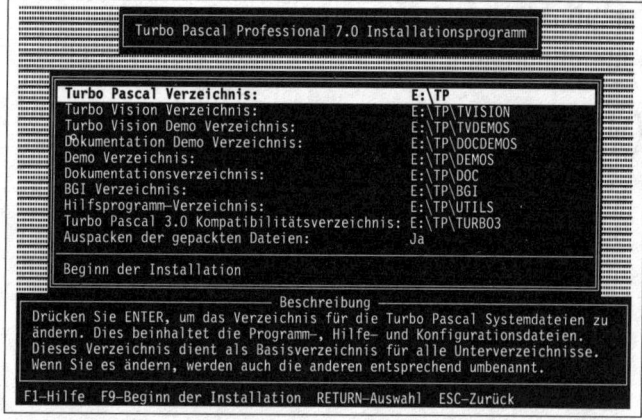

```
╔══════════════════════════════════════════════════════════════════╗
║              Turbo Pascal Professional 7.0 Installationsprogramm   ║
║                                                                    ║
║  ┌──────────────────────────────────────────────────────────────┐ ║
║  │ Turbo Pascal Verzeichnis:                    E:\TP            │ ║
║  │ Turbo Vision Verzeichnis:                    E:\TP\TVISION     │ ║
║  │ Turbo Vision Demo Verzeichnis:               E:\TP\TVDEMOS     │ ║
║  │ Dokumentation Demo Verzeichnis:              E:\TP\DOCDEMOS    │ ║
║  │ Demo Verzeichnis:                            E:\TP\DEMOS       │ ║
║  │ Dokumentationsverzeichnis:                   E:\TP\DOC         │ ║
║  │ BGI Verzeichnis:                             E:\TP\BGI         │ ║
║  │ Hilfsprogramm-Verzeichnis:                   E:\TP\UTILS       │ ║
║  │ Turbo Pascal 3.0 Kompatibilitätsverzeichnis: E:\TP\TURBO3      │ ║
║  │ Auspacken der gepackten Dateien:             Ja               │ ║
║  │                                                                │ ║
║  │ Beginn der Installation                                        │ ║
║  └──────────────────────────────────────────────────────────────┘ ║
║  ─────────────────────────── Beschreibung ──────────────────────── ║
║  Drücken Sie ENTER, um das Verzeichnis für die Turbo Pascal Systemdateien zu  ║
║  ändern. Dies beinhaltet die Programm-, Hilfe- und Konfigurationsdateien.     ║
║  Dieses Verzeichnis dient als Basisverzeichnis für alle Unterverzeichnisse.   ║
║  Wenn Sie es ändern, werden auch die anderen entsprechend umbenannt.          ║
║                                                                    ║
║  F1-Hilfe  F9-Beginn der Installation  RETURN-Auswahl  ESC-Zurück  ║
╚══════════════════════════════════════════════════════════════════╝
```

Der restliche Installationsvorgang läuft automatisch ab, es sind lediglich die angeforderten Disketten in das Installationslaufwerk einzulegen.

Die eigentliche Konfiguration der Arbeitsumgebung wird innerhalb Turbo Pascal vorgenommen.

1.2 Starten

Ausführung: Turbo Pascal starten

TURBO ⏎
  bei der DOS-Befehlseingabe startet Turbo Pascal
  oder
TURBO *dateiname* ⏎
  startet Turbo Pascal und lädt automatisch die angegebene Datei in
  den Editor.

▓ Vor dem Aufruf muß das richtige Verzeichnis ausgewählt werden
(mit **CD** oder **CHDIR**).
  CD \TP ⏎
▓ Alternativ kann mit **PATH** das Turbo Pascal-Verzeichnis als Such-
pfad angegeben werden. Dieser Befehl steht normalerweise in der
Datei AUTOEXEC.BAT.
  PATH C:\;C:\DOS;C:\TP
▓ Zweckmäßig ist es, eine Batch-Datei einzurichten, die den Aufruf für
Turbo Pascal erledigt (siehe DOS-Handbuch).
▓ Nach dem Starten erscheint der Bildschirm von Turbo Pascal. Wurde
die Oberfläche beim letzten Verlassen gesichert, wird die letzte Arbeits-
umgebung mit allen geöffneten Dateien und Fenstern wiederhergestellt.
▓ Turbo Pascal sucht im momentanen Verzeichnis und im Turbo Pas-
cal-Verzeichnis nach der Konfigurationsdatei TURBO.TP. Falls diese
gefunden wird, werden die Angaben daraus genommen.
▓ Falls eine Desktop-Datei bei der Konfiguration angegeben wurde,
sucht Turbo Pascal nach der Desktop-Datei TURBO.DSK. Falls gefunden, werden die Turbo Pascal-Desktop Informationen gelesen und die
Entwicklungsoberfläche wieder so hergestellt, wie sie beim letzten
Verlassen von Turbo Pascal bestanden hatte.
▓ Sämtliche Einstellungen werden innerhalb der IDE vorgenommen.
Turbo Pascal braucht nicht mehr verlassen zu werden (siehe 2.8).

Ausführung: Aufruf mit Parametern

Turbo Pascal kann mit einer Reihe von Parametern aufgerufen werden.

  TURBO [/c*Konfigdatei*] [/**d**][/**e**][/**g**][/**l**][/**n**][/**o**][/**p**][/**r**] [/**sx**] [/**t**][/**w**][/**x**]
  [[*Quelldatei*][.**PAS**]];

▓ Ein Plus (+) nach einer Option schaltet eine Option ein, ein Minus
(-) schaltet sie aus.

1.2

Tabelle 1: Parameter zum Starten von Turbo Pascal

Parameter	Wirkung
/c*Konfigdatei*	Startet Turbo Pascal mit einer anderen Konfigurations-datei als TURBO.TP (siehe 2.8).
/d	Arbeitet mit zwei Bildschirmen. Falls zwei Bildschirme installiert sind, erscheinen Turbo Pascal auf einem (dem in DOS aktiven), Programmausgaben auf dem anderen Bildschirm.
/e	Stellt die Größe des Editor-Heap ein. Standardmäßig werden 28 KByte definiert. Die maximale Größe beträgt 128 KByte. Die Standardeinstellung sollte nicht verändert werden, wenn EMS-Speicher oder eine RAM-Disk als Swap-Datei (/s) installiert ist.
/f*x:*	Gibt eine Swap-Datei der Größe x für den Laufzeitmanager RTM.EXE an. x kann zwischen 1024 KByte und 16384 KByte groß sein. (Nur für Turbo Pascal im Protected Mode, TPX.EXE.)
/g	Speichert den Grafik-Bildschirm, wenn auf einem EGA-/VGA- oder Mono-Schirm ein Programm mit dem Debugger untersucht wird. Falls vorhanden, werden die zusätzlichen 8 KByte aus dem EMS-Speicher verwendet.
/l	Wird bei LCD-Bildschirmen benötigt.
/n	Aktiviert eine spezielle Synchronisationsroutine, um »Schneegestöber« auf dem Bildschirm zu vermeiden (nur bei alten CGA-Karten).
/o	Verändert die Heap-Größe des Overlay-Puffers der IDE. Standard sind 112 KByte, Minimum ist 64 KByte und Maximum 256 KByte. Ist EMS-Speicher installiert, kann die Angabe auf das Minimum beschränkt werden. Es steht dann mehr Arbeitsspeicher für die Compilierung und den Debugger zur Verfügung.
/p	Steuert Umschaltung der Farb-Palette auf EGA-Grafik-Karten, wenn das Programm die Register der EGA-Palette verändert.
/r	Wechselt beim Beenden von Turbo Pascal in das in der IDE eingestellte Verzeichnis.
/s*x:*	Gibt ein anderes als das aktuelle Laufwerk für die SWAP-Datei ein. Ist eine RAM-Disk eingerichtet, sollte diese für die SWAP-Datei verwendet werden.

Tabelle 1: Fortsetzung

1.2

Parameter	Wirkung
/t	Verhindert, daß die Bibliothek TURBO.TPL in den Speicher geladen wird. Die Einstellung erhöht die Kapazität der IDE. Das Unit SYSTEM muß dann gesondert zur Verfügung gestellt werden (siehe Hilfsprogramm TPUMOVER).
/w	Verändert die Heap-Größe des Fenster-Puffers der IDE. Standard ist 32 KByte, Minimum 24 KByte und Maximum 64 KByte.
/x	Schaltet den Zugriff auf den EMS-Speicher durch die IDE ab.
/y	Die Symbolinformationen der vorhergehenden Compilierung bleiben erhalten.(Nur für Turbo Pascal im Protected Mode, TPX.EXE.)
Quelldatei	Quelltext-Datei, die in den Editor geladen oder Compiliert wird.

Bildschirm nach dem Starten

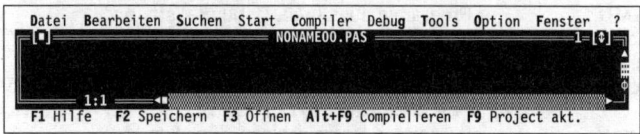

Ausführung: Menüleiste aufrufen

[F10] **ruft aus dem Editor die Menüleiste auf**

Gewünschte Option auswählen

[→] [←]	Bewegen die Markierung in die entsprechende Richtung.
[↵]	Öffnet die markierte Menüoption. Das Menü klappt herunter und eine Option kann ausgewählt werden.

oder

Ein Hot Key aktiviert direkt ein Menü

Taste	aktiviert Menü ...	Taste	aktiviert Menü ...
[Alt]+[D]	**D**ATEI	[Alt]+[D]	**D**EBU**G**
[Alt]+[B]	**B**EARBEITEN	[Alt]+[T]	**T**OOLS
[Alt]+[S]	**S**UCHEN	[Alt]+[O]	**O**PTION
[Alt]+[R]	ST**A**RT	[Alt]+[F]	**F**ENSTER
[Alt]+[C]	**C**OMPILER		

1.2

 Mit dem Mauszeiger auf die gewünschte Menüoption zeigen und die linke Maustaste klicken

Ausführung: Menüoption auswählen

Sobald ein Menü heruntergeklappt ist, kann eine der Optionen ausgewählt werden.

Tastenfunktionen

↓	↑	Bewegen die Markierung nach unten bzw. oben.
↵		Ruft die markierte Menüoption auf.

oder

Ein Hot Key ruft eine bestimmte Menüoption direkt auf

 Mit dem Mauszeiger auf die gewünschte Option zeigen und die linke Maustaste gedrückt halten. Die Maus auf die gewünschte Option ziehen und die Maustaste loslassen

Optionen in der Menüleiste

DATEI	Dateifunktionen, Ausgang in DOS, Beenden.
BEARBEITEN	Editorfunktionen.
SUCHEN	Suchfunktionen im Editor.
STARt	Programm ausführen, Debugger starten.
COMPILER	Compiler und Informationen.
DEBUG	Debugging-Funktionen einstellen.
TOOLS	Zugriff auf Programme, die in Verbindung mit Turbo Pascal arbeiten, z.B. Grep.
OPTION	Parameter, Verzeichnisse einstellen.
FENSTER	Verwaltung der Fenster.
?	Zugriff auf das Hilfe-System.

Ausführung: Turbo Pascal beenden

`Alt`+`D` **wählt das Menü DATEI**
   Dieses Menü wird heruntergeklappt und die einzelnen Optionen erscheinen.

`B` **beendet Turbo Pascal oder**

`Alt`+`X` **beendet Turbo Pascal**
   Schnellere Möglichkeit über Hot Key (siehe 1.4).

▓ Falls vorher ein Text bearbeitet wurde und noch nicht abgespeichert ist, erscheint vor dem Beenden ein Dialogfenster mit der Abfrage
   XXXXXXXX.PAS wurde geändert. Speichern?

`N`	Beendet ohne zu speichern.
`J`	Speichert den Text und beendet dann.
`Esc`	Beendet Turbo Pascal nicht.

1.3 Hilfe

Ausführung: Hilfefunktion aufrufen

F1 **zeigt ein Hilfe-Fenster an**
   Der Inhalt des Fensters hängt von der aktuellen Programmsituation
   ab. Zum Beispiel im Editor:

⇑+F1 **zeigt den Hilfe-Index an**
   Der Hilfe-Index zeigt eine Themenübersicht der Hilfe-Informationen.

Gewünschtes Thema mit den Cursortasten auswählen

↵ **zeigt Informationen zu diesem Thema**
   ⇑+F1 zeigt immer wieder den Hilfe-Index.

Verweis

Beschreibung der Hilfestellung **2.10**.

1.4

1.4 Hot Keys, direkter Aufruf

Turbo Pascal enthält eine Reihe von Tastenfunktionen, mit denen wichtige Funktionen direkt aufgerufen werden können, ohne vorher ein Menü anzuzeigen.

Sämtliche Funktionen lassen sich auch mit der Maus aktivieren, lokale Menüs mit der rechten Maustaste.

Menübedienung (siehe 1.2)

Taste	Funktion	Beschreibung
`Alt`+`D`	**DATEI**	Öffnet das Datei-Menü.
`Alt`+`B`	**BEARBEITEN**	Öffnet das Bearbeiten-Menü.
`Alt`+`S`	**SUCHEN**	Öffnet das Suchen-Menü.
`Alt`+`R`	**STArt**	Öffnet das Start-Menü.
`Alt`+`C`	**COMPILER**	Öffnet das Compiler-Menü.
`Alt`+`D`	**DEBUG**	Öffnet das Debug-Menü.
`Alt`+`T`	**TOOLS**	Öffnet das Tools-Menü.
`Alt`+`O`	**OPTION**	Öffnet das Option-Menü.
`Alt`+`F`	**FENSTER**	Öffnet das Fenster-Menü.
`Alt`+`X`	**DATEI/BEENDEN**	Beendet Turbo Pascal.

Datei-/Editorfunktionen (siehe 2.11)

Taste	Funktion	Beschreibung
`Strg`+`Entf`	**BEARBEITEN/LÖSCHEN**	Löscht den markierten Text, ohne ihn in die Zwischenablage zu übertragen.
`Strg`+`Einfg`	**BEARBEITEN/KOPIEREN**	Kopiert den markierten Text in die Zwischenablage.
`⇧`+`Entf`	**BEARBEITEN/AUSSCHNEIDEN**	Kopiert markierten Text in die Zwischenablage und löscht ihn.
`⇧`+`Einfg`	**BEARBEITEN/EINFÜGEN**	Kopiert den Text aus der Zwischenablage in das aktive Fenster.
`Alt`+`S` `W`	**SUCHEN/WEITERSUCHEN**	Wiederholt den letzten Suche-/Ersetze-Befehl.
`Alt`+`S` `S`	**SUCHEN/SUCHEN**	Öffnet das Dialogfenster für Suchen.
`Alt`+`S` `E`	**SUCHEN/ERSETZEN**	Öffnet das Dialogfenster für Suchen und Ersetzen.
`F2`	**DATEI/SPEICHERN**	Speichert die Datei des aktiven Editor-Fensters.

1.4

| `F3` | **DATEI/ÖFFNEN** | Öffnet ein Dialogfenster zum Öffnen einer Datei. |

Start (siehe 3.1)

`Strg`+`F9`	**START/AUSFÜHREN**	Compiliert und startet ein Programm.
`F4`	**START/CURSORPOSITION**	Führt das Programm bis zur Cursorstelle aus und aktiviert den Debugger (falls noch nicht geschehen).
`F7`	**START/EINZELNE ANWEISUNG**	Führt einen Programmschritt aus. Aufgerufene Funktionen werden auch schrittweise ausgeführt.
`F8`	**START/GESAMTE ROUTINE**	Wie `F7`, jedoch werden aufgerufene Funktionen nicht schrittweise ausgeführt.
`Strg`+`F2`	**START/PROGRAMM ZURÜCKSETZEN**	Beendet die Fehlersuche (setzt Debugger zurück).

Compiler (siehe 3.1)

| `Alt`+`F9` | **COMPILER/COMPILIEREN** | Compiliert nur den im Editor befindlichen Quelltext. |
| `F9` | **COMPILER/PROJEKT AKT.** | Wie Compilieren, jedoch werden zusätzlich alle nicht aktuellen, notwendigen Units und Quelltexte compiliert. |

Debugger (siehe 10.1...10.6)

`Strg`+`F3`	**DEBUG/AUFRUF-STACK**	Zeigt alle Prozeduren und Funktionen, die momentan ausgeführt werden.
`Alt`+`F5`	**DEBUG/AUSGABEBILDSCHIRM**	Wechselt zum Benutzerbildschirm.
`Strg`+`F4`	**DEBUG/AUSWERTEN/ÄNDERN**	Zeigt/Ändert den Wert eines Ausdrucks oder einer Variable.
`Strg`+`F7`	**DEBUG/AUSDRUCK/HINZUFÜGEN**	Fügt einen Ausdruck im Fenster »Ausdrücke überwachen« hinzu.

1.4

Tools (siehe 2.7)

⇧+F2	TOOLS/GREP	Führt das Programm GREP aus (siehe 1.6).
Alt+F8	TOOLS/NÄCHSTE MELDUNG	Zeigt auf die nächste Meldung im »Meldungen-Fenster«
Strg+F7	TOOLS/VORHERIGE MELDUNG	Zeigt auf die vorherige Meldung im »Meldungen-Fenster«

Fensterverwaltung (siehe 2.9)

Alt+#		Zeigt ein Fenster an. # steht für die Nummer des gewünschten Fensters.
Alt+0	FENSTER/LISTE	Zeigt eine Liste aller geöffneten Fenster.
Alt+F3	FENSTER/SCHLIEßEN	Schließt das aktive Fenster.
⇧+F6	FENSTER/VORHERIGES	Wechselt zum letzten Fenster und aktiviert es.
F5	FENSTER/VERGRÖßERN	Vergrößert/Verkleinert das aktive Fenster.
F6	FENSTER/NÄCHSTES	Wechselt zum nächsten Fenster und aktiviert es.
Strg+F5	FENSTER/GRÖßE/ POSITION	Ändert die Größe oder Position des aktiven Fensters.

Hilfefunktionen (siehe 2.10)

F1	?	Aktiviert die Hilfestellung.
F1 F1	?/? VERWENDEN	Aktiviert die allgemeine Hilfestellung.
⇧+F1	?/INDEX	Öffnet den Hilfe-Index.
Alt+F1	?/VORHERIGES- THEMA	Zeigt den letzten Hilfebildschirm.
Strg+F1	?/SUCHE ÜBER SCHLÜSSELWORT	Aktiviert die Syntax-Hilfe (nur im Editor-Fenster).

1.5 Die Kommandozeilen-Version TPC

Der Compiler wird direkt von der DOS-Kommandoebene aus aufgerufen und enthält keine integrierte Entwicklungsumgebung.

Kommandozeilen-Version starten

In der DOS-Befehlszeile eingeben:

TPC [*Parameter / Schalter*] *Dateiname*

▧ *Parameter:* Compiler-Parameter (siehe weiter hinten). Jeder Parameter besteht aus einem Schrägstrich (/), gefolgt von einem Buchstaben und evtl. weiteren Angaben.
▧ *Schalter:* Compiler-Schalter (siehe weiter hinten). Jeder Schalter besteht aus einem Schrägstrich (/), **$**-Zeichen, Buchstaben und + oder –.
▧ *Dateiname:* Dateiname der zu compilierenden Datei. Falls Namenserweiterung nicht angegeben, wird .PAS genommen.

Anmerkungen

▧ Die Parameter/Schalter können an beliebiger Stelle in der Befehlszeile stehen.
▧ Die Eingabe
```
TPC  ⏎
```
gibt eine Liste der möglichen Parameter aus.
▧ Falls der Quelltext eine Unit ist, wird eine Datei .TPU erzeugt.
▧ Falls der Quelltext ein Programm ist, wird eine lauffähige Datei .EXE erzeugt.
▧ Schalter und Parameter für TPC werden mit einem Schrägstrich (/) oder einem Bindestrich (-) eingeleitet. Vor einem Bindestrich muß immer ein Leerzeichen stehen.
▧ Bei mehreren Parametern genügt eine Einleitung mit / oder –, die restlichen Parameter können durch Kommata voneinander getrennt werden.
▧ Für große Programme steht ein eigener Compiler **TPX** zur Verfügung. Dieser läuft im Protected Mode und greift auf das Extended Memory zu. Voraussetzung: Rechner mit 80286,386,486 Prozessor und mindestens 1 MByte Hauptspeicher.
▧ **TPX** läuft nicht mit EMS-Speicher.
▧ **TPX** verwendet die integrierte Entwicklungsumgebung.
▧ **TPC** sucht beim Start nach der Konfigurationsdatei TPC.CFG. Es handelt sich hierbei um eine ASCII-Datei, die die erforderlichen Compi-

1.5

ler-Angaben enthält. Bei Bedarf kann diese Datei für eigene Bedürfnisse angepasst werden.

Beispiel

```
/tc:\tp\bin
/uC:\tp\unit
/$r-
/$b+
```

Tabelle 2: Kommandozeilen-Parameter und Menüoptionen

Parameter	Menüoption der integrierten Entwicklungsumgebung Options/Compiler/...Schalterstellung
/$A+	Word-Datenausrichtung... Word
/$A–	Word-Datenausrichtung... Byte
/$B+	Boolesche Ausdrücke vollständig – Complete
/$B–	Boolesche Ausdrücke vollständig – Short circuit
/$D+	Debug-Informationen... Ein
/$D–	Debug-Informationen... Aus
/$E+	Emulation... Ein
/$E–	Emulation... Aus
/$F+	Far-Aufrufe erzeugen... Ein
/$F–	Far-Aufrufe erzeugen... Aus
/$G+	286-Instruktionen... Ein
/$G–	286-Instruktionen... Aus
/$I+	I/O-Prüfung... Ein
/$I–	I/O-Prüfung... Aus
/$L+	Lokale Symbole... Ein
/$L–	Lokale Symbole... Aus
/$Msss,min,max	Speicherauslegung
/$N+	Gleitkommaberechnungen... 80x87-Code-Ein
/$N–	Gleitkommaberechnungen... Software
/$O+	Overlays möglich... Ein
/$O–	Overlays möglich... Aus
/$P+	Offene Array-Grenzen... Ein
/$P–	Offene Array-Grenzen... Aus
/$Q+	Überlaufprüfung... Ein
/$Q–	Überlaufprüfung... Aus
/$R+	Bereichsüberprüfung...Ein
/$R–	Bereichsüberprüfung...Aus
/$S+	Stack-Prüfung... Ein
/$S–	Stack-Prüfung... Aus

Tabelle 2: Fortsetzung

1.5

Parameter	Menüoption der integrierten Entwicklungsumgebung Options/Compiler/...Schalterstellung
/$T+	Typisierter @-Operator... Ein
/$T–	Typisierter @-Operator... Aus
/$V+	Strenge Prüfung von VAR-Strings... Ein
/$V–	Strenge Prüfung von VAR-Strings... Aus
/$X+	Erweiterte Syntax... Ein
/$X–	Erweiterte Syntax... Aus
/B	Compiler/Projekt neu compilieren
/D*Definition*	O/C/Definitionen für bedingte Compilierung
/F*Seg:Ofs*	Suchen/Laufzeitfehler
/GD	Option/Linker/Map-Datei/Detailliert
/GP	Option/Linker/Map-Datei/Publics
/GS	Option/Linker/Map-Datei/Segmente
/L	Option/Linker/Link-Puffer... Festplatte
/M	Compiler/Projekt aktualisieren
/Q	»Quiet« (keine Entsprechung) Meldungen über Zeilennummern werden unterdrückt
/V	Option/Debug/Integrierter Debugger... Ein
/E*Suchpfad*	Option/Verzeichnisse/EXE-TPU Verzeichnis
/I*Suchpfad*	Option/Verzeichnisse/Include-Verzeichnisse
/O*Suchpfad*	Option/Verzeichnisse/Object-Verzeichnisse
/T*Suchpfad*	Option/Verzeichnisse/Turbo-Verzeichnis
/U*Suchpfad*	Option/Verzeichnisse/Unit-Verzeichnisse

1.6

1.6 Dienstprogramme

Im Umfang von Turbo Pascal sind einige Dienstprogramme enthalten.
Im einzelnen handelt es sich hierbei um:

BINOBJ   Konvertierprogramm für Binärdateien in .OBJ-Dateien.
GREP   Durchsuchen von Quelltexten.
MAKE   Automatisiert die Erstellung von Programmen, die aus
              mehreren Quelltexten bestehen.
THELP   Hilfestellung für den Kommandozeilen-Compiler.
TOUCH   Setzt Datum und Uhrzeit von Dateien.
TPUMOVER Verwaltungsprogramm für die Bibliothek TURBO.TPL.

BINOBJ

Mit dem Programm können Binärdateien in OBJ-Dateien konvertiert
werden, die über den Compiler-Befehl {$L} in Programme aufgenom-
men werden können.

    BINOBJ *Quelldatei* [**.BIN**] *Zieldatei* [**.OBJ**] *Prozedurname*

■ *Quelldatei* ist die Binärdatei, die konvertiert werden soll.
■ *Zieldatei* ist die neue Objektdatei.
■ *Prozedurname* ist der Name, unter dem die Datei als Prozedur in
den Quelltext aufgenommen werden soll.
Beispiel

```
BINOBJ menu.dta menudta MenuData
```

    BINOBJ liest die Datei Menu.DTA, erzeugt die Objekt-Datei
MENUDTA.OBJ und gibt den Daten den »Prozedurnamen«
MENUDATA.
Im Programm muß die .OBJ-Datei wie folgt aufgenommen werden.

```
PROCEDURE MenuData; external;
{$1 MENUDTA.OBJ}
```

GREP

Das Programm durchsucht die angegebenen Dateien nach einem
Suchbegriff.

    GREP [*Schalter*] *Suchstring Dateiname(n)*

Ein Schalter wird durch ein Plus (+) aktiviert, durch ein Minus (-) deaktivert.

Tabelle 3: Parameter für GREP

1.6

Schalter	Funktion	Beschreibung
-c	count	Für jede Datei, bei der der Suchstring gefunden wurde, wird der Dateiname und die Anzahl der übereinstimmenden Zeilen ausgegeben.
-d	directories	Es werden auch die Unterverzeichnisse des aktuellen Verzeichnisses durchsucht.
-i	ignore case	Groß-/Kleinschreibung wird ignoriert, mit Ausnahme der deutschen Umlaute.
-n	number	Jede übereinstimmende Zeile wird mit der Zeilennummer ausgegeben.
-l	list	Wurde der Suchstring gefunden, wird nur der Name der Datei ausgegeben.
-o	output for UNIX	Jeder ausgegebenen Zeile wird der Dateiname vorangestellt.
-r	regular expression	Der Suchstring wird nicht als direkte Angabe, sondern als regulärer Ausdruck behandelt.
-u	update options	GREP aktiviert die angegebenen Schalter als Standardangaben und schreibt von sich selbst eine neue Version. Das Programm läßt sich so individuell anpassen.
-v	vice versa	Nur Zeilen, die den Suchstring nicht enthalten, werden ausgegeben.
-w	word search	Übereinstimmende Zeichenfolgen werden nur gefunden, wenn davor und danach ein Trennzeichen steht. Die Zeichen A..Z,a..z,0..9 und _ werden als Teil des Wortes betrachtet. Über -w[A-Z0-0_äöüÄÖÜ] kann festgelegt werden, daß die deutschen Umlaute ebenfalls nicht als Trennzeichen verwendet werden. Die Angaben nach -w[..] werden durch den Schalter -u in GREP als Standard übernommen.
-z	verbose	GREP gibt von jeder durchsuchten Datei den Namen sowie die gefundenen Zeilen aus.

Anmerkungen

1.6

■ Sofern die Schalter sich gegenseitig beeinflussen, gilt als Rangfolge links nach rechts.

■ GREP vergleicht den Suchstring in der Regel zeichenweise. Soll der Suchstring Leerzeichen, Tabs oder andere Sonderzeichen enthalten, muß die Angabe in Anführungszeichen gesetzt werden.

Folgende Zeichen werden auf andere Art interpretiert, wenn der Schalter -r angegeben ist:

^	Steht für den Beginn einer Zeile, wenn das Zeichen als erstes Zeichen im Suchstring angegeben wurde.
$	Steht für ein Zeilenende, wenn das Zeichen als letztes Zeichen im Suchstring angegeben wurde.
.	Steht für ein beliebiges Zeichen.
*	Steht für eine beliebige Anzahl von Wiederholungen des vorangehenden Zeichens. fo* findet f, fo, foo, foo etc.
+	Arbeitet wie *, setzt jedoch mindestens ein Vorkommen des vorangehenden Zeichens voraus. fo+ findet fo, foo etc.
[ ]	Der durch die Klammern eingeschlossene String wird als Zeichensatz behandelt. Es werden die angegebenen Zeichen unabhängig von der Reihenfolge gesucht. Über einen Bindestrich kann auch ein Zeichenbereich angegeben werden. [a-bd-z] Es werden alle Kleinbuchstaben außer c gesucht. »^« wird als Umkehrung des Zeichensatzes interpretiert und muß unmittelbar nach der öffnenden Klammer stehen. [^xyz] sucht nicht nach den Buchstaben x,y,z. [^a-f] sucht nicht nach den Buchstaben a,b,c,d,e,f.
\	Behandelt das nächste Zeichen direkt, ohne spezielle Interpretation. \. sucht z.B. nach einem Dezimalpunkt.

MAKE

Das Programm dient zur Verwaltung von Projekten, bei denen mehrere Quelltexte zueinander in Abhängigkeit stehen.

MAKE -D*makroname* **-D***makroname=string* **-I***suchweg*
-U*makroname* **-s** **-n** **-f***makedatei* **-?**/**-h**

Tabelle 4: Parameter für MAKE

Parameter	Wirkung
-D*makroname*	Definiert den *makronamen* als existierend. Jede Erweiterung ergibt ein Leerzeichen.
-D*makroname*	Definiert den *makronamen* als existierend.

Tabelle 4: Fortsetzung

1.6

Parameter	Wirkung
=*string*	Jede Erweiterung ergibt den angegebenen *string*.
-I*suchweg*	Legt fest, in welchen Verzeichnissen nach !include-Dateien gesucht werden soll.
-U*makroname*	Löscht ein Makro. Hat nur im Zusammenhang mit BUILTINS.MAK eine Wirkung.
-K	Temporäre Dateien nicht löschen.
-N	Steigert die Kompatibilität mit NMAKE
-S	Lagert MAKE während der Befehlsausführung aus dem Speicher aus.
-W	Schreibt die akt. spezifizierten Nicht-String-Optionen (wie -s u. -a) in die Datei MAKE.EXE
-a	Bewirkt automatische Abhängigkeitsprüfung der eingebunden Dateien.
-d*Verzeichnis*	Auslagerungsdateien in das spez. Verzeichnis übertragen.
-e	Ignoriere Neudefinition von Umgebungsvariablen
-f*makedatei*	Wird nur verwendet, wenn die Make-Datei einen anderen Namen als MAKEFILE hat.
-i	Ignoriere Exit-Status aller laufenden Programme
-m	Bildschirmausgabe von Speicherdatum und Uhrzeit der Dateien
-n	Wertet die MAKE-Datei aus und stellt die Befehle am Bildschirm dar, ohne jedoch die Befehle tatsächlich auszuführen (hilfreich zur Fehlersuche in Make-Dateien).
-p	Bildschirmausgabe aller Makrodefinitionen und impliziter Regeln.
-q	Erzeugt einen Rückgabewert in Abhängigkeit von der Aktualität der Dateien (0 = alle Dateien aktuell; 1 = nicht aktuelle Dateien).
-r	Ignoriert Regeln und Makro-Definitionen in BUILTINS.MAK.
-s	Unterdrückt die Bildschirmausgabe von DOS-Kommandozeilen.
-?/-h	Gibt eine Liste der Make-Definitionen aus.

Anmerkungen

1.6

▨ Eine Make-Datei kann mit jedem beliebigen Editor erstellt werden.

▨ Sämtliche Regeln, Definitionen und Direktiven werden mit einem Zeilenvorschub beendet. Eine Zeile kann jedoch mit einem Backslash »\« über mehrere Zeilen hinweg »verlängert« werden.

▨ Eine Make-Datei ist ähnlich wie ein Programm aufgebaut und besteht aus folgenden wesentlichen Komponenten:

- ▶ Kommentare
- ▶ explizite Regeln
- ▶ implizite Regeln
- ▶ Makro-Definitionen
- ▶ Direktiven

▨ MAKE bricht die Arbeit ab, wenn

- ▶ das Ende der Datei erreicht wurde und alle Regeln ausgeführt wurden.
- ▶ die Make-Datei fatale Fehler enthält (keine Syntaxfehler).
- ▶ ein DOS-Befehl den Fehlercode >0 oder höher als mit -*nnn* angegeben zurückgibt.
- ▶ die Ausführung über [Strg]+[C] oder [Strg]+[Untbr] abgebrochen wird.

▨ Wiederkehrende Makrodefinitionen können in der Datei BUILTINS.MAK abgelegt werden. MAKE liest die Datei automatisch und interpretiert die darin enthaltenen Definitionen.

▨ MAKE wertet Definitionen in folgender Reihenfolge aus:

1. Definitionen der Datei BUILTINS.MAK.
2. Kommandozeilenoptionen von MAKE.
3. Die eigentliche MAKE-Datei.

Kommentare

▨ Kommentare werden mit einem Doppelkreuz »#« eingeleitet.

▨ Kommentarzeilen können nicht über »\« verlängert werden; jede Zeile muß mit »#« beginnen.

Explizite Regel

In der expliziten Regel werden die Abhängigkeiten eines zu erstellenden Programms von seinen Quelltexten geprüft und ggf. entsprechende Befehle ausgeführt.

Ziel: Quelle Quelle ...
  Befehl
  Befehl

▨ *Ziel* ist der Name der zu überprüfenden Datei.

▨ *Quelle* steht für die Datei(en), von denen *Ziel* abhängig ist.

1.6

▨ *Befehl* steht für ein DOS-Kommando, welches ausgeführt wird, wenn die Prüfung ergeben hat, daß *Ziel* neu zu erstellen ist.

▨ Reihenfolge der Prüfungen:

1. **MAKE** prüft, ob *Ziel* existiert. Wenn nicht, werden die angegebenen Befehle ausgeführt.

2. Ist *Ziel* bereits vorhanden, wird ein Datum-/ Uhrzeitvergleich durchgeführt. Falls eine *Quelle* neueren Datums als *Ziel* ist, werden die Befehle ausgeführt.

3. Die Prüfung von *Quelle* enthält seinerseits eine Prüfung, ob diese Datei vorhanden ist bzw. eine Abhängigkeit definiert ist. Ggf. wird zuerst diese Definition ausgeführt (z.B. bei OBJ-Dateien).

▨ Die Angabe für Laufwerk/Zugriffspfad ist bei *Ziel/Quelle* zulässig.

▨ Jokerzeichen dürfen bei Ziel/Quelle nicht angegeben werden.

▨ *Ziel* muß in der ersten Spalte beginnen.

▨ Ein Befehl muß um mindestens ein Zeichen eingerückt sein.

▨ Jede Zeile, die auf eine Regel folgt und um mindestens ein Leerzeichen eingerückt ist, wird als Befehl interpretiert.

▨ Kommentare innerhalb der Befehlszeilen sind nicht erlaubt.

▨ Für Units müssen keine Regeln definiert werden. Dies wird von MAKE automatisch erledigt.

Implizite Regeln

Implizite Regeln sind eine Erweiterung expliziter Regeln und erlauben die Angabe von Jokerzeichen.

> **.Quell-**_Suffix_**.Ziel-**_Suffix_**:**
> **Befehl**
> **Befehl**

Sämtliche Dateien, deren Dateinamenserweiterung dem Ziel-Suffix entsprechen, werden gegen ihre Quelltexte, deren Dateinamen dem Quell-Suffix entsprechen müssen, geprüft und ggf. die Befehle ausgeführt.

▨ MAKE verwendet implizite Regeln automatisch, wenn für einen angegebenen Dateinamen keine explizite Regel definiert wurde, oder für einen Dateinamen eine explizite Regel ohne einen Befehl angeben wurde.

▨ Eine MAKE-Datei kann mehrere implizite Regeln enthalten, die sich auf einen Ziel-Suffix beziehen.

▨ Regeln werden in der Reihenfolge bearbeitet, in der sie in der Make-Datei auftreten, d.h. nur die erste aufgetretene anwendbare Regel wird bearbeitet.

▨ Implizite Regeln enthalten nur Dateinamenserweiterungen.

Kommandolisten

1.6

Kommandolisten sind die Befehle, die nach einer definierten Regel ausgeführt werden. Jedem Befehl kann eine der nachfolgenden Direktiven vorangestellt werden:

▨ @: unterdrückt die Darstellung des Befehls auf dem Bildschirm.

▨ *-nnn:* legt die Reaktion von MAKE auf einen aufgetretenen Fehler fest. *nnn* steht hierbei für eine Zahl von 1 bis 255, die einen Fehlercode des jeweiligen Programms repräsentiert.

Ist der zurückgegebene Wert größer als der angegebene Wert, bricht MAKE ab und löscht die Ziel-Datei der momentan aktiven Regel.

▨ *-:* Der Fehler-Code des aufgerufenen Programms wird ignoriert.

Anmerkungen

▨ Interne Kommandos von DOS werden durch Laden des Kommandointerpreters COMMAND.COM ausgeführt.

▨ Sonstige Befehle werden im aktuellen Verzeichnis, falls nicht gefunden, über die durch die PATH-Angabe gesetzten Verzeichnisse gesucht.

▨ Gemäß den DOS-Konventionen wird zuerst nach .COM-, dann nach .EXE- und zuletzt nach .BAT-Dateien gesucht.

▨ Zur Ausführung von .BAT-Dateien wird COMMAND.COM geladen.

Makros

Sich wiederholende Zeichenfolgen können als Makro definiert werden.

makroname=definition

Beispiel

```
#Makro-Definition
QUELLE=C:\TP\PAS
ZIEL=C:\TP\EXE
```

Der Aufruf des Makros wird über das Dollarzeichen »$« vorgenommen, der Makroname wird in Klammern gesetzt.

$(makroname)

▨ Makros in Regeln werden sofort erweitert.

▨ Makros in Direktiven werden ebenfalls sofort erweitert. Nicht definierte Makros zusammen mit !if und !elif ergeben den Wert 0.

▨ Makros in DOS-Befehlen werden erst zum Zeitpunkt der Befehlsausführung erweitert. Es gilt also immer die letzte Definition.

Vordefinierte Makros

$d Prüft, ob Makros definiert sind.
$* Liefert einen Dateinamen ohne Namenserweiterung.

$<   Liefert einen Dateinamen mit Namenserweiterung.
$:   Liefert einen Suchweg ohne Dateinamen.
$.   Liefert einen Dateinamen mit Namenserweiterung ohne Suchweg.
$&   Liefert einen Dateinamen ohne Suchweg.

Sämtliche über den DOS-Befehl SET definierten Umgebungsvariablen können als Makro interpretiert werden.

Beispiel

Prüfmakro $d
```
!if !$d(QUELLE)
QUELLE=C:\TP\PAS
!endif
```
Ist Quelle nicht definiert, wird Quelle neu definiert.

Makro $*
```
A:\X\DEMO.XYZ
```
ergibt
```
A:\X\DEMO
```
Das Makro läßt sich gut in impliziten Regeln verwenden.
```
.pas.exe
    tpc $*.pas /T$(QUELLE)
```

Makro $<
Das nachfolgende Makro läßt sich noch weiter verkürzen.
```
.asm.obj:
    tasm $*.asm,$*.obj
```
besser
```
.asm.obj:
    tasm $<,$*.obj
```

Direktiven

Über Direktiven können Abhängigkeiten gesteuert werden. Die Direktiven werden mit dem Ausrufezeichen ! eingeleitet. Verfügbar sind:

!include	Fügt bei der Ausführung eine andere MAKE-Datei ein.
!if !else !elif !endif	Bedingte Regeln und Befehle.
!error	Ausgabe von Meldungen jeder Art.
!undef	Löscht das angegebene Makro.

Direktive   !include

!include "dateiname"
!include <dateiname>

▪ "" und <> sind gleichbedeutend.
▪ !include-Direktiven können beliebig oft verschachtelt werden.

1.6

■ !include-Direktiven können auch bedingt angegeben werden.

```
!if !$d(QUELLE)
!include <suchweg>
!endif
```

Die Datei *suchweg* wird aufgenommen, wenn **QUELLE** nicht definiert ist.

Direktive   *!if, !else, !elif, !endif*

Die Direktiven arbeiten ähnlich wie die für die bedingte Compilierung in Turbo Pascal ({$IF} {$ENDIF}).

> **!if <ausdruck>**
>   befehlszeilen
> **!elif <ausdruck>**
>   befehlszeilen
>
> .
>
> **!else**
>   befehlszeilen
> **!endif**

■ Jedes !if muß mit !endif abgeschlossen werden.

■ !elif und !else sind optional. Pro Gruppe sind ein !else und mehrere !elif zulässig.

■ Die !elif-Direktiven müssen vor !else stehen.

Ausdrücke

Die Ausdrücke werden mit einer C-ähnlichen Syntax formuliert. Der Wert 0 gilt als FALSE, alle anderen Werte als TRUE.

Numerische Werte können dezimal, oktal und hexadezimal angegeben werden.

4536	# dezimaler Wert
O677	# oktaler Wert (wird mit O eingeleitet)
Ox2F4D	# hexadezimaler Wert (wird mit Ox eingeleitet)

Folgende unäre Operatoren werden unterstützt:

-	Negation
~	Bitweises Komplement
!	Logisches NOT

Folgende binäre Operatoren werden unterstützt:

+	Addition
-	Subtraktion
*	Multiplikation
/	Division
%	Modulo
>>	Rechtsschieben
<<	Linksschieben

1.6

&	Bitweises AND
|	Bitweises OR
^	Bitweises EXOR (Antivalenz)
&&	Logisches AND
||	Logisches OR
>	Größer als
<	Kleiner als
>=	Größer gleich
<=	Kleiner gleich
==	Gleich
!=	Ungleich
?:	Bedingte Ausführung

■ Ein Gesamtausdruck wird erst nach der Erweiterung sämtlicher Makros bewertet und muß dann eine zulässige Operation darstellen.

Direktive   !error

Die Direktive bricht die Ausführung der Makedatei ab und gibt eine angegebene Fehlermeldung aus.

!error <fehlertext>

THELP

Das Programm stellt eine Syntax-Hilfestellung zur Verfügung, wenn die Programmentwicklung außerhalb der IDE von Turbo Pascal durchgeführt wird.

THELP wird speicherresident installiert.

THELP /F*suchweg* /H/? /K*xxyy* /S /U /W

Tabelle 5: Parameter für THELP

Parameter	Wirkung
/C#xy	Farbe auswählen: # = Nummer des Elements, xy = hexadezimaler Farbwert.
/F*suchweg*	Legt den Suchweg und den Dateinamen fest, in der THELP nach den Hilfetexten sucht.
/H oder /?	Gibt einen Hilfebildschirm aus.
/K*xxyy*	Legt den Tastencode fest, mit dem THELP aufgerufen werden soll.
/S	Schnee auf dem Bildschirm unterdrücken. Ist nur bei älteren CGA-Karten erforderlich.

1.6

Tabelle 5: Fortsetzung

Parameter	Wirkung
/U	THELP aus dem Speicher entfernen. Soll diese Option verwendet werden, muß THELP als letztes Programm geladen worden sein.
/Wx,y,b,h	Fenstergröße als Parameter angeben: x,y : linke obere Fenstereckkoordinate. b,h : Breite und Höhe des Fensters.

Parameter von /C#xy

Mit Hilfe dieser Option können Hintergrund- und Vordergrundfarbe verschiedener Elemente des Hilfebildschirms eingestellt werden. # ist die Nummer des Elements. XY ist der hexadezimale Farbwert für Vor- und Hintergrund.

Nummer(#)	Element
0	Farbattribut der Umrahmung.
1	Monochromattribut der Umrahmung.
2	Farbattribut des Textes.
3	Monochromattribut des Textes.
4	Farbattribut der Schlüsselwörter.
5	Monochromattribut der Schlüsselwörter.
6	Farbattribut der ausgewählten Schlüsselw.
7	Monochromattribut der ausgew. Schlüsselw.
8	Farbattribut des Beispieltextes.
9	Monochromattribut des Beispieltextes.
A	Farbattribut für markierte Blöcke.
B	Monochromattribut für markierte Blöcke.

Farbwert

Hintergrund (X)	Farbwert Vordergrund (Y)	
0 Schwarz	0 Schwarz	8 Kräftiges Schwarz
1 Blau	1 Blau	9 Kräftiges Blau
2 Grün	2 Grün	A Kräftiges Grün
3 Cyan	3 Cyan	B Kräftiges Cyan
4 Rot	4 Rot	C Kräftiges Rot
5 Magenta	5 Magenta	D Kräftiges Magenta
6 Braun	6 Braun	E Kräftiges Braun (Gelb)
7 Grau	7 Grau	F Kräftiges Grau (Weiß)

▓ Bei monochromen Bildschirmen können die Attributwerte sehr stark voneinander abweichen.

▓ Bei Eingabe des Attributwertes von 8y blinkt der Cursor.

Parameter von /Kxxyy

xx steht für eine der nachfolgenden Funktionstasten:

Taste	Wert
rechte ⇧-Taste	01h
linke ⇧-Taste	02h
Strg	04h
Alt	08h

yy steht für eine der nachfolgenden Tasten:

Taste	Wert	Taste	Wert	Taste	Wert
A	1eh	Q	10h	6	07h
B	30h	R	13h	7	08h
C	2eh	S	1fh	8	09h
D	20h	T	14h	9	0ah
E	12h	U	16h	F1	3bh
F	21h	V	2fh	F2	3ch
G	22h	W	11h	F3	3dh
H	23h	X	2dh	F4	3eh
I	17h	Y	15h	F5	3fh
J	24h	Z	2ch	F6	40h
K	25h	0	0bh	F7	41h
L	26h	1	02h	F8	42h
M	32h	2	03h	F9	43h
N	31h	3	04h	F10	44h
O	18h	4	05h	F11	57h
P	19h	5	06h	F12	58h

▓ Die Funktionstasten F11 und F12 stehen nur auf einer MF-Tastatur zur Verfügung.

Beispiel

THELP soll mit der Tastenkombination ⇧(linke Shifttaste)+Alt+Y installiert werden.

THELP /K0A15

▓ THELP greift direkt auf die Tastatur zu, Y und Z ist demzufolge vertauscht.

TOUCH

Das Programm verändert Datum und Uhrzeit angegebener Dateien. Dadurch können Quelldateien »neuer« als die Zieldatei gemacht werden. Das Programm setzt das aktuelle Datum und Zeit.

TOUCH Dateiname [Dateiname ...]

▓ Dateiname: ist die Datei, deren Datum/Uhrzeit neu gesetzt werden soll. Es können mehrere Dateien angegeben werden. Die Jokerzeichen ? und * sind erlaubt.

1.6

Über das Programm können in die Bibliothek TURBO.TPL eigene Units aufgenommen oder vorhandene entfernt werden.
Die Datei TURBO.TPL wird beim Starten von Turbo Pascal geladen. Die darin befindlichen Routinen stehen daher entsprechend schnell zur Verfügung.

TPUMOVER TURBO.TPL Parameter *unitdatei*

▇   TURBO.TPL: ist die Bibliothek, in die Units aufgenommen oder entfernt werden sollen.

▇   + *unitdatei:* fügt die *unitdatei* der Bibliothek hinzu.

▇   - *unitdatei:* entfernt die *unitdatei* aus der Bibliothek.

▇   * *unitdatei:* kopiert die *unitdatei* mit der Endung .TPU aus der Bibliothek.

1.7 Editor-Makros erstellen mit TEMC

Mit dem mitgelieferten Makro-Compiler kann die IDE um eigene
Funktionen erweitert werden. Über die vorhandenen Schlüsselwörter
können umfangreiche Makros selbst erstellt und einem Tastenschlüssel
zugewiesen werden.

■ Im Editor-Fenster können diese Makros dann über den Tastenschlüssel aufgerufen und ausgeführt werden.

■ Die Syntax ist ähnlich der von Pascal oder C. Erstellt werden die
Makros über einen beliebigen ASCII-Editor, wie er auch von der IDE zur
Programmentwicklung zur Verfügung gestellt wird.

TEMC *[-c] Makrodatei[.TEM] Konfigurationsdatei[.TP]*

■ TEMC: ist der Makrocompiler. Dieser wurde bei der Installation im
Unterverzeichnis BIN installiert. Die Konfigurationsdatei ist TURBO.TP.

Anmerkung

■ Die Konfigurationsdatei muß in dem Verzeichnis gespeichert sein,
von dem TURBO.EXE aufgerufen wird. Der optionale Parameter -c
verwirft existierende Kommandotabellen in der Konfigurationsdatei
bevor die Makrodatei bearbeitet wird. Ansonsten erfolgt nur die Ergän-
zung der Kommandotabelle.

Syntax der Makro-Sprache

■ Anweisungen in einer Scriptdatei werden durch einen Strichpunkt
getrennt.

■ Folgende Wörter sind für TEML reserviert:

ALT	BEGIN	MACRO	SHIFT
CTRL	END	SCRIPT	

■ Kommentare werden wie in C zwischen /* und */ gestellt.

■ In Strings können gültige Escape-Sequenzen stehen.

■ Zuweisungen an Bezeichner werden vorgenommen, indem zwischen die beiden Objekte ein »:« gestellt wird.

Makro für Kommentarzeile:

```
MACRO Komment
    RightOfLine;        /* An rechten Rand gehen   */
    InsertText("\n");   /* Leerzeile einfügen      */
    CursorUp;           /* Cursor in Leerzeile setzen */
    InsertText("{ Kommentarzeile }\n")
END;
```

1.7

Makro »Komment« der Taste [Strg]+[K] zuordnen:
```
Ctrl-K : Komment;
```
▓ Sämtliche zu einem Makro gehörenden Anweisungen werden zwischen die Schlüsselwörter MACRO ... END; gestellt.
MACRO *<macroname>*

.

  Schlüsselwörter / Anweisungen

.

  END;

An der aktuellen Cursorposition soll der Text "Beispiel" eingefügt und ein Zeilenvorschub ausgeführt werden.
```
MACRO Beispiel
  InsertText("Beispiel"\n);
END;
```
▓ Soll das Makro einem Tastenschlüssel zugewiesen werden, wird dieser am Ende der Scriptdatei definiert.

    <Funktionstaste>-<Tastenschlüssel> : <macroname>

Dem Makro Beispiel soll für den Aufruf die Tastenkombination [Alt]+[S] zugewiesen werden.
```
ALT-S : Beispiel;
```
▓ Makros, die mit einem »*« gekennzeichnet sind, liefern nach dem Aufruf einen Ergebniscode.
▓ Es sollten keine Tastenkombinationen zugewiesen werden, die bereits in Turbo Pascal vordefiniert sind. (z.B. wird über [Alt]+[F] das Datei-Menü aufgerufen).

Beispiel

Das nachfolgende Makro wird über die Tastenkombination [Alt]+[P] aufgerufen und fügt einen Dummy-Prozedur-Block an der aktuellen Cursorpositon in den Quelltext ein.
```
Script DummyProzedur; /* Scriptbezeichnung */
  macro MakeProc
  InsertText("\n"); /* Leerzeile einfügen  */
  LeftOfLine;  /* gehe vor Anfang des gewählten Prozedurnamens
*/
  CursorUp;    /* Cursor in Leerzeile setzen */
  InsertText("{————————————————}\n");
  InsertText("{                              }\n");
  InsertText("{                              }\n");
  InsertText("{————————————————}\n");
  InsertText("PROCEDURE \n"); /*Prozedurrumpf einfügen */
  InsertText("CONST \n");
  InsertText("VAR   \n");
```

```
    InsertText("BEGIN\n");
    InsertText(" \n");
    InsertText("END;\n");
  end;

  Alt-P     : MakeProc;    /* Tastenschlüssel zuordnen */
                           /* Ende des Makros          */
```

1.7

Escape-Sequenzen

Sequenz	Name	Wirkung
\a	Warnton	Erzeugt einen Piepston.
\b	Rückschritt	Setzt den Cursor ein Zeichen zurück und löscht das vorhergehende Zeichen.
\f	Seitenvorschub	Beginnt eine neue Seite.
\n	Zeilenvorschub	Setzt den Cursor auf den Anfang der neuen Zeile.
\r	Zeilenanfang	Setzt den Cursor auf den Anfang der aktuellen Zeile.
\t	Horizontaler Tabulator	Bewegt den Cursor auf die nächste Tabulatorposition.
\v	Vertikaler Tabulator	Bewegt den Cursor um einen festen Wert nach unten.
\\	Backslash	Gibt das Zeichen \ aus.
\'	Apostroph	Gibt das Zeichen ' aus.
\"	Anführungszeichen	Gibt das Zeichen " aus.
\?	Fragezeichen	Gibt das Zeichen ? aus.
\ooo		Gibt den ASCII-Code des oktal angegebenen Wertes aus.
\xhhh		Gibt den ASCII-Code des hexadezimal angegebenen Wertes aus.

Compiler-Kapazität

Jeder Makroaufruf benötigt 1 Byte. Jeder Integer-Parameter benötigt 2 Byte. Jeder Zeichen-Parameter benötigt (Anzahl der Zeichen im String + 1) Byte. Jedes Makro benötigt für **end** 1 Byte.

Übersicht: Makrobefehle nach Funktionsbereichen

Die einzelnen Makrobefehle sind in folgende Funktionsbereiche eingeteilt:

- ▶ Block-Makros
- ▶ Löschen/Einfügen
- ▶ Tastenkürzel
- ▶ Bildschirm-Makros
- ▶ System-Makros

Block-Makros

1.7

CopyBlock

Fügt an der Cursorposition eine Kopie des aktuellen Blocks ein. Im Unterschied zu dem Makro *CopyBlockRaw* hebt dieses Makro den neuen Block hervor.

DeleteBlock

Löscht den aktuellen Block. Im Gegensatz zu dem Makro *DeleteBlockRaw* läßt DeleteBlock den Cursor an der gleichen Stelle auf dem Bildschirm (d.h. er wird nicht bewegt, wenn der Block gelöscht wird).

DeleteBlockRaw

Löscht den aktuellen Block. Im Gegensatz zu dem Makro *DeleteBlock* beläßt es den Cursor nicht an der gleichen Stelle am Bildschirm (er kann sich verschieben, wenn der Block gelöscht ist).

HighlightBlock

Hebt den aktuell markierten Block hervor.

MoveBlock

Verschiebt den aktuellen Block an die Cursorposition. Im Gegensatz zu dem Makro *MoveBlockRaw* hebt dieses Makro den neuen Block hervor.

MoveToBlockBegin

Bewegt den Cursor an den Anfang des aktuellen Blocks. Im Gegensatz zu dem Makro *MoveToBlockBegRaw* wird die veränderte Cursorposition auf dem Bildschirm angezeigt und die »vorherige Cursorposition« verändert, die mit den Makros *SwapPrevPos* und *MoveToPrevPos* erreicht werden kann.

MoveToBlockBegRaw

Bewegt den Cursor an den Anfang des aktuellen Blocks. Im Gegensatz zu dem Makro *MoveToBlockBeg* wird die Cursorposition auf dem Bildschirm nicht aktualisiert und die »vorherige Cursorposition« nicht geändert, die mit den Makros *SwapPrevPos* und *MoveToPrevPos* erreicht werden kann.

MoveToBlockEnd

Bewegt den Cursor an das Ende des aktuellen Blocks. Im Gegensatz zu dem Makro *MoveToBlockEndRaw* aktualisiert das Makro die Cursorposition auf dem Bildschirm und ändert die »vorherige Cursorposition«, die mit den Makros *SwapPrevPos* und *MoveToPrevPos* wieder erreicht werden kann.

MoveToBlockEndRaw

Bewegt den Cursor an das Ende des aktuellen Blocks. Im Gegensatz zu dem Makro *MoveToBlockEnd* aktualisiert das Makro den

Cursor auf dem Bildschirm nicht und verändert »vorherige Cursor-position« nicht, die mit den Makros *SwapPrevPos* und *MoveToPrevPos* wieder erreicht werden kann.

*ReadBlock

Eine Textdatei kann gelesen und an der Cursorposition eingefügt werden. Das Makro öffnet automatisch das Dialogfenster Open, aus dem eine Datei ausgewählt werden kann.

SetBlockBeg

Markiert die aktuelle Cursorposition als Blockanfang. Im Gegensatz zu dem Makro *SetBlockBegRaw* hebt dieses Makro den neuen Block hervor.

SetBlockEnd

Markiert die aktuelle Cursorposition als Blockende. Im Gegensatz zu dem Makro *SetBlockEndRaw* hebt dieses Makro den neuen Block hervor.

ToggleHideBlock

Hebt den aktuell markierten Block hervor oder löscht die Markierung.

*WriteBlock

Sichert den aktuellen Block. Das Makro *WriteBlock* öffnet automa-tisch das Dialogfenster File, in dem ein Dateiname angegeben wer-den kann.

Makros für Löschen/Einfügen

BackspaceDelete

Der Cursor geht ein Zeichen zurück und löscht es.

ClipClear

Löscht den markierten Text, d.h. die Zwischenablage wird nicht verändert. Das Makro ist identisch mit [Strg]+[Entf] oder **BEARBEITEN/LÖSCHEN**.

ClipCopy

Kopiert einen markierten Text, der an jeder beliebigen Stelle wieder eingefügt werden kann. Entspricht [Strg]+[Einfg] oder **BEARBEITEN/EINFÜGEN**.

ClipCut

Schneidet den markierten Text aus. Entspricht [⇑]+[Entf] oder **BEARBEITEN/AUSSCHNEIDEN**.

ClipPaste

Fügt den zuletzt ausgeschnittenen oder kopierten Text ein. Das Makro ist identisch mit [⇑]+[Einfg] oder **BEARBEITEN/EINFÜGEN**.

ClipShow

Öffnet das Zwischenablage-Fenster.

1.7

DeleteBlock
Löscht den markierten Block. Der Cursor bleibt auf dem Bildschirm an der gleichen Stelle.

DeleteBlockRaw
Löscht den markierten Block. Der Cursor kann sich dabei verschieben.

DeleteLine
Löscht die Zeile, in der der Cursor steht.

DeleteToEOL
Löscht ab der Cursorposition bis zum Ende der Zeile.

DeleteChar
Löscht das Zeichen, auf dem der Cursor steht.

DeleteWord
Löscht das Wort, auf dem der Cursor steht und die Leerzeichen danach.

InsertText ("string")
Fügt an der aktuellen Cursorposition einen *string* ein. Der *string* muß beidseitig mit Anführungszeichen markiert sein und kann bis zu 4.096 Zeichen lang sein.

LiteralChar
Fügt den nächsten Tastendruck buchstäblich in die Datei ein (wie bei Strg+P).

RestoreLine
Fügt die Zeile ein, die mit dem Makro *DeleteLine* gelöscht wurde, aber nur, wenn der Cursor inzwischen nicht auf eine andere Zeile bewegt wurde.

SetInsertMode
Schaltet den Einfüge-Modus ein. Zum Ausschalten kann folgender Befehlsblock verwendet werden:
BEGIN SetInsertMode; Toggle Insert END;

ToggleInsert
Schaltet zwischen dem Einfüge- und dem Überschreib-Modus um.

Such-Makros

GetFindString
Öffnet das Dialogfenster SUCHEN für die Textsuche. Die Suche beginnt an der aktuellen Cursorposition.

MatchPairForward
Sucht den Partner zu dem Begrenzerzeichen, auf dem der Cursor steht, vorwärts.

MatchPairBackward
Sucht den Partner zu dem Begrenzerzeichen, auf dem der Cursor steht, rückwärts.

RepeatSearch

Sucht den Text, der zuletzt mit dem Makro *GetFindString* in das Dialogfenster **SUCHEN** eingegeben wurde.

Replace

Öffnet das Dialogfenster **SUCHEN/ERSETZEN**, so daß Text gesucht und ersetzt werden kann.

Makros für Tastenkürzel

*AddWatch

Entspricht `Strg` `F7` oder DEBUG/AUSDRUCK HINZUFÜGEN.

*CloseWindow

Entspricht `Alt`+`F3` im aktuellen Fenster.

*CompileFile

Compiliert die aktuelle Datei. Entspricht `Alt` `F9` oder **COMPILER/COMPILIEREN**.

*Help

Öffnet das Hilfe-Fenster. Entspricht `F1`.

*LastHelp

Öffnet das zuletzt angezeigte Hilfe-Fenster. Entspricht `Alt`+`F1` oder **?/VORHERIGES THEMA**.

*Menu

Aktiviert das Hauptmenü. Entspricht `F10`.

*Modify

Entspricht `Strg`+`F4` oder DEBUG/AUSWERTEN/ÄNDERN.

*NextWindow

Wechselt zum Fenster mit der nächsten Nummer.

*OpenFile

Öffnet das Dialogfenster **DATEI/ÖFFNEN**. Entspricht `F3`.

*ResetProgram

Führt einen Programm-Reset durch. Entspricht `Strg`+`F2` oder **START/PROGRAMM ZURÜCKSETZEN**.

*RunProgram

Startet das aktuelle Programm. Entspricht `Strg`+`F9` oder **START/AUSFÜHREN**.

*RunToHere

Programm wird bis zu der Zeile ausgeführt, in der sich der Cursor befindet. Entspricht `F4` oder **START/GEHE ZUR CURSORPOSITION**.

*SaveFile

Sichert die Datei im aktuellen Fenster. Entspricht `F2` oder **DATEI/SPEICHERN**.

1.7

*Step

Startet ein Programm und führt die Anweisungen nacheinander aus; Unterroutinen werden übersprungen. Entspricht [F8] oder staRt/GESAMTE ROUTINE.

*Trace

Startet ein Programm und führt die Anweisungen schrittweise aus, Sub-Routinen werden dabei berücksichtigt. Entspricht [F7] oder staRt/EINZELNE ANWEISUNG.

*ZoomWindow

Öffnet das Fenster über die gesamte Arbeitsfläche.

Bildschirm-Makros

BottomOfScreen

Verschiebt die Cursorposition zur unteren linken Ecke des Bildschirms. Das Makro merkt sich die Startposition des Cursors, so daß man mit dem Makro *MoveToPrevPos* automatisch zurückgelangen kann.

BottomOfScreenRaw

Bewegt den Cursor in die linke untere Ecke des Bildschirms. Dieses Kommando ändert nicht wie das Makro *BottomOfScreen* die »vorherige Cursorposition«, die mit den Makros *SwapPrevPos* und *MoveToPrevPos* erreicht werden kann.

CenterFixScreenPos

Korrigiert die Position der Bildschirmanzeige bezogen auf den Cursor. Dieses Kommando verschiebt die Bildschirmanzeige so, daß der Cursor in der Mitte steht.

CursorCharLeft

Bewegt den Cursor ein Zeichen nach links. (Befindet sich der Cursor am Anfang einer Zeile, springt der Cursor zum vorhergehenden druckbaren Zeichen.)

CursorCharRight

Bewegt den Cursor ein Zeichen nach rechts. (Befindet sich der Cursor am Ende einer Zeile, springt der Cursor zum nächsten druckbaren Zeichen.)

CursorDown

Bewegt den Cursor eine Zeile nach unten, läßt ihn aber in derselben Spalte.

CursorLeft

Bewegt den Cursor eine Spalte nach links.

CursorRight

Bewegt den Cursor eine Spalte nach rechts (auch wenn sich dort kein Zeichen befindet). Steht der Cursor am Bildschirmrand, bewegt ihn dieses Kommando aus dem sichtbaren Bildschirmbereich hinaus.

1.7

CursorUp

Bewegt den Cursor eine Zeile höher, beläßt ihn aber in derselben Spalte.

EndCursor

Bewegt den Cursor an das Ende der Datei. Das Makro merkt sich die »vorhergehende Cursorposition«, so daß man mit dem Makro *MoveToPrevPos* zurückgelangen kann.

EndCursorRaw

Bewegt den Cursor an das Ende der Datei. Im Gegensatz zu dem Makro *EndCursor* wird die »vorherige Cursorposition«, die mit den Makros *SwapPrevPos* und *MoveToPrevPos* erreicht werden könnte, nicht vermerkt.

FixCursorPos

Korrigiert die Cursorposition bezüglich des Bildschirms. Dieses Kommando verschiebt den Cursor in den sichtbaren Bildschirm und macht dabei so wenig Bewegungen wie möglich, d.h. der Cursor erscheint am Anfang oder Ende des Bildschirms.

FixScreenPos

Korrigiert den Bildschirm in bezug auf den Cursor. Dieses Kommando schiebt die Bildschirmanzeige zum Cursor und macht dabei so wenig Bewegungen wie möglich.

HomeCursor

Bewegt den Cursor an den Anfang der Datei. Dieses Makro setzt die Startposition des Cursors automatisch so, daß man mit dem Makro *MoveToPrevPos* zurückgelangen kann.

HomeCursorRaw

Bewegt den Cursor an den Anfang der Datei. Im Gegensatz zu dem Makro *HomeCursor* wird die »vorhergehende Cursorposition«, die mit den Makros *SwapPrevPos* und *MoveToPrevPos* erreicht werden kann, nicht vermerkt.

LeftOfLine

Bewegt den Cursor an den Anfang der Zeile (typische Definition für (Pos1)).

MoveToMark(Zahl)

Bewegt den Cursor an die Stelle, die mit dem Makro *SetMark(Zahl)* angegeben wurde. Es können 10 Markierungen gesetzt werden, wobei mit *SetMark* ein Parameter von 0 bis 9 übergeben werden kann. Mit dem Cursor kann eine der 10 Markierungen erreicht werden, wenn die dazugehörige Nummer dem Makro *MoveToMark(Zahl)* übergeben wird.

1.7

MoveToPrevPos
Bewegt den Cursor an die Stelle, die in dem Makro *SetPrevPos* angegeben wurde.

PageDown
Rollt den Bildschirm an die Stelle, die in dem Makro *SetPrevPos* angegeben wurde. (typische Definition für $\boxed{\text{Bild↓}}$)

PageUp
Rollt den Bildschirm und den Cursor eine Seite nach oben (typische Definition für $\boxed{\text{Bild↑}}$).

PageScreenDown
Schiebt den Bildschirm eine Bildschirmlänge nach unten. Dabei kann der Cursor verschwinden.

PageScreenUp
Schiebt den Bildschirm eine Bildschirmlänge nach oben. Dabei kann der Cursor verschwinden.

RightOfLine
Bewegt den Cursor an das Ende der Zeile (typische Definition für $\boxed{\text{Ende}}$).

ScrollDown
Rollt den Bildschirm eine Zeile nach unten. Der Cursor verschwindet nicht.

ScrollUp
Rollt den Bildschirm eine Zeile nach oben. Der Cursor verschwindet nicht.

ScrollScreenDown
Bewegt den Bildschirm eine Zeile nach unten und läßt den Cursor an der gleichen relativen Position in der Datei stehen. Bei diesem Kommando kann der Cursor verschwinden.

ScrollScreenUp
Bewegt den Bildschirm eine Zeile nach oben und läßt den Cursor an der gleichen relativen Position in der Datei stehen. Bei diesem Kommando kann der Cursor verschwinden.

SetMark (Zahl)
Setzt die aktuelle Cursorposition so, daß diese mit dem Makro *MoveToMark(Zahl)* wieder erreicht werden kann. Zahl steht dabei für eine Zahl von 0 bis 9. Der Cursor wird auf eine der 10 Markierungen bewegt, indem die entsprechende Nummer (0-9) in das Makro *MoveToMark(Zahl)* eingegeben wird.

SetPrevPos
Markiert die aktuelle Cursorposition als Ort, an den zurückgekehrt werden soll, wenn die Makros *SwapPrevPos* oder *MoveToPrevPos*

verwendet werden. Viele Makros vermerken implizit die »vorherige
Cursorposition« (die Ausnahme sind die raw-Makros).

1.7

SwapPrevPos

Schaltet die aktuelle Cursorposition auf die Stelle, die in dem Makro
SetPrevPos angegeben wurde.

TopOfScreen

Bewegt den Cursor in die obere linke Ecke des Bildschirms. Dieses
Makro vermerkt automatisch die vorhergehende Cursorposition, so
daß diese mit dem Makro *MoveToPrevPos* wieder erreicht werden
kann.

TopOfScreenRaw

Bewegt den Cursor in die obere linke Ecke des Bildschirms. Im
Gegensatz zu *TopOfScreen* wird die vorherige Cursorposition nicht
vermerkt.

WordLeft

Setzt den Cursor auf das erste Zeichen des nächsten linken Wortes.

WordRight

Setzt den Cursor auf das erste Zeichen des nächsten rechten Wortes.

System-Makros

*Exit

Verläßt den Editor.

FullPaintScreen

Erzwingt einen neuen Bildschirmaufbau. Dadurch wird der Rand
des Bildschirms ausgeblendet; es ist langsamer als *PaintScreen*.

*Quit

Verläßt die integrierte Entwicklungsumgebung. Wurden
Veränderungen nicht gespeichert, erscheint zur Warnung eine
entsprechende Meldung. Entspricht [Alt]+[X].

SmartRefreshScreen

Baut nur die Bildschirmteile, die geändert wurden, wieder auf.

PaintScreen

Baut den Bildschirm neu auf. *PaintScreen* zeichnet nur Linien aus
dem Puffer; es ist schneller als *FullPaintScreen*.

ViewUserScreen

Schaltet auf den Programmbildschirm um. Entspricht [Alt]+[F5] oder
DEBUG/AUSGABEBILDSCHIRM.

1.8

1.8 Transfer-Makros

Transfer-Makros werden zumeist im Zusammenhang mit der Ausführung externer Programme aus der IDE heraus verwendet. Man unterscheidet bei Transfer-Makros zwischen sogenannten

- ▶ Statusmakros
- ▶ Dateinamenmakros und
- ▶ Anweisungsmakros

Statusmakros

Mit Hilfe dieser Makros können aktuelle Statuswerte der IDE ermittelt oder verändert werden. Statusmakros sind:

$COL	$CONFIG	$ERRCOL
$ERRLINE	$ERRNAME	$INC
$LINE		

$COL
   Platzhalter für die Spaltenzahl des aktuellen Editor-Fensters. Ist das aktive Fenster ein Editor-Fenster, wird der String auf Null gesetzt.

$CONFIG
   Platzhalter für den kompletten Dateinamen der Konfigurationsdatei. Ist keine Konf.datei definiert, steht dafür ein Null-String.

$ERRCOL
   Platzhalter für die Spaltennummer des aktuellen Fehlers in der Datei $ERRNAME. Ist keine Meldung vorhanden, wird der String zum Null-String erweitert.

$ERRLINE
   Platzhalter für die Zeilennummer des aktuellen Fehlers in der Datei $ERRNAME. Gibt es keine Meldung, wird der String zum Null-String erweitert.

$ERRNAME
   Platzhalter für den Namen der Datei, auf die sich die Meldung im Meldungen-Fenster bezieht. Gibt es keine Meldungen im Meldungen-Fenster, steht hierfür ein Null-String.

$INC
   Dieses Makro übernimmt den Inhalt des Eingabefeldes INCLUDE-VERZEICHNISSE im Menü OPTION/VERZEICHNISSE.

$LINE
   Platzhalter für die Zeilennummer des aktuellen Editor-Fensters. Ist das aktive Fenster kein Editor-Fenster, wird der String auf Null gesetzt.

Dateinamenmakros

Diese Makros sind Funktionen, die Dateinamen als Argumente haben und verschiedene Teile des Dateinamens zurückliefern.

$DIR $DRIVE() $EDNAME
$EXENAME $EXT() $NAME

$DIR
Platzhalter für die Verzeichnisangabe des Datei-Arguments, kompletter Pfad.

$DRIVE()
Platzhalter für die Laufwerksangabe des Datei-Arguments in der Form C:

$EDNAME
Platzhalter für den kompletten Namen der Datei im aktiven Editor-Fenster. Ist das aktive Fenster kein Editor-Fenster, steht hierfür ein Null-String.

$EXENAME
Platzhalter für den Namen der Programmdatei im Menü COMPILER/HAUPTDATEI. Ist dort kein Dateiname eingetragen, wird der Name der Programmdatei im aktiven Editor-Fenster zurückgegeben.

$EXT()
Platzhalter für die Namensweiterung des Datei-Arguments (Bsp .PAS).

$NAME
Platzhalter für den Dateinamen des Datei-Arguments (ohne Punkt).

Anweisungsmakros

Diese Makros veranlassen die IDE, Aktionen durchzuführen oder Einstellungen zu verändern. Anweisungsmakros sind:

$CAP EDIT $CAP MSG (FILTER) $MEM(KByte)
$NOSWAP $PROMPT $SAVE ALL
$SAVE CUR $SAVE PROMPT $TASM

$CAP EDIT
Die IDE leitet die Programmausgabe in eine Standarddatei um. Nach abgeschlossenem Transferprogramm wird ein neues Editor-Fenster geöffnet. In ihm werden die umgeleiteten Ausgaben gezeigt.

$CAP MSG (Filter)
Leitet die Programmausgabe in das Meldungen-Fenster um. Das Makro verwendet FILTER wie einen DOS-Filter und konvertiert damit die Programmausgabe in das Meldungen-Fenster-Format.

1.8

$MEM(KByte)

Mitteilung an die IDE, wieviel Speicher dem Transferprogramm zugewiesen werden soll.

$NOSWAP

Die IDE schaltet bei Programmausführung nicht in den Benutzerbildschirm um.

$PROMPT

Zeigt den erweiterten Parameter-String in der IDE an, bevor das Transferprogramm ausgeführt wird. Die Kommandozeile, die übergeben werden soll, wird in einem Dialogfenster gezeigt. Der Parameter-String kann darin erweitert/geändert werden.

$SAVE ALL

Die Dateien in allen Editor-Fenstern werden ohne Abfrage gesichert.

$SAVE CUR

Sichert die bearbeitete Datei im aktuellen Editor-Fenster.

$SAVE PROMPT

Fragt nach, ob eine Sicherung erfolgen soll, wenn Dateien aus den Editor-Fenstern nicht gesichert wurden.

$TASM

Das Makro ist für den Turbo Assembler definiert. Es verwendet den Filter TASM2MSG, um TASM-Meldungen in das Meldungen-Fenster-Format zu konvertieren.

2

Kapitel 2:

DIE INTEGRIERTE ENTWICKLUNGS- UMGEBUNG

2.1 Grundlagen

2.1

Innerhalb der »Integrierten Entwicklungsumgebung« (IDE) wird ausschließlich über Fenster gearbeitet. Die IDE richtet sich dabei weitestgehend nach dem SAA-Standard.

Über die zu Turbo-Vision gehörenden Units und die darin definierten Objekte kann diese Umgebung auch für die Gestaltung von selbstentwickelten Programmen verwendet werden.

Die Bedienung der IDE kann entweder über die Tastatur oder über die Maus vorgenommen werden.

📖 Bedienung mit der Tastatur

Die Bedienung unterscheidet sich nicht von früheren Version von Turbo Pascal. Jedoch ist der Umfang der Tastenkombinationen aufgrund der Möglichkeiten der IDE gestiegen.

🖱 Bedienung mit der Maus

Die folgenden Aktionen werden mit der linken Maustaste vorgenommen. Hierbei wird zwischen 4 unterschiedlichen Mausaktionen unterschieden.

Klicken	Die Maustaste wird kurz betätigt
Doppelklicken	Die Maustaste wird zweimal kurz hintereinander betätigt.
Drücken	Maustaste wird gedrückt und festgehalten.
Ziehen	Maustaste ist gedrückt, und der Mauszeiger wird gleichzeitig über die Arbeitsfläche bewegt. Ein Klick mit der rechten Maustaste ruft lokale Menüs auf (siehe 2.12).

🖱 Ausführung: Menüaufruf mit der Maus

Mauszeiger auf dem Menüpunkt plazieren und linke Maustaste drücken
Das Menü wird geöffnet.
Mit der Maus den Menübalken auf das gewünschte Untermenü plazieren und Maustaste loslassen
Das Untermenü wird geöffnet bzw. der Menüpunkt ausgeführt.

■ Wird ein Menüpunkt angeklickt, wird das zum Menüpunkt gehörende Untermenü geöffnet.

■ Wird in der Statuszeile eine Tastenkombination angeklickt, wird die entsprechende Aktion ausgeführt.

Bildschirmaufbau

Der Bildschirmaufbau gliedert sich in die Elemente
- ▶ Menüzeile
- ▶ Arbeitsfläche
- ▶ Statuszeile

■ Die Menüzeile bleibt während der gesamten Arbeit am Bildschirm.
■ Die Arbeitsfläche nimmt je nach Benutzeraktion ein anderes Aussehen ein. Hier werden die Fenster für unterschiedliche Aktionen geöffnet.
■ Die Statuszeile zeigt jeweils die aktuell verfügbaren Tastenkürzel an, Programmeldungen über die aktuell stattfindende Aktion von Turbo Pascal oder Hinweise zu Menüs oder Dialogfelder.

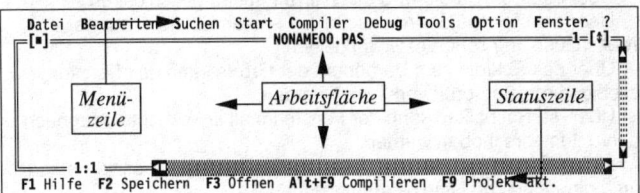

Fenster

Die Anzahl der Fenster, die geöffnet werden können, hängt von der Konfiguration und dem zur Verfügung stehenden Speicher ab.
■ Egal wieviele Fenster geöffnet sind, aktiv ist immer nur ein Fenster. Auf dieses beziehen sich auch die Eingaben über die Tastatur.
■ Wird eine Datei in mehreren Fenstern geöffnet, so beziehen sich die Eingaben in einem Fenster auch auf alle anderen.
■ Die geöffneten Fenster können zwar unterschiedliche Funktionen erfüllen, haben aber immer folgende gemeinsame Elemente:
- ▶ Titelzeile
- ▶ Schließfeld
- ▶ Rollbalken horizontal/vertikal
- ▶ Eckfeld zur Veränderung der Fenstergröße
- ▶ Zoomfeld
- ▶ Fensternummer

2.1

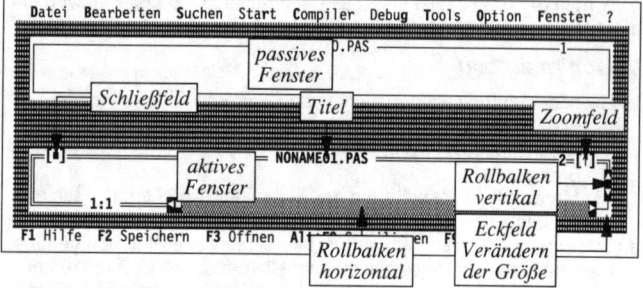

Grundlagen Fensterbedienung

■ Über das Schließfeld wird das aktive Fenster geschlossen.
■ Über das Zoomfeld wird das aktive Fenster auf die gesamte Arbeitsfläche vergrößert bzw. verkleinert.
■ Über das Eckfeld zum Verändern der Größe kann das Fenster beliebig vergrößert oder verkleinert werden.
■ Über die Rollbalken kann der Fensterinhalt links/rechts oder nach oben/unten verschoben werden.
■ Aktive Fenster werden durch eine doppelte Linie, Passive Fenster durch eine einfache Linie gekennzeichnet.
■ Fenster können beliebig auf der Arbeitsfläche verschoben werden. Hierfür wird bei der Mausbedienung ebenfalls der Fensterrahmen verwendet.
■ Die Bedienung der Menüs und Fenster ist in allen Menüpunkten gleich und wird deshalb in den nachfolgenden Kapiteln nur noch im Bedarfsfall beschrieben.

Fenstergröße verändern/Fenster verschieben

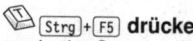 [Strg] + [F5] **drücken**
■ In der Statuszeile werden anschließend die Funktionstasten für Verschieben und Vergrößern/Verkleinern angezeigt.

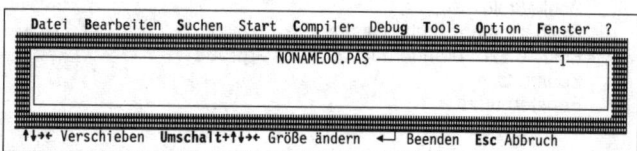

Tasten	Funktion
←, →	Verschiebt das Fenster horizontal.
↑, ↓	Verschiebt das Fenster vertikal.
⇧+←, ⇧+→	Verändert die Größe horizontal.
⇧+↑, ⇧+↓	Verändert die Größe vertikal.
↵	Bestätigt die neue Größe/Position.
Esc	Bricht den Vorgang ab.

2.1

Fenstergröße verändern

▶ Den Mauszeiger auf das Eckfeld positionieren.
▶ Linke Maustaste drücken und gedrückt halten.
▶ Mit der Maus die neue Position anfahren und die Maustaste loslassen.
▶ Je nach Mausbewegung wird das Fenster vergrößert oder verkleinert.

Fensterposition verändern

▶ Den Mauszeiger auf den oberen Fensterrand links oder rechts vom Fenstertitel positionieren.
▶ Linke Maustaste drücken und gedrückt halten.
▶ Mit der Maus die neue Position anfahren und die Maustaste loslassen.
▶ Je nach Mausbewegung wird das Fenster auf der Arbeitsfläche neu positioniert.

Ausführung: Fenster schliessen

Alt+F und Menüpunkt SCHLIESSEN
oder
Alt+F3 drücken

Mit dem Mauszeiger auf das Schließfeld zeigen und die linke Maustaste klicken

Ausführung: Fenster wechseln

F6 wechselt zum Fenster mit der nächsthöheren Nummer
⇧+F6 wechselt zum vorherigen Fenster.

Mauszeiger in das gewünschte Fenster positionieren und linke Maustaste kurz klicken

Unterschiede in den Menüpunkten

■ Sind bei einem Menüpunkt drei Punkte »...« angegeben, wird ein Dialogfenster geöffnet.

■ Ist ein »▶« angegeben, so wird ein weiteres Untermenü geöffnet.

■ Ist bei dem Menüpunkt ein Tastenkürzel angegeben, so kann über dieser Menüpunkt über diese »HotKey«-Taste immer direkt ausgeführt werden.

Beispiele

▶ Die Menüpunkte **DATEI/ÖFFNEN**, **DATEI/SPEICHERN** und **DATEI/BEENDEN** können über die angegebene HotKey-Taste direkt ausgeführt werden.

▶ Bei den Menüpunkten **DATEI/ÖFFNEN**, **DATEI/SPEICHERN UNTER** werden Dialogfenster geöffnet.

▶ Beim Menüpunkt **OPTION/UMGEBUNG** wird ein weiteres Untermenü geöffnet.

2.1

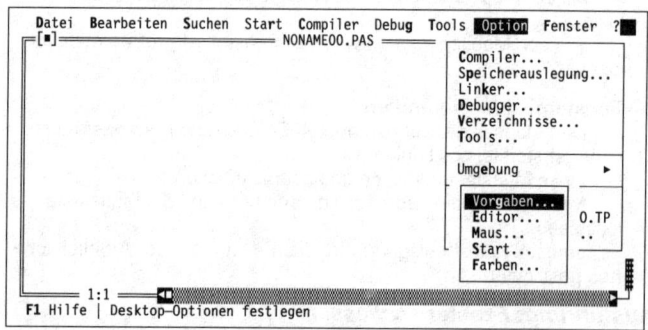

Dialogboxen

Dialogboxen werden ausgegeben, wenn ein Menübefehl die Fortsetzungspunkte »...« hat.

In diesen Dialogboxen können verschiedene Optionen, Einstellungen oder Auswahlen getroffen werden. Innerhalb der Dialogboxen gibt es fünf unterschiedliche Steuerungsfelder.

▶ Schaltfelder
▶ Markierungsfelder
▶ Aktionschalter
▶ Eingabefelder
▶ Listen

Dialogfenster haben wie ein Editor-Fenster ebenfalls ein Schließfeld und können am Bildschirm verschoben werden.

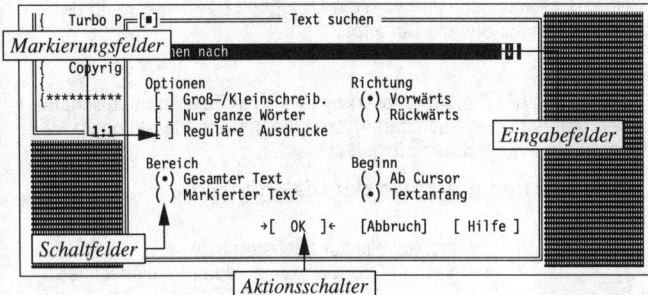

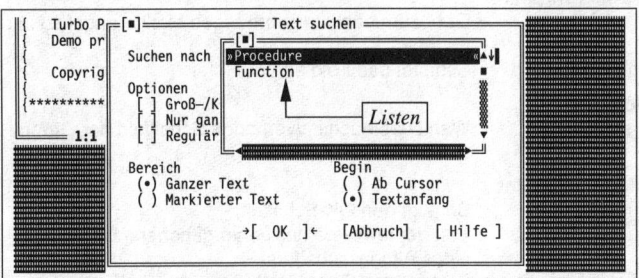

▓ Markierungsfelder sind durch »[ ]« gekennzeichnet, die Auswahl wird durch »X« angezeigt. Es können beliebig viele Markierungsfelder ausgewählt werden. In der Regel sind diese zu Gruppen zusammengefaßt. Die Option ist ausgeschaltet, wenn das Markierungsfeld leer ist.

▓ Schaltfelder sind durch »( )« gekennzeichnet, die Auswahl wird durch » « angezeigt. Schaltfelder sind immer zu Gruppen zusammengefaßt, innerhalb einer Gruppe kann nur ein Schaltfeld markiert sein.

▓ In die Eingabefelder wird Text eingegeben. Dieser hängt von der jeweiligen Funktion der Dialogbox ab.

▓ Eingabelisten stellen eine Auswahl von bereits eingegebenen Texten zur Verfügung. Die Eingabeliste wird durch Anklicken des Pfeilsymbols rechts vom Eingabefeld als Fenster dargestellt und wird über Alt+F3 oder Esc wieder geschlossen.

■ Über die Aktionsschalter wird die Dialogbox geschlossen. In der Regel sind mindestens die Schalter

OK   Cancel   Help

vorhanden.

■ Über die in der Dialogbox bei den jeweiligen Feldern oder Schaltern hell hervorgehobenen Buchstaben kann die betreffende Aktion (in Verbindung mit $\boxed{\text{Alt}}$) direkt ausgelöst werden.

2.1

Funktionstasten innerhalb der Dialogboxen

Allgemein

$\boxed{\longrightarrow}$	Springt jeweils zur nächsten bzw.
$\boxed{\Uparrow}$+$\boxed{\longrightarrow}$	vorherigen Gruppe bzw. zu den Aktionsschaltern.

Markierungsfeld

$\boxed{\uparrow}$, $\boxed{\downarrow}$	Geht zum nächsten/vorherigen Markierungsfeld der Gruppe.
$\boxed{\text{Leertaste}}$	Schaltet das Feld an/aus.

Schaltfelder

$\boxed{\uparrow}$, $\boxed{\downarrow}$	Wählt das nächste/vorherige Schaltfeld der Gruppe und aktiviert es.

Aktionsschalter

$\boxed{\text{Alt}}$+$\boxed{\text{K}}$	Betätigt den OK-Schalter.
$\boxed{\text{Alt}}$+$\boxed{\text{x}}$	x ist der jeweilige hell hervorgehobene Buchstabe eines Aktionsschalters.
$\boxed{\text{Esc}}$	Betätigt den Cancel-Schalter.
$\boxed{\text{F1}}$	Betätigt den Hilfe-Schalter.

Eingabefeld

$\boxed{\downarrow}$	Öffnet die Eingabeliste.
$\boxed{\leftarrow}$, $\boxed{\rightarrow}$	Dient zur Cursorbewegung innerhalb des Feldes.

Eingabelisten

$\boxed{\downarrow}$, $\boxed{\uparrow}$	Wählt aus den vorhandenen Begriffen aus.
$\boxed{\longleftarrow}$	Übernimmt die Auswahl.
$\boxed{\text{Alt}}$+$\boxed{\text{F3}}$	Schließt das geöffnete Fenster.

Anmerkungen

■ Wird die Maus zur Bedienung verwendet, genügt das Anklicken eines Markierungsfeldes, Schaltfeldes oder Aktionsschalters, um die gewünschte Aktion auszuführen.

■ Über das Schließfeld kann die Dialogbox geschlossen werden.

2.2 Datei-Menü

Über das **DATEI**-Menü werden sämtliche Dateioperationen durchgeführt.
Zusätzlich stehen Funktionen zur Verfügung, mit denen in die DOS-
Ebene gewechselt oder Turbo Pascal verlassen werden kann.

2.2

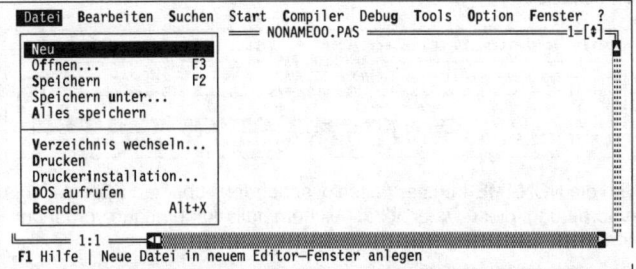

Menü: Datei/Öffnen F3

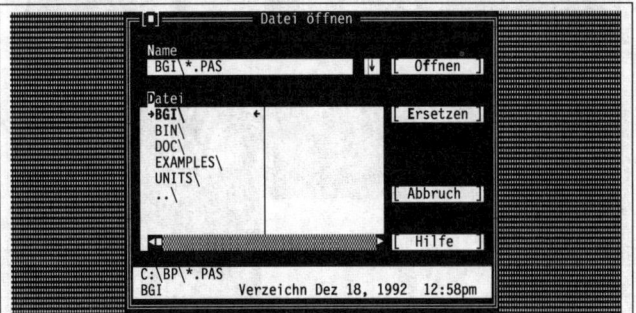

Über den Menüpunkt **ÖFFNEN** wird ein Dialogfenster geöffnet, in dem die
Dateispezifikationen angegeben sowie über die angezeigte
Verzeichnisstruktur eine Datei zum Laden ausgewählt werden kann.
  Über den Aktionsschalter Öffnen wird die Datei in ein neues Editor-
Fenster, über Ersetzen in das aktive Editor-Fenster geladen.

Innerhalb der Dateispezifikationen sind die Jokerzeichen »?« und
»*« erlaubt. Wurden bereits andere Angaben gemacht, können diese
über die Eingabeliste abgerufen werden.

Menü: Datei/Neu

2.2

Das Menü **NEU** öffnet ein neues Editor-Fenster. Die Datei bekommt den
Namen NONAMExx.PAS. xx steht hierbei für eine fortlaufende Nummer
von 00 bis 99.

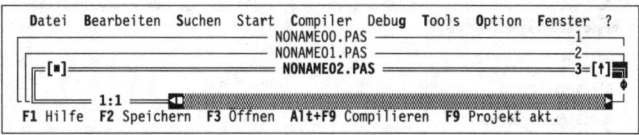

Wird ein NONAME-Fenster geschlossen, erfolgt über ein Dialogfeld die
Aufforderung, diese Datei abzuspeichern, falls Änderungen vorgenommen wurden.

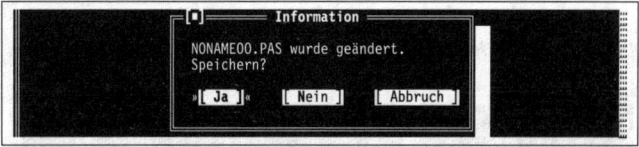

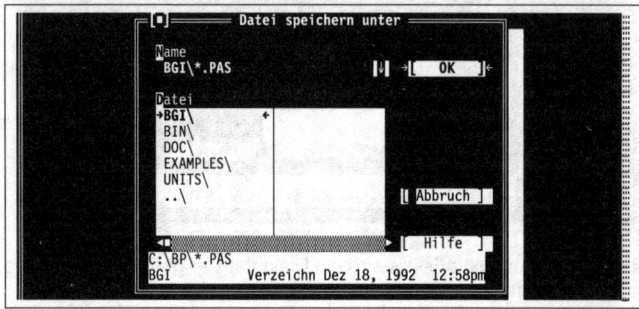

Wird der Aktionsschalter **JA** betätigt, wird das Fenster **SPEICHERN UNTER**
geöffnet, in welchem ein neuer Dateiname eingegeben werden kann.

Menü: Datei/Speichern [F2]

Über den Menüpunkt **SPEICHERN** wird die Datei des aktiven Editor-Fensters gespeichert. Mit der Taste [F2] kann die Funktion direkt ausgeführt werden.

Menü: Datei/Speichern unter

Über den Menüpunkt **SPEICHERN UNTER** kann die Datei des aktiven Editor-Fensters unter einem neuen Namen gespeichert werden (siehe Menü **NEU**).

2.2

Menü: Datei/Verzeichnis wechseln

Das Menü **VERZEICHNIS WECHSELN** öffnet ein Dialogfenster, in dem ein neues Standardlaufwerk/-verzeichnis festgelegt werden kann.

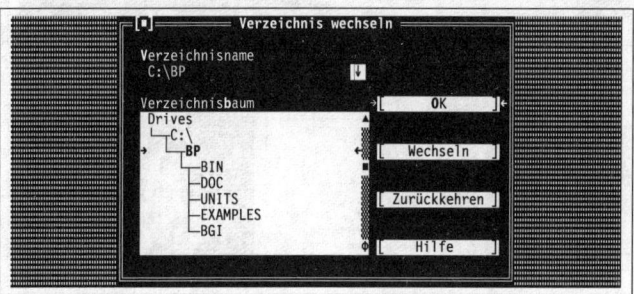

Grundsätzlich bestehen drei Möglichkeiten, das neue Laufwerk/Verzeichnis anzugeben:

1. Eingabe des Namens im Eingabefeld Verzeichnisname.
2. Auswahl über die Eingabeliste des Eingabefeldes.
3. Auswahl über das Dialogfeld Verzeichnisbaum.

▓ Über die Auswahl Drives kann ein anderes Laufwerk angezeigt werden.

▓ Doppelklick auf einem Verzeichnisnamen oder Auswahl des Verzeichnisnamens und Betätigen des Aktionsschalters **WECHSELN** zeigt die Unterverzeichnisse des angewählten Verzeichnisses an.

▓ Über den Aktionsschalter **ZURÜCKKEHREN** können die Angaben rückgängig gemacht werden.

2.3 Bearbeiten/Suchen-Menü

2.3

Die Funktionen und die Anwendung des **BEARBEITEN** und **SUCHEN**-Menüs werden im Kapitel Editor beschrieben (siehe 2.11).

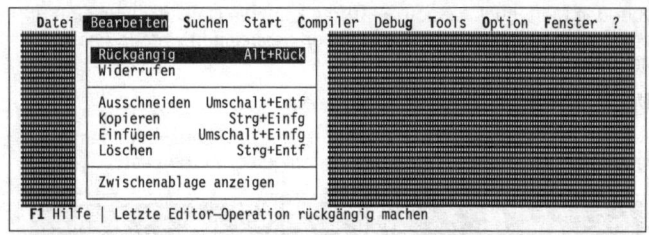

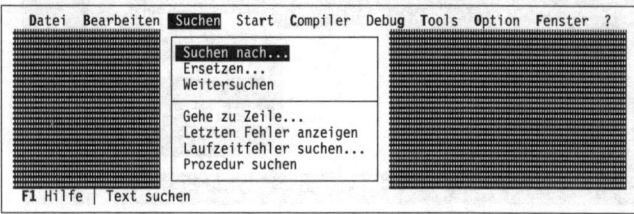

2.4 Start-Menü

Über das **START**-Menü werden Programme ausgeführt. Ebenso können Programme mit dem integrierten Debugger getestet werden.

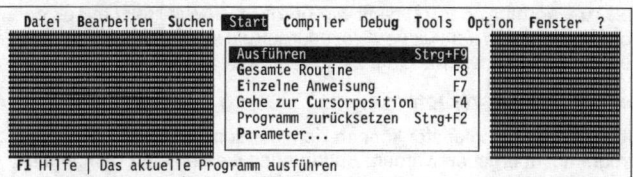

Menü: Start/Ausführen

Über den Menüpunkt **AUSFÜHREN** oder [Strg]+[F9] wird das Programm ausgeführt. Bei fehlerfreier Compilierung wechselt Turbo Pascal zum Benutzerbildschirm.

Nach der Ausführung des Programms kehrt Turbo Pascal wieder zur IDE zurück. Über [Alt]+[F5] kann zwischen dem Benutzerbildschirm und der IDE-Oberfläche gewechselt werden.

Menü: Start/Programm zurücksetzen

Über den Menüpunkt **PROGRAMM ZURÜCKSETZEN** oder [Strg]+[F2] wird das compilierte Programm aus dem Speicher entfernt, offene Dateien werden geschlossen.

Der Menüpunkt beendet auch den Testlauf mit dem integrierten Debugger.

Menü: Start/Gehe zur Cursorposition

Über **GEHE ZUR CURSORPOSITION** oder [F4] wird das Programm ab dem Startbalken bis zur Stelle, an der sich der Cursor befindet, ausgeführt.

Sind Breakpoints gesetzt, wird die Programmausführung unterbrochen und kann mit [F4] fortgesetzt werden. Diese Funktion startet auch einen Testlauf mit dem Debugger.

Über [Strg]+[Untbr] kann die Programmausführung unterbrochen werden.

Menü: Start/Einzelne Anweisung

Wird das Programm über **EINZELNE ANWEISUNG** oder F7 gestartet, wird dieses schrittweise ausgeführt. Bei Funktions-/Prozeduraufrufen werden deren Anweisungen ebenfalls schrittweise ausgeführt.

2.4

Menü: Start/Gesamte Routine

GESAMTE ROUTINE oder F8 dient wie **EINZELNE ANWEISUNG** zum Testen von Programmen. Funktions-/Prozeduraufrufe werden jedoch nicht zeilenweise, sondern als Ganzes ausgeführt.

Menü: Start/Parameter

Über dieses Dialogfenster können Kommandozeilenparameter an das Programm übergeben werden. Änderungen werden nur übernommen, wenn das Programm über **PROGRAMM ZURÜCKSETZEN** zurückgesetzt wurde.

2.5 Compiler-Menü

Über den Menüpunkt **COMPILER** werden Programme und Units compiliert, jedoch ohne sie auszuführen.

Programme mit mehreren Quelltexten können über **PROJEKT AKTUALISIEREN** / **PROJEKT NEU COMPILIEREN** neu erstellt werden.

2.5

Menü: Compiler/Compilieren

Der Menüpunkt **COMPILIEREN** oder [Alt]+[F9] compiliert das Programm oder die Unit im aktuellen Fenster. Im Statusfenster wird der Stand der Compilierung ausgegeben. Es kann danach mit einer beliebigen Taste geschlossen werden.

■ Der Compiler-Lauf kann über [Strg]+[Untbr] unterbrochen werden.

■ Wird während des Compiliervorgangs ein Fehler entdeckt, wird der Cursor auf die fehlerhafte Zeile gesetzt und im Editor-Fenster eine entsprechende Fehlermeldung ausgegeben.

Menü: Compiler/Projekt aktualisieren

PROJEKT AKTUALISIEREN oder [F9] führt eine Compilierung aus, bei der die Quelltexte aller zum Hauptprogramm gehörenden Units geprüft werden, ob deren Erstellungsdatum jünger als die zugehörende TPU-Datei ist. Trifft dies zu, wird die Unit neu übersetzt.

Sind .OBJ-Dateien eingebunden, wird neu compiliert, wenn das Modul jüngeren Datums ist, als die Unit, in der es verwendet wird.

■ Konnte ein Quelltext einer Unit nicht gefunden werden, wird die vorhandene .TPU-Datei zum Programm hinzugebunden. Es wird keine Warnung ausgegeben. Dies könnte ein Grund dafür sein, daß das Programm nicht richtig ausgeführt wird.

Menü: Compiler/Projekt neu compilieren

Über **PROJEKT NEU COMPILIEREN** werden alle zusammengehörenden Quelltexte neu compiliert, unabhängig vom Erstellungsdatum.

Wird der Compiliervorgang durch Strg+Untbr abgebrochen, kann dieser nach Behebung des Fehlers mit **PROJEKT AKTUALISIEREN** oder F9 fortgesetzt werden. Alle bis dahin bereits übersetzten Programmteile werden nicht nochmals übersetzt.

2.5

Menü: Compiler/Ausgabeziel

Über **AUSGABEZIEL** wird angegeben, ob die übersetzte .EXE-Datei auf Festplatte geschrieben oder nur im Hauptspeicher gehalten werden soll.

■ Aus Geschwindigkeitsgründen empfiehlt es sich während der Testphase, die Compilierung in den Hauptspeicher vorzunehmen.

■ Wird die .EXE-Datei auf Festplatte geschrieben, wird das Verzeichnis des Quelltextes oder das Verzeichnis, welches bei der Konfiguration über **OPTION/VERZEICHNISSE/EXE-TPU-VERZEICHNIS** angegeben wurde, verwendet.

Menü: Compiler/Hauptdatei...

Über **HAUPTDATEI** kann ein beliebiges Programm oder eine beliebige Unit compiliert werden. Ohne diese Angabe wird immer das Programm des aktuellen Editor-Fensters compiliert. Es können somit beliebige Quelltexte, unabhängig vom aktuellen Editor-Fenster, compiliert werden.

F9 compiliert das unter **HAUPTDATEI** angegebene Programm oder Unit.

2.6 Debug-Menü

Über das DEBUG-Menü wird der Einsatz und das Verhalten des Debuggers gesteuert. Die nähere Beschreibung ist im Kapitel 10 enthalten.

Menü: Debug/Haltepunkte

Über HALTEPUNKTE wird ein Menü zur Verwaltung/Bearbeitung der momentan definierten Haltepunkte geöffnet.

Menü: Debug/Aufruf-Stack

Über AUFRUF-STACK oder [Strg]+[F3] werden alle Prozeduren und Funktionen gezeigt, die momentan ausgeführt werden.

Menü: Debug/Register

Über REGISTER werden in einem Fenster die CPU-Register sowie deren Inhalte gezeigt. Ferner sind die Werte der Kennzeichenbits (Flags) dargestellt.

Menü: Debug/Überwachte Ausdrücke

ÜBERWACHTE AUSDRÜCKE öffnet ein Fenster, in dem die Werte von Variablen und Ausdrücken gezeigt werden können.

Menü: Debug/Ausgabefenster

AUSGABEFENSTER öffnet ein Fenster, in dem der Ausgabebildschirm gezeigt wird.

Menü: Debug/Ausgabebildschirm

AUSGABEBILDSCHIRM oder [Strg]+[F5] wechselt zum Ausgabebildschirm.

Menü: Debug/Auswerten-Ändern

AUSWERTEN/ÄNDERN oder ⎡Strg⎤+⎡F4⎤ öffnet ein Menü, mit dessen Hilfe der Wert einer Variablen oder eines Ausdrucks gezeigt/geändert werden kann.

2.6

Menü: Debug/Ausdruck hinzufügen

AUSDRUCK HINZUFÜGEN oder ⎡Strg⎤+⎡F7⎤ öffnet ein Menü, mit dessen Hilfe eine Variable oder ein Ausdruck im Fenster «Überwachte Ausdrücke» hinzugefügt wird.

Menü: Debug/Neuer Haltepunkt

NEUER HALTPUNKT öffnet ein Menü, über das ein neuer Haltepunkt definiert werden kann.

2.7 Tools-Menü

Über das Tools-Menü können das Programm GREP sowie die vom
Anwender über das Menü OPTION/TOOLS installierten Programme
ausgeführt werden.

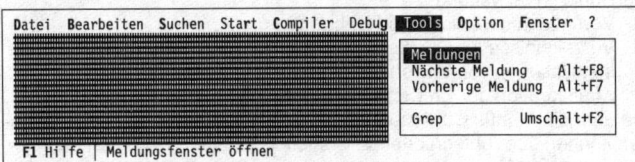

Menü: Tools/Meldungen

Über MELDUNGEN wird ein Fenster aktiviert, das die vom Ausgabebildschirm umgeleiteten Meldungen in der IDE zeigt.

Menü: Tools/Nächste Meldung

Über NÄCHSTE MELDUNG oder ⎡Alt⎤+⎡F8⎤ wird der Markierungsbalken
innerhalb des Meldungen-Fensters auf die nächste Meldung bewegt.

Menü: Tools/Vorherige Meldung

Über VORHERIGE MELDUNG oder ⎡Alt⎤+⎡F7⎤ wird der Markierungsbalken
innerhalb des Meldungen-Fensters auf die vorherige Meldung bewegt.

Menü: Tools/Grep

Über GREP oder ⎡⇧⎤+⎡F2⎤ wird ein Menü geöffnet. In ihm werden die
Suchparameter für das Programm GREP eingestellt. Die Bildschirmmel-
dungen sind standardmäßig
in das »Meldungen-Fenster« umgeleitet.

2.8 Option-Menü/Konfiguration

Über das OPTION-Menü werden sämtliche Konfigurationen für Turbo Pascal vorgenommen. Hierbei handelt es sich um

■ Optionen bei der Code-Erzeugung
■ Speicherverwaltung
■ Verhalten des Linkers und Debuggers
■ Verzeichnisse für Quelltexte, .EXE- und .TPU-Dateien
■ Installationen von anwenderspezifischen Programmen
■ Konfiguration der Entwicklungsumgebung.

Die über die Menüs COMPILER und sPEICHERAUSLEGUNG gesetzten Optionen können über entsprechende Compiler-Schalter (siehe 3.3) auch direkt in den Quelltext aufgenommen werden. Dies muß gemacht werden, wenn die Compilierung nicht über die IDE, sondern über die externen Compiler TPC oder TPCX vorgenommen wird.

Menü: Option/Compiler

Über das Menü COMPILER werden Optionen gesetzt, die auf den erzeugten Code der .EXE-Datei Einfluß haben.

Sämtliche Optionen können über entsprechende Compiler-Schalter {$x+/-} direkt in den Quell-Code aufgenommen werden.

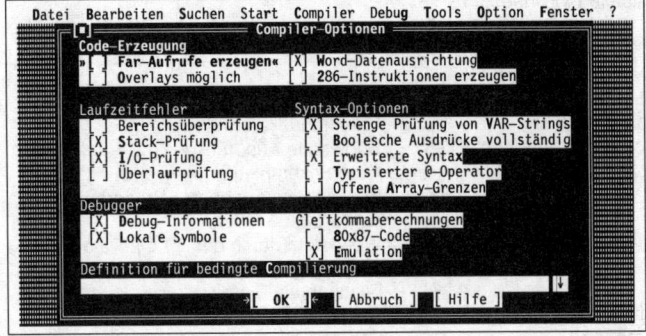

2.8

Nachfolgend wird nur eine kurze Übersicht über die Compiler-Schalter gegeben. Eine nähere Beschreibung ist im Kapitel 3.2.

Tabelle 6: Compiler-Optionen

Bezeichnung	Befehl	Funktion
Code-Erzeugung		
FAR-Aufrufe erzeugen	$F	Für Unterprogramme wird ein Far-Aufruf erzeugt.
Overlays möglich	$O	Units können als Overlay verwendet werden.
Word-Daten-ausrichtung	$A	Datenstrukturen werden Word-weise ausgerichtet (nur auf 80286,386,486-Prozessoren).
286-Instruktionen	$G	Erzeugt speziellen Code für 80286,386 und 486-Prozessoren.
Laufzeitfehler		
Bereichsüber-prüfung	$R	Erzeugt zusätzlichen Prüfcode bei Arrays und Strings.
Stack-Prüfung	$S	Erzeugt zusätzlichen Prüfcode beim Aufruf von Unterprogrammen.
I/O-Prüfung	$I	Erzeugt zusätzlichen Prüfcode, der nach I/O-Operationen den Fehlerstatus ermittelt.
Überlaufprüfung	$Q	Erzeugt Code zur Prüfung auf Bereichsüberschreitungen bei bestimmten Integer-Operationen.

Tabelle 6: Fortsetzung

Bezeichnung	Befehl	Funktion
Syntax-Optionen		
Strenge Prüfung von Var-Strings	$V	Typ-Überprüfung bei Var-String-Parametern.
Boolesche Ausdrücke vollständig	$B	Boolesche Ausdrücke werden komplett ausgewertet.
Erweiterte Syntax	$X	Funktionen können wie Prozeduren aufgerufen werden.
Typisierter @-Operator	$T	Weist dem durch den @-Operator zurückgegebenen Zeigerwert einen bestimmten Typ zu.
Offene Array-Grenzen	$P	Erlauben die Übergabe von Strings und Arrays variabler Größe an die gleiche Prozedur oder Funktion.
Debugger		
Debug-Informationen	$D	Erzeugt eine zusätzliche Information für den Debugger.
Lokale Symbole	$L	In die MAP-Datei werden zusätzliche Informationen über lokale Symbole aufgenommen.
80x87-Code	$N	Erzeugt speziellen Code für numerische Koprozessoren 80x87.
Emulation	$E	Bindet einen 80x87-Emulator ein. Programme laufen auf Rechnern mit und ohne Koprozessor.
Definitionen für bedingte Compilierung		
{DEFINE etc.}		Angabe von Symbolen für eine bedingte Compilierung (siehe auch 3.5).

Menü: Options/Speicherauslegung

sPEICHERAUSLEGUNG ermöglicht die Einstellung der Stack-Größe sowie der Heap-Größe. Die Einstellungen entsprechen der Direktive {$M}.

Menü: Option/Linker

Über das Menü LINKER werden die Einstellungen für den integrierten Linker über ein Dialogfenster vorgenommen.

2.8

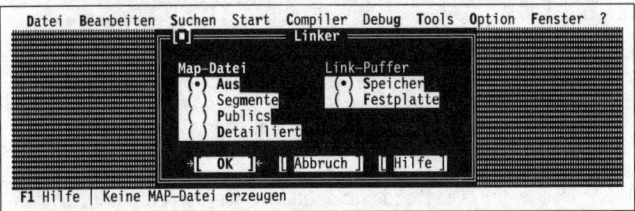

Map Datei

Aus	Es wird keine MAP-Datei für den Debugger angelegt.
Segmente	Die Segmentadressen werden in die MAP-Datei aufgenommen.
Publics	Die öffentlichen Symbole werden in die MAP-Datei aufgenommen.
Detailliert	Alle Daten werden in die MAP-Datei aufgenommen.

Link-Puffer

Speicher	Die temporären Dateien des Linkers werden im Hauptspeicher gehalten.
Festplatte	Die temporären Dateien werden auf die Platte geschrieben.

■ Bei großen Programmen sollte der Link-Puffer auf die Festplatte geschrieben werden. Dies geht allerdings zu Lasten der Geschwindigkeit.

■ Der zur Verfügung stehende Platz kann über COMPILER/INFORMATIONEN ermittelt werden.

Menü: Option/Debugger

Über DEBUGGER können in einem Dialogfenster Einstellungen zur Erzeugung von Debug-Informationen und zur Bildschirmanzeige gemacht werden.

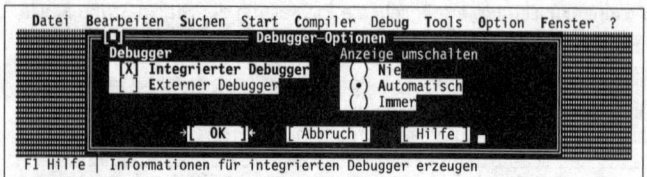

Debugger-Optionen

Integrierter Debugger	Programme können sowohl mit dem integrierten Debugger als auch mit dem externen Turbo Debugger untersucht werden.
Externer Debugger	Programme können nur mit dem externen Turbo Debugger untersucht werden. Die Debuginformationen werden nur dann vollständig erzeugt, wenn über OPTION/COMPILER DEBUGINFORMATIONEN und LOKALE SYMBOLE eingeschaltet sind.

Debugger-Anzeige umschalten

Steuert die Bildschirmanzeige während einer Debugger-Sitzung.

Nie	Sollte nur verwendet werden, wenn das Programm keine Bildschirmausgabe erzeugt.
Automatisch	Es wird geprüft, ob das Programm eine Bildschirmausgabe erzeugt.
Immer	Der Debugger wechselt bei jeder Anweisung zwischen dem IDE-Bildschirm und dem Benutzerbildschirm.

■ Ist AUTOMATISCH eingeschaltet, wechselt die Bildschirmanzeige bei jedem Funktionsaufruf, unabhängig davon, ob auch tatsächlich eine Bildschirmausgabe erfolgt.

■ Schreibt eine Timer-Interrupt-Routine auf den Bildschirm, geschieht dies unabhängig von der Einstellung AUTOMATISCH.

■ IMMER sollte gewählt werden, wenn ein Programm den Bildschirmspeicher direkt modifiziert.

■ Wird zum Debuggen ein zweiter Bildschirm und die Startoption /d verwendet, ist ein Umschalten zwischen IDE-Bildschirm und Programmbildschirm nicht nötig.

Menü: Option/Verzeichnisse

Über das Menü **VERZEICHNISSE** wird über ein Dialogfenster angegeben, welche Laufwerke/Verzeichnisse Turbo Pascal zum Laden und Speichern von Dateien verwenden soll.

2.8

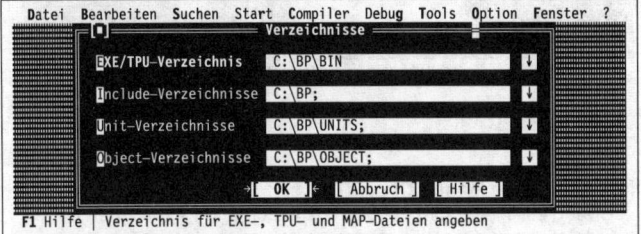

EXE/TPU-Verzeichnis
Legt fest, in welches Laufwerk/Verzeichnis die .EXE-Datei, .TPU-Datei und auch die .MAP-Datei geschrieben werden.
Sind keine Angaben gemacht, werden die Dateien in das Verzeichnis des Quelltextes geschrieben.

Include-Verzeichnisse
Gibt die Verzeichnisse mit den Include-Dateien an, die über die Direktive {$I *dateiname*} eingebunden werden.

Unit-Verzeichnisse
Gibt die Verzeichnisse mit den Quelltexten der Units an.

Object-Verzeichnisse
Gibt die Verzeichnisse mit den .OBJ-Dateien an, die über die Direktive {$L *dateiname*} eingebunden werden.

▶ Bei den Verzeichnissen für die Include-, Unit- und Objectdateien sind mehrere Angaben möglich. Diese sind durch ein Semikolon zu trennen.

▶ Zulässig sind maximal 127 Zeichen.

▶ Die Laufwerksangaben können auch auf unterschiedliche Laufwerke zeigen.

Menü: Option/Tools

Das Menü **OPTION/TOOLS** erlaubt dem Anwender die Installation von Programmen, die er aus der IDE heraus über das Menü **TOOLS** aufrufen kann. Über Transfer-Makros können die DOS-Bildschirmmeldungen in das »Meldungen-Fenster« umgeleitet werden.

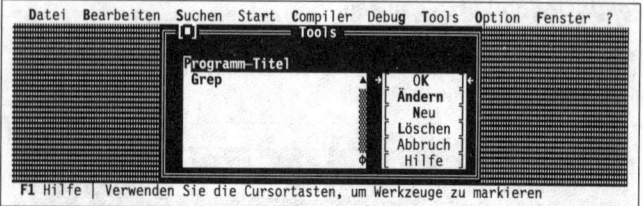

Programm-Titel

Zeigt eine Liste der momentan installierten und ausführbaren Programme.

Die Schalter des Menüs OPTION/TOOLS

Über die Schalter OK, Löschen, Abbruch und Hilfe werden die Einstellungen akzeptiert, Programme aus der Liste gelöscht, die Aktionen im Fenster Tools beendet oder eine kontextbezogene Hilfestellung angefordert.

Durch Drücken des Schalters Neu oder Ändern wird das Dialogfenster Tools anlegen/ändern geöffnet. In ihm sind Einstellungen für Titelbezeichnung, Programm-Pfad, Kommandozeilen-Argumente und die Zuweisung einer Tastenkombination zur Ausführung des Programms möglich.

Menü: Option/Umgebung/Vorgaben

Über das Untermenü VORGABEN wird die Arbeitsumgebung der IDE konfiguriert.

Bildschirmgröße
Je nach Bildschirmadapter können 25 oder 43/50 Zeilen angezeigt werden.

Automatisches Speichern

Dateien im Editor	Die Dateien des Editors werden automatisch gespeichert, wenn das Programm gestartet oder die DOS-Shell ausgeführt wird.
Umgebung	Die Einstellungen des Menüs UMGEBUNG werden gespeichert.
Desktop	Prüft, ob alle Dateien der Arbeitsfläche, die beim Verlassen von Turbo Pascal geöffnet waren, wieder geöffnet und geladen werden können, wenn Turbo Pascal erneut gestartet wird.

2.8

Quelltext verfolgen

Neues Fenster	Wird ein Programm mit dem Debugger schrittweise ausgeführt, werden Quelltexte, die noch nicht geladen sind, in ein eigenes Fenster geladen und angezeigt.
Aktuelles Fenster	Die Quelltexte werden in das aktuelle Editor-Fenster geladen.

Vorgaben/Optionen

Quelltext verfolgen	Die Einstellungen haben in
Beim Wechseln schließen	der Turbo Pascal-Version ohne
Verz. beim Öffnen wechseln	Protected Mode-Option keine Wirkung.

Desktop-Datei
In der Desktop-Datei TURBO.DSK werden Informationen über
- Editor-Fenster
- Inhalte der Eingabeaufzeichnungslisten
- Position der Haltepunkte
- geladene Dateien

und andere Statusinformationen gespeichert.

Aktuelles Verzeichnis	Die Desktop-Datei wird im aktuellen Verzeichnis gespeichert.
Verzeichnis der Konfigurationsdatei	Die Desktop-Datei wird im Verzeichnis der Konfigurationsdatei TURBO.TP gespeichert.

Die Desktop-Datei wird automatisch gespeichert, wenn unter »Automatisches speichern« die Optionen UMGEBUNG und DESKTOP eingeschaltet sind.

Menü: Option/Umgebung/Editor

Über EDITOR werden die Einstellungen für das Editor-Fenster vorgegeben.

2.8

Editor-Einstellungen

BAK-Dateien anlegen	Wird die Editor-Datei gesichert, erstellt Turbo Pascal eine Sicherungskopie mit der Namenserweiterung .BAK.
Einfügemodus	Text wird an der aktuellen Cursorposition eingefügt.
Autom. Zeileneinzug	Wird in einer Zeile die ⏎-Taste gedrückt, springt der Cursor auf die Spaltenposition des ersten Zeichens der vorangegangenen Zeile.
Tab-Zeichen verwenden	Wird die ⭢⃒-Taste gedrückt, fügt Turbo Pascal ein Tabzeichen und keine Leerzeichen in den Quelltext ein. Der Umfang des Quelltextes wird dadurch geringer, da viele Leerzeichen entfallen.
Füllen mit Tabs	Automatisch eingerückte Zeilen werden möglichst mit Tabzeichen aufgefüllt.
Rücktaste löscht Einzug	Wird die ⭠—-Taste gedrückt, wird die Cursorposition auf die Einrückung der vorherigen Zeile ausgerichtet.
Cursor durch Tabs	Die Cursortasten positionieren den Cursor auf die Mitte eines Tabzeichens, ansonsten werden mehrere Spalten übersprungen.
Befehlsgruppe widerrufen	Ermöglicht die Revision der zuletzt zusammenhängenden Editoraktionen bei Ausführung von BEARBEITEN/RÜCKGÄNGIG. Ansonsten wird nur die letzte Editoraktion revidiert.
Persistente Blöcke	Bei gewählter Option bleibt die Blockmarkierung bestehen, wenn der Cursor aus dem Block bewegt wird. Bei nicht gewählter Option wird die Blockmarkierung aufgehoben.
Block überschreiben	Ein Block wird bei der Eingabe eines Zeichens durch dieses ersetzt.
Textfarben	Die Pascal-Elemente des Quelltextes sind bei gewählter Option farblich hervorgehoben.

| Einfüge-Cursor als Block | Vertauscht die Cursordarstellung für die Modi Einfügen und Löschen. |
| Text am Cursor suchen | Bei gewählter Option wird das Wort, auf das der Cursor zeigt, in das Eingabefeld der Menüs SUCHEN/SUCHEN NACH und SUCHEN/ERSETZEN übernommen. |

2.8

Tab-Weite

Die Zahl gibt die Anzahl von Spalten vor, die beim Drücken der
⎯→⏐-Taste übersprungen werden sollen. Standard sind 8 Zeichen,
es können Werte von 2 bis 16 eingegeben werden.

▶ Wird der Wert geändert, wird der Quelltext neu ausgerichtet,
wenn TAB ZEICHEN VERWENDEN und FÜLLEN MIT TABS gesetzt sind.

Textfarben für Datei

Legt fest, für welche Dateien die farbliche Darstellung von Pascal-
Elementen (sofern die Option gewählt ist) angewendet werden soll.

Menü: Option/Umgebung/Maus

Über **MAUS** wird die Maussteuerung und die Mausempfindlichkeit eingestellt.

Strg+Rechte Maustaste

Über die Schaltfelder werden der rechten Maustaste in Verbindung
mit [Strg] unterschiedliche Aktionen zugewiesen. Diese haben eine
Entsprechung in verschiedenen Menüs

2.8

Aktion	Entsprechung	Beschreibung
Keine Wirkung		Die rechte Maustaste hat keine Funktion.
Schlüsselwort	**?/SUCHE ÜBER SCHLÜSSELWORT**	Kontextbezogene Hilfestellung für Wort an der aktuellen Cursorposition.
Gehe zur Cursorpos.	**STAR T/GEHE ZUR CURSORPOSITION**	Führt das Programm bis zur angeklickten Zeil₀ aus.
Haltepunkt	**DEBUG/HALTEPUNKTE**	Haltepunkt setzen/löschen.
Auswerten	**DEBUG/AUSWERTEN-ÄNDERN**	Werte von Ausdrücken oder Variablen berechnen, zeigen oder zuordnen.
Ausdruck überwachen	**DEBUG/AUSDRUCK HINZUFÜGEN**	Ausdruck in das Fenster Überwachte Ausdrücke aufnehmen

Maus-DoppelKlick

Stellt die Verzögerung beim Doppelklick mit der Maus ein. Bei
SCHNELL wird weniger Zeit für das Erkennen des Doppelklicks
aufgewendet. Bei **LANGSAM** reicht auch eine größere Zeitspanne für
den Doppelklick aus.

▷ Der optimale Wert hängt weitestgehend von den eigenen
Arbeitsgewohnheiten ab.

Maustasten umkehren

Vertauscht die Belegung der linken und rechten Maustaste.

Menü: Option/Umgebung/Start

Über **START** werden Einstellungen vorgenommen, die Turbo Pascal
beim Starten berücksichtigt.

Da diese Einstellungen eine Entsprechung zu den
Kommandozeilenparametern haben, die beim Starten von Turbo Pascal
angegeben werden können, werden diese nicht näher beschrieben.

2.8

Es folgt eine Gegenüberstellung der Optionen mit den jeweiligen
Startparametern.

Option	Kommandozeilenparameter
2 Monitore betreiben	/D
Graphikbildschirm retten	/G
EGA/VGA-Palette retten	/P
Auf Flackern bei CGA testen	/N
LCD-Farbpalette	/L
EMS-Speicher verwenden	/X
TURBO.TPL laden	/T
Zurück ins letzte Verzeichnis	/R
Heap-Bereich für Fenster	/W
Heap-Bereich für Editor	/E
Heap-Bereich für Overlays	/O
Auslagerungsverzeichnis	/S

Verweis

Starten von Turbo Pascal **1.2**.

Menü: Option/Umgebung/Farben

Über **FARBEN** ist die Farbdarstellung der IDE individuell einstellbar.

Gruppe
  Zeigt eine Liste aller Bereiche, in denen die Farben verändert werden können.

Element
  Zeigt eine Liste der Einstellungen, die innerhalb einer Gruppe
  verändert werden können.

Vordergrund
Stellt die Vordergrundfarbe der ausgewählten Elemente ein.
Hintergrund
Stellt die Hintergrundfabe der ausgewählten Elemente ein.
In dem Fenster unterhalb von Hintergrund wird die aktuelle Einstellung dargestellt.

2.8

Menü: Option/Laden

Über LADEN wird ein Dialogfenster geöffnet. Mit Hilfe dieses Fensters kann eine Konfigurationsdatei gewählt und geladen werden.

Menü: Option/Speichern XXX.TP

Über SPEICHERN werden die momentanen Einstellungen in den Dialogfenstern

- SUCHEN/SUCHEN NACH und SUCHEN/ERSETZEN
- COMPILER/AUSGABEZIEL
- COMPILER/HAUPTDATEI
- OPTION

in der Konfigurationsdatei XXX.TP gesichert.

Menü: Option/Speichern unter

Wie Option/Speichern XXX.TP. Jedoch wird ein Dialogfenster geöffnet, mit dessen Hilfe die Konfigurationsdatei XXX.TP gewählt oder eingegeben werden kann.

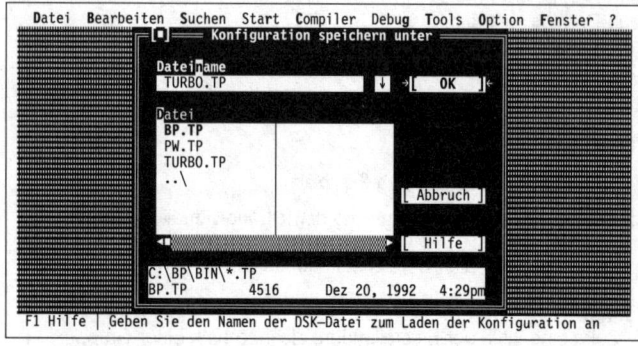

2.9 Fenster-Menü

Über das Fenster-Menü stehen die Befehle zur Verfügung, mit denen
die Fenster verwaltet werden. Den wichtigsten Fensteraktionen sind
auch HotKeys zugeordnet.

2.9

Die Standardelemente sowie die Bedienung der Fenster-Funktion
wurde bei den Grundlagen im Kapitel 2.1 bereits dargestellt.

Tabelle 7: Allgemeine Fensterverwaltung

Funktion	HotKey	Beschreibung
NEBENEINANDER		Fenster ohne Überlappung auf dem Bildschirm anzeigen.
ÜBERLAPPEN		Fenster auf dem Bildschirm stapeln. Entsprechung zu Nebeneinander.
ALLE SCHLIEßEN		Alle Fenster werden geschlossen.
ANZEIGE ERNEUERN		Über dieses Menü kann der Bildschirm restauriert werden, wenn ein Programm den Bildschirm überschrieben hat.
GRÖßE/POSITION	Strg + F5	Fenster verschieben/ vergrößern/ verkleinern.
VERGRÖßERN	F5	Fenster auf die Größe der Arbeitsfläche vergrößern.
NÄCHSTES	F6	Nächstes Fenster aktivieren.
VORHERIGES	⇧ + F6	Vorheriges Fenster aktivieren.
SCHLIEßEN	Alt + F3	Aktuelles Fenster schließen.
LISTE	Alt + 0	Alle geöffneten Fenster werden in einem Dialogfenster angezeigt. In diesem kann ein beliebiges Fenster über ↓, ↑ ausgewählt und mit ↵ aktiviert werden.

2.10 Hilfe-Menü

Über das integrierte On-Line-Hilfesystem können umfangreiche Informationen zu Turbo Pascal abgerufen werden.

Der Zugriff auf bestimmte Informationen erfolgt auf unterschiedliche Weise:

▦ Kontextsensitiv über den Begriff, der an der jeweiligen Cursorposition steht und über ⟨Strg⟩+⟨F1⟩ aufgerufen wird.
▦ Über einen Index, der über ⟨⇧⟩+⟨F1⟩ aufgerufen werden kann.
▦ Über das Menü **?**.
▦ Klicken auf **F1** Hilfe in der Statuszeile.

Grundlagen

Hilfefenster bleiben geöffnet, auch wenn in einem anderen Fenster gearbeitet wird. ⟨Esc⟩ schließt ein aktives Hilfefenster.

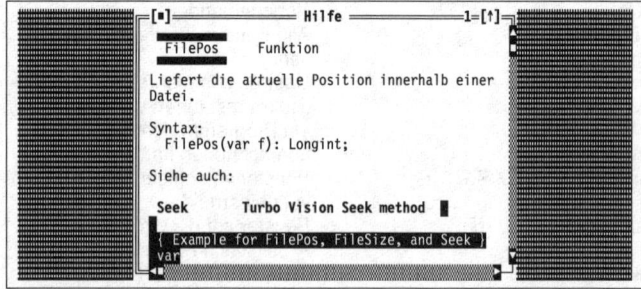

Hinter den Schlüsselwörtern (hervorgehobene Darstellung) in den Hilfebildschirmen verbergen sich wieder weitergehende Informationen zu dem jeweiligen Begriff. Die Schlüsselwörter können über die Cursortasten ⟨←⟩⟨→⟩ sowie über die ⟨──→⟩-Taste oder mit der Maus ausgewählt werden.

⟨◄┘⟩ oder Doppelklick auf dem jeweiligen Begriff gibt das zugehörige Hilfefenster aus.

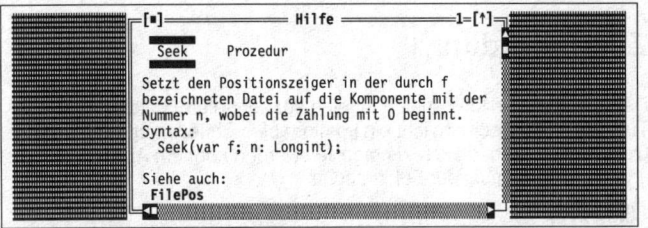

2.10

Der im Hilfefenster stehende Text kann auch über die Zwischenablage in den Editor übernommen werden. Dies ist besonders dann nützlich, wenn es sich um Programmbeispiele handelt, die man im eigenen Programm verwenden kann.

Ausführung: Text in das Edit-Fenster übernehmen

Neues Editor-Fenster über DATEI/NEU öffnen

Hilfe über ?/INDEX öffnen und die benötigte Prozedur/Funktion auswählen

Text markieren und mit BEARBEITEN/KOPIEREN oder `Strg`+`Einfg` **in die Zwischenablage übertragen**

> Cursor an den Anfang des Textes setzen
>
> Mit `↑`+`←`/`→`, `↑`+`↑`/`↓` den Bereich markieren
>
> Mit Mauszeiger auf den Anfang des Textes zeigen. Linke Maustaste drücken und gedrückt halten. Maus über den Textbereich ziehen und loslassen.

Editor-Fenster aktivieren

> `F6` drücken, bis gewünschtes Editor-Fenster aktiv ist.
>
> Mit dem Mauszeiger in das Fenster zeigen und kurz die linke Maustaste drücken.

BEARBEITEN/EINFÜGEN oder `↑`+`Einfg` **übernimmt den Inhalt der Zwischenablage**

`Alt`+`F3` **schließt das Hilfefenster**

> Fenster mit der Maus über das Schließfeld schliessen.

2.11 Der Editor

2.11

Der Editor (im Editor-Fenster) ist eine der zentralen Funktionen von Turbo Pascal. Er ermöglicht ein komfortables Erstellen und Ändern von Quelltext-Dateien, die direkt compiliert werden können. Außerdem bietet er Unterstützung bei der Fehlersuche.

Übersicht

■ Der Editor wird ähnlich bedient wie das bekannte Textverarbeitungsprogramm *WordStar* Version 3.4.

■ Die Anzahl der Edit-Fenster, die gleichzeitig geöffnet werden können, hängt vom verfügbaren Speicherausbau und der Konfiguration beim Starten von Turbo Pascal ab (siehe 1.2).

■ Die Maus wird unterstützt.

■ Dateien können größer als 64 KByte sein. Maximal 8MB für alle Dateien zusammen (bei EMS-Unterstützung).

■ Eine Datei kann mehrfach geöffnet sein und erlaubt somit das Anzeigen und Ändern an mehreren Stellen gleichzeitig.

■ Aus dem Hilfesystem lassen sich Texte und Beispiele übernehmen.

■ Über die Zwischenablage lassen sich Texte zwischen den Edit-Fenstern austauschen.

■ Die Befehlsstruktur kann mit Hilfe des TEMC (siehe 1.6) speziell angepaßt werden. Ein Beispiel hierfür ist in der Beschreibung des TEMC in der Datei TEMC.DOC.

■ Innerhalb des Editors stehen sämtliche Hot Keys zur Verfügung.

■ Mit OPTION/UMGEBUNG/VORGABEN und OPTION/UMGEBUNG/EDITOR können einige Optionen für den Editor eingestellt und gespeichert werden.

Ausführung: Editor aufrufen und verlassen

Neues Editor-Fenster aufrufen

DATEI/NEU	über die Menüleiste wählen

Anderes Fenster aktivieren

F6 oder ⇑ + F6	Von anderen Fenstern aus betätigen.
Maus	Edit-Fenster anklicken.

Editor verlassen

F10	Aktiviert die Menüleiste.
Hot-Key	Ruft die entsprechende Funktion auf (siehe 1.4).
Alt + F3	Edit-Fenster schließen.
Maus	Schließfeld anklicken.

Bildschirmaufbau

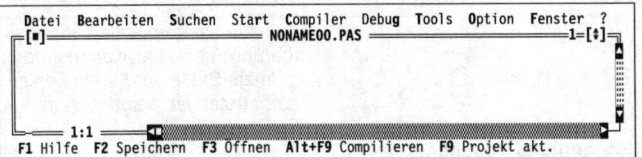

2.11

Verweise

Hot Keys, direkter Aufruf **1.4**, Optionen einstellen (Option) **2.8**, Turbo Editor Makro Sprache TEML **1.6**.

Tabelle 8: Tastenfunktionen im Editor

Taste	Alternativ	Funktion
Cursor und Bildschirm bewegen		
←	Strg+S	Zeichen nach links.
→	Strg+D	Zeichen nach rechts.
Strg+←	Strg+A	Wort nach links.
Strg+→	Strg+F	Wort nach rechts.
↑	Strg+E	Zeile nach oben.
↓	Strg+X	Zeile nach unten.
Strg+W		Bildschirm rollen nach oben.
Strg+Z		Bildschirm rollen nach unten.
Bild↑	Strg+R	Bildschirmseite nach oben blättern.
Bild↓	Strg+C	Bildschirmseite nach unten blättern.
Erweiterte Cursorbewegungen: Bewegt Cursor zum ...		
Pos1	Strg+Q S	... Anfang der aktuellen Zeile.
Ende	Strg+Q D	... Ende der aktuellen Zeile.
Strg+Pos1	Strg+Q E	... oberen Bildschirmrand.
Strg+Ende	Strg+Q X	... unteren Bildschirmrand.
Strg+Bild↑	Strg+Q R	... Textbeginn.
Strg+Bild↓	Strg+A C	... Textende.
Strg+Q B		... Anfang des Blocks.
Strg+Q K		... Ende des Blocks.

Tabelle 8: Fortsetzung

Taste	Alternativ	Funktion
Strg + Q P		... letzte Cursorposition vor Ausführung des letzten Kommandos.
Strg + Q W		... letzte Stelle, in der ein Fehler aufgetreten ist, zeigt noch mal Fehlermeldung.

Einfügen und Löschen

Einf	Strg + V	Einfügemodus ein/ausschalten (Anzeige durch Cursorform).
Strg + N		Zeile einfügen.
Strg + Y		Zeile löschen.
Strg + Q Y		Löschen bis zum Zeilenende.
←	Strg + H	Zeichen links vom Cursor löschen.
Entf	Strg + G	Zeichen beim Cursor löschen.
Strg + T		Wort rechts vom Cursor löschen.

Weitere Editierfunktionen

Esc		Operation abbrechen.
Strg + P		Einleitung für Steuerzeichen.
Strg + Q L		Änderungen in der aktuellen Zeile rückgängig machen.

Block-Operationen

Strg + K B	⇧ + ← → ↑ ↓	Blockbeginn markieren. Falls Blockende dahinter definiert ist, wird der Block markiert.
Strg + K L		Zeile markieren.
Strg + K K		Blockende markieren. Falls Blockanfang davor definiert ist, wird der Block markiert.
Strg + K T		Einzelnes Wort als Block.
Strg + K C		Block kopieren an Cursorstelle.
Strg + K V		Block verschieben an Cursorstelle.
Strg + K Y		Block löschen (nicht rückgängig zu machen).
Strg + K R		Block von Diskette lesen. Dateiname eingeben. Der eingelesene Block wird an Cursorstelle eingesetzt.

2.11

Tabelle 8: Fortsetzung

Taste	Alternativ	Funktion
Strg + K W		Block auf Diskette schreiben. Dateiname eingeben. Falls keine Namenserweiterung angegeben wird, ergibt sich ».PAS«.
Strg + K H		Block verdecken/anzeigen. Schaltet Blockanzeige um.
Strg + K P		Block/Text drucken auf Standarddrucker (LPT1).
Strg + K I		Block um eine Spalte nach rechts verschieben.
Strg + K U		Block um eine Spalte nach links verschieben.
Strg + Entf		Block löschen; kein Übertrag in die Zwischenablage.
Strg + Einfg		Block in die Zwischenablage kopieren.
⇧ + Entf		Block in die Zwischenablage übertragen.
⇧ + Einfg		Block aus der Zwischenablage ins Edit-Fenster kopieren.

Dateifunktionen und Beenden

Taste	Alternativ	Funktion
F10		In Menüleiste gehen; der Text wird nicht gespeichert.
F2	Strg + K S	Text speichern, Editor nicht beenden.
F3		Neue Datei in eigenem Edit-Fenster öffnen.
Alt + F3		Edit-Fenster schliessen, Datei speichern.
→	Strg + I	Tabulatorsprung zu nächster Tabulatorposition (Positionen 1, 9, 17, .., Abstand 8 Zeichen).
Strg + O I		Autom. Einrückung ein-/ausschalten. Ein: Der Cursor geht in einer neuen Zeile an die Position, bei der die Zeile davor beginnt.
Strg + O T		Tab-Modus an-/ausschalten. Falls ausgeschaltet, kann kein Tab-Sprung eingegeben werden.

2.11

Tabelle 8: Fortsetzung

2.11

Taste	Alternativ	Funktion
Such-/Ersetzfunktionen		
Strg+Q F		Suchen.
Strg+Q A		Suchen und Ersetzen.
Strg+Q [[ ]		Klammerebenen suchen.
Strg+L		Suchen/Ersetzen wiederholen.
Strg+K n		Marke setzen.
Strg+Q n		Zu einer Marke springen.
Hilfe		
F1		Hilfestellung.
Alt+F1		Letzter Hilfe-Bildschirm.
Strg+F1		Pascal-Syntax zum aktuellen Befehlswort.
Editorfunktionen im Zusammenhang mit Compiler		
Strg+O O		Compiler-Parameter einfügen am Textanfang (alle Schalter und Parameter, die über Menüoptionen gesetzt sind). Bei Standardeinstellungen erscheint: {$A+,B–,D+,E+,F–,G–,I+,L+,N–,O–,P–,Q–,R–,S+,T–,V+,X+} {$M 16384,0,655360}.
Strg+Q W		Cursor zu letzter Stelle bewegen, an der ein Fehler aufgetreten ist.

Ausführung: Steuerzeichen eingeben

Strg+P leitet die Eingabe eines Steuerzeichens ein
Steuerzeichen-Code eingeben
Beispiel: Eingabe von Carriage Return (Ctrl M)
Strg+P Strg+M

Anmerkungen

■ Steuerzeichen sollten in Quelltexten nur in Kommentaren eingegeben werden, da der Compiler sie nicht verstehen kann.
■ Auf dem Bildschirm werden diese Zeichen mit einem besonderen Zeichenattribut angezeigt (Invers oder halbe Helligkeit).
■ Eine Programmzeile darf maximal 126 Zeichen lang sein.
■ Die Cursorsteuerung sowie die Blockmarkierung kann auch mit der Maus durchgeführt werden.

Worte sind Zeichenfolgen, die durch folgende Zeichen begrenzt sind: Leerzeichen, < > . ; ' , ( ) { } ^ ' * + – / $ # _ = | ~ ? ! " % & : @ [ ] \ Kontroll- und Sonderzeichen.

Verweise

Konfiguration **2.8**, TEMC Editor-Makros erstellen **1.6**.

2.11

Übersicht: Textblöcke

Die Blockbefehle bieten folgende Möglichkeiten:
- Block spaltenweise nach rechts/links verschieben.
- Block kopieren.
- Block verschieben.
- Block löschen.
- Block auf Diskette schreiben.
- Block von Diskette lesen.
- Block/Gesamttext drucken.
- Block in das Clipboard kopieren/übertragen.
- Block aus dem Clipboard übernehmen.

Ausführung: Block markieren

Cursor an richtige Stelle setzen
`Strg`+`K` `B` **definiert diese Stelle als Blockbeginn**
Cursor an Stelle setzen, bei der der Block enden soll
`Strg`+`K` `K` **definiert diese Stelle als Blockende**
   Der Block wird hervorgehoben dargestellt, falls er nicht mit `Strg`+`K` `H` verdeckt ist (siehe Anmerkungen).
   oder
`Strg`+`K` `T` **definiert das aktuelle Wort als Block**
   Blockbeginn und Blockende werden definiert. Steht der Cursor zwischen zwei Wörtern, wird das linke genommen.
   oder
`↑`+`←` `→` `↑` `↓` **kann ersatzweise zum Markieren verwendet werden.**
   Die Markierung entspricht der mit `Strg`+`K` `B` und `Strg`+`K` `K`.

Ausführung: Block mit Maus markieren

Mit dem Mauszeiger auf den Anfang des Textblocks zeigen
Linke Maustaste drücken und gedrückt halten
Maus über den gewünschten Textbereich ziehen
Linke Maustaste loslassen
   Der Textbereich ist jetzt markiert.

Anmerkungen

▓ Falls beim Definieren des Blockbeginns schon ein Blockende weiter hinten festgelegt ist, wird der Block zwischen diesen beiden Stellen definiert und markiert.

2.11

▓ Ein definierter Block wird hervorgehoben dargestellt. Mit [Strg]+[K] [H] wird die Blockdarstellung aus- und eingeschaltet (verdeckt und angezeigt).

▓ Bei verdeckter Blockdarstellung funktionieren:
   ▶ Sprung zum Blockbeginn und Blockende,

▓ Bei verdeckter Blockdarstellung funktionieren nicht:
   ▶ Blockoperationen (Kopieren, Verschieben, Löschen, Schreiben).

Ausführung: Block kopieren, verschieben

Block markieren
   (Siehe oben) Der Block muß angezeigt sein.
Cursor an neue Stelle setzen
[Strg]+[K] [C] **kopiert den Block an diese Stelle**
   Das Original wird nicht verändert.
[Strg]+[K] [V] **verschiebt den Block an diese Stelle**
   Das Original wird gelöscht.
   ▶ Die Blockmarkierung wird an die neue Stelle gesetzt.
   ▶ Falls kein Block markiert ist, geschieht nichts.

Ausführung: Block löschen

Block markieren
   (Siehe oben) Der Block muß angezeigt sein.
[Strg]+[K] [Y] **löscht den Block**
   Der Block wird ohne weitere Rückfrage gelöscht. Das Kommando kann nicht rückgängig gemacht werden.

Ausführung: Block spaltenweise verschieben

Block markieren
   (Siehe oben) Der Block muß angezeigt sein.
[Strg]+[K] [I] **verschiebt den Block um eine Stelle nach rechts**
[Strg]+[K] [U] **verschiebt den Block um eine Stelle nach links**
   Diese Funktionen sind hilfreich beim Ein- oder Ausrücken von Routinen im Quelltext.

Ausführung: Block oder Gesamttext drucken

Block markieren
(Siehe oben) Falls ein Block markiert und angezeigt ist, wird dieser
Block gedruckt.
oder
Blockdefinition verdecken mit [Strg]+[K][H]
In diesem Fall wird der gesamte Text gedruckt.
[Strg]+[K][P] **druckt den Block bzw. Gesamttext aus**
Der Ausdruck erfolgt über die Standardschnittstelle (LPT1:).

2.11

Verweis

Dateioperationen (Datei) **2.2**.

Zwischenablage

Über die Zwischenablage können Textbereiche zwischen den
verschiedenen Editor-Fenstern ausgetauscht oder über das Hilfesystem
Beipiele in das Editor-Fenster übernommen werden.
Die Zwischenablage wird als eigenes Editor-Fenster zur Verfügung
gestellt und kann demzufolge auch bearbeitet werden.
Zwischenablage-Funktionen
Die Funktionen können sowohl über das **BEARBEITEN**-Menü als auch
zum Teil über Funktionstasten aufgerufen werden.

Ausschn.	[↑]+[Entf]	Überträgt den markierten Block in die Zwischenablage.
Kopieren	[Strg]+[Einfg]	Kopiert den markierten Block in die Zwischenablage.
Einfügen	[↑]+[Einfg]	Kopiert den Inhalt der Zwischenablage in das aktive Edit-Fenster.

Zwischenablage anzeigen   Öffnet ein eigenes Fenster und zeigt den Inhalt der Zwischenablage.

Ausführung: Text zwischen Editor-Fenstern kopieren

2.11

Text im Editor-Fenster markieren
BEARBEITEN/KOPIEREN oder [Strg]+[Einfg] ausführen
Der markierte Block wird in die Zwischenablage kopiert.
Mit [F6] oder der Maus das neue Edit-Fenster auswählen
Cursor an der Stelle positionieren, an der der Text eingefügt werden soll
BEARBEITEN/EINFÜGEN oder [⇧][Einfg] ausführen
Der Inhalt der Zwischenablage wird an der Cursorposition eingefügt.

Tabulierung, Einrückung, Füllen

Mit diesen Funktionen bietet der Editor Unterstützung beim Eingeben von Quelltexten und ermöglicht die Einsparung von Speicherplatz.

Die Einstellungen können über Tastenkombinationen oder über das Dialogfenster **OPTION/UMGEBUNG/EDITOR** vorgenommen werden.

Übersicht

Automatische Tabulierfunktion (Indent) [Strg]+[O][I]
OPTION/UMGEBUNG/EDITOR/AUTOM. ZEILENEINZUG
Eingeschaltet:
▶ Der Cursor wird in einer neuen Zeile (nach Eingabe von [↵]) an die Spalte gesetzt, bei der die Zeile davor beginnt.
▶ Damit können Einrückungen in Programmlisten einfach ausgeführt werden.
Ausgeschaltet:
▶ Der Cursor wird in einer neuen Zeile in die erste Spalte gesetzt.

»Rücktaste löscht Einzug«-Funktion (Unindent) [Strg]+[O][U]
OPTION/UMGEBUNG/EDITOR/RÜCKTASTE LÖSCHT EINZUG
Dies ist die »rückwärtige« automatische Tabulierfunktion, die die Funktion der Taste [←] bestimmt.
Eingeschaltet:
▶ Falls links vom Cursor nur Leerzeichen stehen, rückt nach Eingabe von [←] der Cursor zur nächsten »Ebene« zurück.
▶ Bei der Auswertung der Ebenen werden auch weitere Zeilen davor verwendet.

```
Textzeile 1
    Textzeile 2
        Textzeile 3
◄──  ◄──  ◄──
 3    2    1       Eingabe von ◄──
```

Tabulatoreingabe ermöglichen (Tab) Strg+O T

OPTION/UMGEBUNG/EDITOR/TAB-ZEICHEN VERWENDEN

2.11

Hiermit wird die Eingabemöglichkeit von Tabulatoren ein- und
ausgeschaltet.
Eingeschaltet:
  ▶ Taste ──► bewirkt Sprung zum nächsten Tabulatorstopp
(Spalten 1, 9, 17; Abstand 8 Stellen).
Ausgeschaltet:
  ▶ Taste ──► bewirkt Sprung zu der Stelle, bei der in der Zeile
davor ein Wort beginnt bzw. die Zeile endet.

```
Dies ist die Zeile vor der Cursorzeile
──►──────►───────►──────────►      Eingabetaste ──►
```

Füllfunktion (Fill) Strg+O F OPTION/UMGEBUNG/EDITOR/FÜLLEN MIT
TABS

Hiermit wird festgelegt, wie aufeinanderfolgende Leerzeichen
gespeichert werden. Dabei können Leerzeichenfolgen in Tabulator-
sprünge zu den nächsten Tabstopps und weitere Leerzeichen zu
der richtigen Stelle gewandelt werden.
Die Art der Speicherung hängt zusätzlich von den Einstellungen
TAB-ZEICHEN VERWENDEN und **AUTOM. ZEILENEINZUG** ab.
Beispiele:
(Bedeutung der Sonderzeichen:
øøø = Leerzeichen, → = Tab-Sprung)

```
Datei·mit·Tab,·mit·Fill,·mit·Indent
→         →         Zeile·1·2xTab
→         →         Zeile·2·Indent

Datei·mit·Tab,·ohne·Fill,·mit·Indent
→         →         Zeile·1·2xTab
················Zeile·1·Indent

Datei·nur·Tab¶
→         →         Zeile·1·2xTab
→         →         Zeile·2·2xTab

Texteingabe·ohne·Fill,·mit·Indent
················Zeile·1·2xTab
················Zeile·2·Indent
```

Einfügemodus (Insert) `Einfg` OPTION/UMGEBUNG/EDITOR/EINFÜGEMODUS
>   Hiermit wird festgelegt, ob Text an der Cursorposition eingefügt
>   oder überschrieben wird.
>   Die `Einfg`-Taste wirkt hierbei als Umschalter zwischen den beiden
>   Zuständen.

2.11 *Übersicht: Suchen und Ersetzen*

Der Editor bietet folgende Funktionen zum Suchen und Ersetzen:
- Marken im Text setzen und Cursor auf Textmarken setzen.
- Suchen von Textteilen.
- Suchen von Textteilen und Ersetzen durch einen anderen Text.
- Suchen nach Klammerebenen.

Die Eingabe der Suchbegriffe sowie der Einstellungen wird über ein
Dialogfenster vorgenommen.

Ausführung: Textmarkierungen

Zu Textmarkierungen (Marken) kann der Cursor schnell positioniert
werden. Bis zu 10 Marken können gesetzt werden.
Cursor an die Stelle setzen, bei der eine Marke gesetzt werden soll
`Strg`+`K` n **setzt die Marke** n **an dieser Stelle**
>   Möglich für n sind 0, 1, 2, .. 9.

`Strg`+`Q` n **setzt den Cursor an die Stelle der Marke** n
>   Diese Marke muß vorher definiert worden sein.
>   Falls keine Marke mit der Nummer definiert ist, geschieht nichts.
- In jedem Edit-Fenster können die 10 Markierungen unabhängig
  voneinander gesetzt werden.

Ausführung: Textstellen suchen

SUCHEN/SUCHEN NACH **oder** `Strg`+`Q``F` **beginnt die Suchfunktion**
>   Nun erscheint ein Dialogfenster für den Suchtext sowie die
>   Suchoptionen.

Suchtext eingeben `⟶|`
>   Maximal 80 Zeichen. Korrekturmöglichkeiten mit `←`, `→`, `Strg`+`A`
>   (Wort links), `Strg`+`F` (Wort rechts).
>   `Esc` bricht die Suchfunktion ab.
>   `↓` oder Mausklick auf das ↓-Symbol in der Eingabezeile öffnet die
>   Eingabeaufzeichnungsliste. Aus dieser kann ein bereits definierter
>   Begriff ausgewählt werden.

Auswahlkriterien eingeben ⏎

Über Optionen, Richtung, Bereich und Beginn können verschiedene
Schalter gesetzt werden, die die Art und Richtung der Suche
beeinflussen.

Optionen

GROSS-/KLEINSCHREIB.	Unterscheidet Groß-/Kleinschreibung.
NUR GANZE WÖRTER	Sucht nur Wörter.
REGULÄRE AUSDRÜCKE	Erlaubt Jokerzeichen im Suchstring.

Richtung

VORWÄRTS	Sucht in Richtung Textende.
RÜCKWÄRTS	Sucht in Richtung Textanfang.

Bereich

GESAMTER TEXT	Sucht im gesamten Text.
MARKIERTER TEXT	Nur im markierten Textblock.

Beginn

AB CURSOR	Sucht ab der Cursorposition.
TEXTANFANG	Sucht ab Quelltextbeginn.

Wurde der Suchstring nicht gefunden, wird eine Meldung ausgegeben

Entweder ist der Suchstring tatsächlich nicht vorhanden, oder die
Schalter waren so gesetzt, daß der Suchstring nicht gefunden werden
konnte.

Strg + L wiederholt den letzten Suchvorgang

■ Die Angaben der Auswahlkriterien Bereich und Beginn beeinflussen
sich gegenseitig.

■ Bei eingeschalteter Option REGULÄRE AUSDRÜCKE können Jokerzeichen im Suchbegriff verwendet werden.

■   Standardmäßig wird der Suchstring ab der Cursorposition vorwärts in der gesamten Datei gesucht, wobei Groß-/Kleinschreibung nicht berücksichtigt wird.

Ausführung: Suchen und Ersetzen

2.11

Damit kann ein Suchbegriff automatisch durch einen anderen Text ersetzt werden.

Die Eingabe der Such-/Ersatzbegriffe sowie der Sucheinstellungen werden über ein Dialogfenster vorgenommen.

SUCHEN/ERSETZEN oder `Strg`+`Q` `A` **beginnt die Ersetzen-Funktion**
Es erscheint ein Dialogfenster für die Eingabe des Suchtextes und des Ersatztextes.

Suchtext bei SUCHEN NACH eingeben `—→|`
Wie bei Suchen.

Ersatztext bei ERSETZEN DURCH eingeben `—→|`
Korrekturmöglichkeiten wie beim Suchtext.
`↓` oder Mausklick auf das ↓-Symbol in der Eingabezeile öffnet die Eingabeaufzeichnungsliste. Aus dieser kann ein bereits definierter Begriff ausgewählt werden.

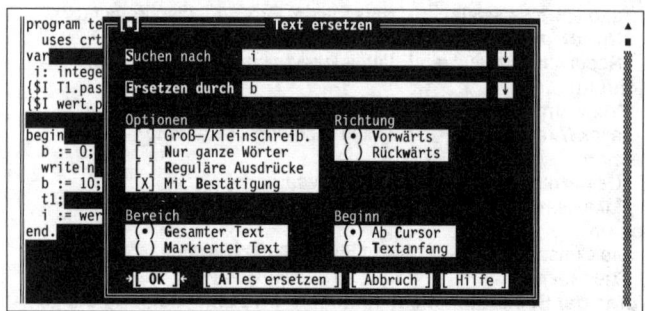

Optionen eingeben `↵`
Hier gelten für die Funktion des Suchens nach dem Suchtext dieselben Optionen wie bei Suchen (siehe oben); zusätzlich kann für die Ersatzfunktion die Option MIT BESTÄTIGUNG eingegeben werden: Hierbei wird bei jedem gefundenen Begriff gefragt, ob ersetzt werden soll.
Ersetzen beginnt, wenn OK oder ALLES ERSETZEN gedrückt wird. Der Cursor wird auf die erste Fundstelle gesetzt.

J	Ersetzt und sucht weiter.
N	Ersetzt nicht und sucht weiter.
Esc	Bricht den Vorgang ab.
Strg + L	Wiederholt den letzten Such/Ersetzvorgang.

Begrenzerpaar suchen

2.11

Bei sehr verschachtelten Ausdrücken kann es mitunter schwierig sein, das zu einem Begrenzer gehörende zweite Zeichen zu finden. Turbo Pascal stellt hierfür über die Tasten Strg+Q und []] die Möglichkeit zur Verfügung, die Begrenzerpaare suchen zu lassen.

■ Mögliche Begrenzer sind:

[ ]	Eckige Klammern	" "	Anführungszeichen
{ }	Geschweifte Klammern	' '	Apostrophe
( )	Runde Klammern		

■ Die Suchrichtung wird bestimmt durch:

Strg [	Suche vorwärts
Strg]	Suche rückwärts

Teilweise können die Begrenzer in beiden Richtungen gesucht werden, zum Teil auch verschachtelt sein.

Begrenzerpaar	Suchrichtung erkennbar	Verschachtelbar
[ ]	Ja	Ja
{ }	Ja	Ja
( )	Ja	Ja
" "	Nein	Nein
' '	Nein	Nein

■ Die Tastenbefehle sind für alle Klammerzeichen gleich. Die Art des Zeichens wird durch das Zeichen bestimmt, das beim Cursor steht.

Ausführung: Klammerebenen suchen

Diese Funktion sucht
  ▶ die schließende Klammer zu einer öffnenden Klammer,
  ▶ die öffnende Klammer zu einer schließenden Klammer.

Cursor auf die öffnende Klammer setzen
Strg+Q[sucht die zugehörige schließende Klammer
  Eingabe bei MF-Tastatur mit folgender Tastenkombination:
  Strg+Q Strg+Alt[
  oder
Cursor auf die schließende Klammer setzen
Strg+Q] sucht die zugehörige öffnende Klammer
  Eingabe bei MF-Tastatur : Strg+Q Strg+Alt]

2.12 Die Rechte Maustaste – Lokale Menüs

2.12

Über die rechte Maustaste kann ein Menü der IDE oder ein sogenanntes »lokales Menü« aktiviert werden. Das Anfordern eines Menüs der IDE erfolgt durch gleichzeitiges Drücken von ⌈Strg⌉ und der rechten Maustaste.

Das IDE-Menü, das hierbei auf dem Bildschirm erscheint, ist über **OPTION/UMGEBUNG/MAUS** wählbar (siehe 2.8). Wird nur die rechte Maustaste gedrückt, erscheint in Abhängigkeit vom aktiven Fenster ein lokales Menü. In den folgenden Fenstern sind lokale Menüs verfügbar:

■ Editor-Fenster
■ »Meldungen«-Fenster
■ Fenster »Überwachte Ausdrücke«
■ Hilfe-Fenster

Das folgende Bild zeigt das lokale Menü bei aktivem Editor-Fenster.

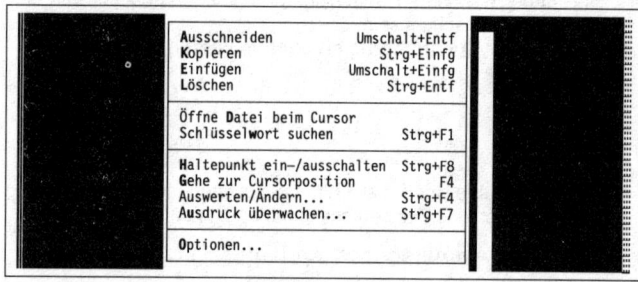

Lokales Menü des Editor-Fensters

AUSSCHNEIDEN, KOPIEREN, EINFÜGEN, LÖSCHEN	Diese Menüs dienen der Bearbeitung des Textes im Editor-Fenster. Die Funktionen dieser Menüs sind im Kapitel Editor behandelt (siehe 2.11).
ÖFFNE DATEI BEIM CURSOR	Befindet sich der Cursor im Editor-Fenster auf einem Wort, das gleich einem Dateinamen ist, dann wird durch Auswahl des Menüpunkts **ÖFFNE DATEI BEIM CURSOR** die zugehörige Datei geöffnet. Der Inhalt dieser Datei wird in Abhängigkeit der Einstellung im Menü **OPTION/UMGEBUNG/VORGABE/**

QUELLTEXT VERFOLGEN in einem neuen oder dem gleichen Editor-Fenster gezeigt.

SCHLÜSSELWORT SUCHEN	Das Menü ist gleich dem Menü **?/SUCHE ÜBER SCHLÜSSELWORT** (siehe 2.10).
HALTEPUNKT EIN/AUSSCHALTEN	oder [Strg]+[F8] setzt oder löscht einen Haltepunkt in der Zeile, in der sich der Cursor befindet.
AUSWERTEN/ÄNDERN, AUSDRUCK ÜBERWACHEN	Die Funktionen der Menüs **AUSWERTEN/ÄNDERN** und **AUSDRUCK ÜBERWACHEN** sind im Kapitel Debug beschrieben (siehe 2.6).
OPTIONEN...	Aktiviert das Menü **OPTION/UMGEBUNG/EDITOR**. Dieses Menü und dessen Funktionen sind im Kapitel Option beschrieben (siehe 2.8).

2.12

Lokales Menü des »Meldungen«-Fensters

Das »Meldungen«-Fenster ist aktiviert, wenn das Menü **TOOLS/MELDUNGEN** gewählt wurde. Das folgende Bild zeigt das lokale Menü bei aktivem »Meldungen«-Fenster.

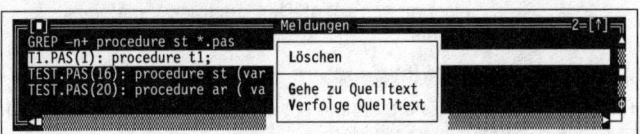

LÖSCHEN	Löscht die Meldung im Fenster, auf der sich momentan der Blockzeiger befindet. Im Bild wäre dies die Meldung: T1.PAS(1)....
GEHE ZU QUELLTEXT	Zeigt in einem Editor-Fenster den Quelltext zur Meldung, auf der sich der Blockzeiger befindet. Das Editor-Fenster wird zum aktiven Fenster.
VERFOLGE QUELLTEXT	Wie Gehe zu Quelltext, jedoch bleibt das »Meldungen«-Fenster das aktive Fenster.

In Abhängigkeit von der Einstellung im Menü **OPTION/UMGEBUNG/VORGABEN/QUELLTEXT VERFOLGEN** wird der zu zeigende Quelltext in einem neuen oder dem zuletzt aktiven Editor-Fenster gezeigt.

Lokales Menü des Fensters »Überwachte Ausdrücke«

Ist das Fenster »Überwachte Ausdrücke« das aktive Fenster, dann erscheint nach Drücken der rechten Maustaste das folgende lokale Menü.

2.12

NEU   oder Einfg öffnet ein Dialogfenster, welches das Hinzufügen von Ausdrücken oder Variablen in das Fenster »Überwachte Ausdrücke« ermöglicht.

ÄNDERN   oder ↵ öffnet ein Dialogfenster. Mit dessen Hilfe kann der Ausdruck oder der Variablename, auf den der Blockzeiger zeigt, geändert werden.

LÖSCHEN   oder Entf Löscht den Ausdruck oder die Variable im Fenster »Überwachte Ausdrücke«.

ALLES LÖSCHEN   Löscht sämtliche Ausdrücke oder Variablen des Fensters »Überwachte Ausdrücke«.

FREIGEBEN   Gibt einen gesperrten Ausdruck oder Variable frei (siehe Sperren).

SPERREN   Der Wert des Ausdrucks oder der Variablen wird nicht mehr gezeigt. Der Ausdruck/Variable ist gesperrt.

Lokales Menü des Hilfe-Fensters

Ist das Hilfe-Fenster aktiviert, dann erscheint nach Drücken der rechten Maustaste das folgende lokale Menü.

INHALTSVERZEICHNIS Zeigt die verfügbaren Pascal-Elemente geordnet nach Funktionen und Bedeutungen.

INDEX   oder ⇑+F1 zeigt die Pascal-Elemente alphabetisch/numerisch geordnet.

SUCHE ÜBER   oder Strg+F1 zeigt das Menü ?/SUCHE NACH
SCHLÜSSELWORT   SCHLÜSSELWORT.

VORHERIGES THEMA oder Alt+F1 wechselt zum vorherigen Hilfetext.

KOPIEREN   oder Strg+F1 kopiert einen markierten Teil (Block) in die Zwischenablage.

BEISPIEL KOPIEREN kopiert das zum Pascal-Element aufgeführte Programmbeispiel in die Zwischenablage.

Bedienung mit der Maus

Sämtliche Menüpunkte der lokalen Menüs können ebenfalls mit der Maus gewählt werden. Die Vorgehensweise ist im Kapitel Grundlagen (siehe 2.1) beschrieben.

3

Kapitel 3:

COMPILERBEFEHLE UND -EINSTELLUNGEN

3.1 Programme compilieren und starten

Turbo Pascal bietet eine Reihe von Möglichkeiten zur Compilierung und zum Starten eines Programms.

Übersicht: Funktionen zum Compilieren

Option aus dem Menü START

AUSFÜHREN	`Strg`+`F9`	Programm compilieren (wenn nötig) und starten.

Optionen aus dem Menü COMPILER

COMPILIEREN	`Alt`+`F9`	Quelltext im Editor compilieren.
PROJEKT AKTUALISIEREN	`F9`	Quelltext und verwendete Units mit Datumsvergleich compilieren.
PROJEKT NEU COMPILIEREN		Quelltext und verwendete Units ohne Datumsvergleich compilieren.
HAUTPDATEI		Quelltext für AUSFÜHREN, PROJEKT AKTUALISIEREN, PROJEKT NEU COMPILIEREN.

Ausführung: Quelltext im Speicher compilieren

Der Quelltext im Editor ist fertig für einen Programmstart.

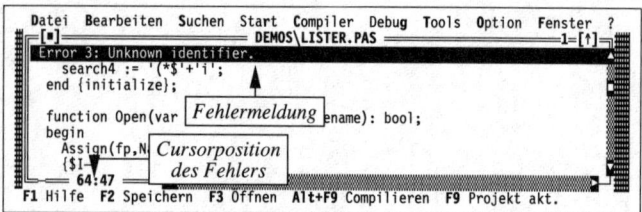

COMPILER/COMPILIEREN compiliert das Programm
oder START/AUSFÜHREN oder `Strg`+`F9` compiliert das Programm und startet es sofort, falls kein Fehler auftritt

▶ In diesem Fall darf bei COMPILER/HAUPTDATEI kein Eintrag stehen (siehe 2.5).

▶ Der Quelltext im Editor wird compiliert. Falls der Compiler keinen Fehler findet, erscheint die Meldung: Compilierung erfolgreich.

▷ Falls ein Fehler auftritt, erscheint eine Fehlermeldung. In
diesem Fall muß die Fehlerursache festgestellt und der Quelltext
entsprechend geändert werden.
▷ Die Fehlermeldung wird in der ersten Zeile im Editor-Fenster
dargestellt.
▷ Fehlermeldungen siehe 10.7.

Compilierten Code im Speicher oder auf Diskette speichern

Der beim Compilieren erstellte Maschinencode wird normalerweise im
Arbeitsspeicher des Rechners gespeichert. Dieses Ausgabeziel kann
umgestellt werden.

3.1

COMPILER **wählen**
AUSGABEZIEL **wählen**
⏎ **schaltet zwischen** SPEICHER **und** FESTPLATTE **um**

Der Code steht nach dem Compilieren...

SPEICHER	...im Speicher
FESTPLATTE	...in einer Datei auf Diskette/Festplatte. Der Dateiname ist der gleiche wie der Quelltextname, jedoch mit Namenserweiterung ».EXE«.

Vorteile von Compilieren in den Speicher
▷ Schneller Compiliervorgang, da nichts auf Diskette/Festplatte
geschrieben werden muß.
▷ Schnelle Programmausführung, da das Programm im Speicher
steht.

Vorteile von Compilieren auf die Diskette
▷ Programme können beliebig von DOS aus gestartet werden.
Nachdem ein Programm fertig entwickelt ist, wird es auf Diskette
compiliert, um es ohne Turbo Pascal nutzen zu können.
▷ Falls das Programm groß ist, kann der Speicher evtl. nicht
ausreichen. Dann muß auf Diskette compiliert werden.

Ausführung: Programm starten

START/AUSFÜHREN **startet das momentane Programm**
▷ Turbo Pascal stellt selbst fest, ob der momentane Quelltext
schon compiliert ist. Falls nicht, wird zuerst compiliert und dann das
Programm gestartet.
▷ Turbo Pascal prüft selbst, ob die Compilerausgabe im Speicher
oder auf Diskette gespeichert ist. Abhängig davon wird das Programm im Speicher aufgerufen bzw. die Programmdatei geladen
und gestartet.

Ausführung: Befehlsparameter eingeben

Falls ein Programm weitere Parameter in der DOS-Befehlsebene benötigt, müssen diese vor dem Starten von Turbo Pascal aus eingegeben werden.

START/PARAMETER zeigt ein Dialogfenster, in dem Programmparameter eingegeben werden können ⏎

3.1

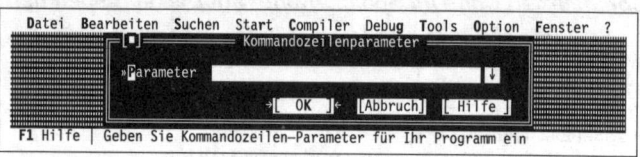

```
  Datei  Bearbeiten  Suchen  Start  Compiler  Debug  Tools  Option  Fenster  ?
 ━━━━━━━━━━━━━━━━━━━━━━━━ Kommandozeilenparameter ━━━━━━━━━━━━━━━━━━━━━━
   »Parameter ┌──────────────────────────────────────────────┐↓
             └──────────────────────────────────────────────┘
                    →[   OK   ]←  [Abbruch]    [ Hilfe ]
 F1 Hilfe │ Geben Sie Kommandozeilen-Parameter für Ihr Programm ein
```

► Die Parameter werden so eingegeben, wie sie normalerweise in der DOS-Befehlszeile hinter dem Programmaufruf angegeben werden.
► Umleitung von Ein- und Ausgaben mit < und > ist nicht möglich.
► ⏷ oder Klick auf das ↓-Symbol öffnet eine Eingabeaufzeichnungsliste.

Ausführung: Quelltext aus Datei compilieren und starten

Alternativ zum Quelltext im Editor kann ein Quelltext einer Datei verarbeitet werden.

COMPILER/HAUPTDATEI auswählen

Nun erscheint ein Fenster für die Dateinamenseingabe.

Dateinamen eingeben ⏎

oder

⏎, **dann Dateinamen auswählen**

Vorgehensweise siehe 2.1.

Folgende Funktionen verarbeiten nun den Quelltext der angegebenen Datei:
► START/AUSFÜHREN
► COMPILER/PROJEKT AKTUALISIEREN
► COMPILER/PROJEKT NEU COMPILIEREN

Übersicht: Projekte verwalten

■ Programme, die größer als 64 Kbyte sind, müssen in einzelne Module aufgeteilt werden. Damit ergibt sich ein *Programm* und eine Anzahl von *Units*.

▨ Das Programm selbst hat 64 Kbyte zur Verfügung, und jede Unit kann bis zu 64 Kbyte groß sein.

▨ Details zu Units siehe 4.9.

▨ Turbo Pascal unterstützt die Compilierung von solchen Projekten, indem es prüft, ob die vorhandenen Units aktuell compiliert sind oder sich der Quelltext zwischenzeitlich geändert hat (siehe Projekt aktualisieren).

Compilieren mit COMPILER/PROJEKT AKTUALISIEREN (mit Datumsvergleich)

▨ Compiliert den Quelltext:

▸ Aus dem Arbeitsspeicher, falls bei **HAUPTDATEI** nichts angegeben ist.

▸ Aus der bei **HAUPTDATEI** angegebenen Datei.

▨ Überprüft sämtliche mit **USES** angegebenen Units und compiliert sie neu, falls:

▸ Der Quelltext der Unit neuer ist als die .TPU-Datei.

▸ Die Unit andere Units mit USES aufführt, deren .TPU-Dateien neuer sind als die Unit selbst.

▸ OBJ-Datei(en) mit {$L} angegeben sind und diese Datei(en) neuer sind als die Unit selbst.

▸ Include-Datei(en) mit {$I} angegeben sind und diese Datei(en) neuer sind als die Unit selbst.

Compilieren mit COMPILER PROJEKT/NEU COMPILIEREN (ohne Datumsvergleich)

▸ Führt dieselben Funktionen aus wie **PROJEKT AKTUALISIEREN**, allerdings keinen Datums- und Zeitvergleich bei der Compilierung. Alle benötigten Module werden neu compiliert.

▸ **PROJEKT AKTUALISIEREN** muß verwendet werden, wenn mit bedingter Compilierung gearbeitet wird (siehe 3.5) und Symbole über die Menüoption **OPTION/COMPILER/DEFINITION FÜR BEDINGTE COMPILIERUNG** eingegeben werden. Hier ändern sich Symbole, die von Compilerbefehlen abgefragt werden, ohne daß der Quelltext geändert wurde. Deshalb funktioniert der Datums-/Zeitvergleich nicht.

3.1

3.2 Compiler-Optionen

Sämtliche Compiler-Schalter können menügesteuert oder direkt im Programm mit Compiler-Befehlen gesetzt werden (siehe 2.8).

Übersicht: Menü Options Compiler

3.2

Option	Standard	Compiler-Befehl (incl. Schalter)
Code-Erzeugung		
FAR-AUFRUFE ERZEUGEN	Aus	{$F-}
OVERLAYS MÖGLICH	Aus	{$O-}
WORD-DATENAUSRICHTUNG	Word	{$A+}
286-INSTRUKTIONEN	Aus	{$G-}
Laufzeitfehler		
BEREICHSÜBERPRÜFUNG	Aus	{$R-}
STACK-PRÜFUNG	Ein	{$S+}
I/O-PRÜFUNG	Ein	{$I+}
ÜBERLAUFPRÜFUNG	Aus	{Q-}
Syntax-Optionen		
STRENGE PRÜFUNG VAR-STRINGS	Strict	{$V+}
BOOLESCHE AUSDRÜCKE VOLLST.	Short Circuit	{$B-}
ERWEITERTE SYNTAX	Aus	{$X-}
TYPISIERTER @-OPERATOR	Aus	{$T-}
OFFENE ARRAY-GRENZEN	Aus	{$P-}
Gleitkommaberechnung		
80x87	Software	{$N-}
EMULATION	Ein	{$E+}
Debugger		
DEBUG-INFORMATIONEN	Ein	{$D+}
LOKALE SYMBOLE	Ein	{$L+}
Symbole		
BEDINGTE COMPILIERUNG		{$DEFINE...}

Übersicht: Menü Option/Speicherauslegung

SPEICHERAUSLEGUNG	{$M...}

Stack-Größe, Minimale Heap-Größe, Maximale Heap-Größe

3.3 Compiler-Schalter

Compiler-Schalter werden in der Form {$x +/–} in den Quelltext einge-
setzt.

Format der Beschreibung

Die Überschrift bei jedem Compiler-Schalter und -Parameter enthält folgende Informationen:

3.3

Kurzbeschreibung des Schalters   *Compiler-Befehl*

Ausrichtung von Variablen im Speicher   {$A}
global   WORD-DATENAUSRICHTUNG. *(ab V5)*

lokal oder global   *Entsprechende Menüoption*   *Nur in Version 5 bzw. Version 4*

Bei Compiler-Schaltern folgt eine Funktionsbeschreibung für die Einstellungen + und –. Die Standardeinstellung ist in fetter Schrift dargestellt. +/– steht für die Wirkungsweise ein/aus.

    Falls Schalter in den Quelltext eingesetzt werden, haben diese Vor-
rang vor den über die Menüs gesetzten Werten.

Ausführung: Compiler-Schalter einsetzen

Mit einem Editor-Befehl können die momentan gesetzten Compiler-
Schalter und -Befehle in den Quelltext eingesetzt werden.

[Strg]+[0][0] **setzt alle Compiler-Schalter und -Parameter ein**
    Die Zeilen werden am Anfang des Quelltextes eingesetzt.

▦   Falls Schalter oder Parameter über das Menü geändert wurden,
werden diese in der geänderten Form eingesetzt.
▦   Standardwerte: {$A+,B-,D+,E+,F-,G-,I+,L+,N-,O-,P-,Q-,R-,S+,T-
,V+,X+}
    {$M 16384,0,655360}

Ausrichtung von Variablen im Speicher   {$A}
global   WORD-DATENAUSRICHTUNG *(ab V5)*

Legt fest, wie Variablen mit einem Platzbedarf von mehr als einem Byte
im Speicher angeordnet werden.
{$A+}   (WORD) Alle Variablen außer vom Typ *Char* und *Byte* wer-
           den so im Speicher angeordnet, daß der belegte Bereich bei

einer geradzahligen Adresse beginnt. Die Prozessoren 8086, 80x86 können darauf schneller zugreifen.

{$A–} (**BYTE**) Keine spezielle Ausrichtung. Die Variablen werden möglichst dicht hintereinander gepackt.

Auswertung boolescher Ausdrücke {$B}
lokal BOOLESCHE AUSDRÜCKE VOLLSTÄNDIG

Legt fest, wie boolesche Ausdrücke, die mit **and** und **or** verbunden sind, ausgewertet werden.

{$B+} (**COMPLETE**) Wertet Ausdrücke vollständig aus, auch dann, wenn das Gesamtergebnis bereits feststeht.

{$B–} (**SHORT CIRCUIT**) *Kurzschlußverfahren*: Die einzelnen Teile werden in der Reihenfolge ihres Auftretens ausgewertet; sobald sich am Gesamtergebnis nichts mehr ändern kann, endet die Auswertung. Diese Fälle sind: bei **or**: ein Teilausdruck ist *True*, bei **and**: ein Teilausdruck ist *False* (siehe 4.7).

Zusatzinformationen zur Fehlersuche {$D}
global DEBUG-INFORMATIONEN

Legt fest, ob der Compiler zusätzliche Informationen zur Fehlersuche erzeugt oder nicht (siehe 10.1).

{$D+} Zusätzliche Informationen werden erzeugt. Debug-Funktionen können genutzt werden. Der Compiler erzeugt aber größere .TPU- und .EXE-Dateien.

{$D–} Keine zusätzlichen Informationen werden erzeugt. Debug-Funktionen können nicht genutzt werden.

Emulator für numerischen Coprozessor {$E}
global EMULATION

Legt fest, welche Routinen zur Steuerung des Coprozessors im Modus {$N+} in ein Programm eingebunden werden. Der vom Compiler erzeugte Code wird dadurch nicht verändert.

{$N+,**$E+**} Der komplette Emulator wird in die .EXE-Datei aufgenommen. Bei der Programmausführung ist dann kein Coprozessor notwendig.

{$N+,$E–} Nur einige Routinen zur Ansteuerung des Coprozessors werden eingebunden. Das Programm läuft dann nur auf Systemen mit Coprozessor.

Far-Aufrufe erzwingen {$F}
lokal **FAR-AUFRUFE ERZEUGEN**

Legt fest, ob der Compiler bei Prozeduren und Funktionen selbst über die Art des Aufrufs bestimmt oder immer als *far* codiert. Jedem Programm oder Unit, das mit Overlays arbeitet, sollte {$F+} vorangestellt werden.

{$F–} Prozeduren und Funktionen werden nur dann als *far* aufgeru- fen, wenn sie im Interface-Teil einer Unit stehen, sonst als *near*.

{$F+} Aufrufe und Rücksprünge sind immer *far* (außer bei lokalen Prozeduren und Funktionen).

Erzeugung von 80286-Code {$G}
global **268-INSTRUKTIONEN ERZEUGEN *(ab V6)***

Legt fest, ob 80286-spezifische Befehle verwendet werden.

{$G–} Der erzeugte Code ist auf allen Prozessoren der 80x86- Familie ausführbar.

{$G+} Der Compiler erzeugt Code für den 80286-Prozessor und höher. Da spezielle Befehle verwendet werden, wird das Programm schneller ausgeführt. Auf 8088 und 8086-Prozes- soren ist das Programm nicht lauffähig.

3.3

Automatische Prüfung von Ein-/Ausgaben {$I}
global **I/O-PRÜFUNG**

Legt fest, ob Ein- und Ausgaben zur Laufzeit automatisch auf Fehler überprüft werden (siehe 8.8).

{$I+} Bei einem Ein-/Ausgabefehler bricht das Programm mit einer Fehlermeldung ab.

{$I–} Kein automatischer Abbruch bei Fehler. Die Fehlerprüfung muß vom Programm selbst über **IOResult** vorgenommen werden (siehe 8.7).

Lokale Symbole {$L}
global **LOKALE SYMBOLE *(ab V5)***

Legt fest, ob zusätzlich zu den Zeilennummern von {$D+} Informationen über lokale Symbole in ein Modul aufgenommen werden sollen. {$L+} wird nur berücksichtigt, wenn {$D+} eingeschaltet ist.

{$L+} Der Compiler berücksichtigt die Namen und Datentypen aller lokalen Variablen und Konstanten.

{$L–} Der Compiler speichert keine lokalen Bezeichner.

Numerischer Coprozessor   *{$N}*
global   80x87-CODE

Legt fest, ob Operationen mit Realzahlen über die Laufzeitbibliothek
oder über den numerischen Coprozessor ausgeführt werden. Bestimmt
auch, welche Real-Datentypen zur Verfügung stehen (siehe 4.4).

{$N–}   (SOFTWARE) Alle Operationen über Routinen der Laufzeitbi-
        bliothek. Es steht nur der Datentyp *Real* zur Verfügung.
{$N+}   (8087/80287) Alle Operationen werden über einen numeri-
        schen Coprozessor oder den Emulator (Schalter {$E+}) ausge-
        führt. Weitere Real-Datentypen stehen zur Verfügung
        (siehe 4.4).

Der Compiler wertet zusätzlich das MS-DOS-Environment aus. Über
den Eintrag 87=Y oder 87=N wird festgelegt, ob ein Coprozessor installiert wird. Der Eintrag wird mit dem DOS-Befehl SET vorgenommen und
hat keinen Einfluß auf das tatsächliche Vorhandensein des Coprozessors. Details bei der Konstanten TEST8087 in der Unit SYSTEM und
bei »Symbole für bedingte Compilierung« (siehe 3.5).

3.3

Overlay-Prüfung   *{$O}*
global   OVERLAYS MÖGLICH *(ab V5)*

Legt fest, ob der Compiler overlayfähige Units erzeugen soll.
    Die Unit wird nicht automatisch zum Overlay, es wird vielmehr dafür
gesorgt, daß sie dafür verwendet werden kann (siehe 3.4).

{$O+}   Für die Übergabe von String- und set-Konstanten zwischen
        Overlay-Routinen werden zusätzliche Prüfungen durchge-
        führt. Details siehe 7.9.
{$O–}   Units können nicht als Overlays verwendet werden.

Offene-Parameter-Prüfungen   *{$P}*
global   OFFENE ARRAY-GRENZEN *(V7)*

Legt fest, ob der Compiler bei Funktionen und Prozeduren die Übergabe von Strings und Arrays variabler Größe an Prozeduren und Funktionen erlauben soll.

{$P+}   Der Compiler erlaubt die Übergabe von Strings und Arrays
        variabler Größe an Prozeduren und Funktionen.
{$P–}   Der Compiler erlaubt die Übergabe von Strings und Arrays
        variabler Größe nicht . An Funktionen und Prozeduren über-
        gebene Parameter müssen den Parameterangaben der
        Funktionen oder Prozeduren entsprechen.

Überlaufprüfung {$Q}
lokal   ÜBERLAUFPRÜFUNG (V 7)

Legt fest, ob der Compiler eine Prüfung der Bereichsüberschreitung bei bestimmten Integeroperationen durchführen soll.

{$Q+}   Bei jeder Integeropation (mit Ausnahme von INC und DEC) wird das Ergebnis auf Überschreitung der zulässigen Grenzen geprüft. Das Programm wird größer und langsamer.
{$Q–}   Keine Prüfungen werden ausgeführt.

Bereichs-Prüfungen {$R}
lokal   BEREICHSÜBERPRÜFUNG

3.3

Legt fest, ob der Compiler zusätzlichen Prüfcode erzeugt bei:
- Indizierung von Strings und Arrays.
- Zuordnungen zu skalaren Typen und Unterbereichen.

{$R+}   Bei jeder Indizierung und Zuordnung werden die zulässigen Grenzen überprüft. Das Programm wird größer und langsamer.
{$R–}   Keine Prüfungen werden ausgeführt.

Stack-Prüfung {$S}
lokal   STACK-PRÜFUNG

Legt fest, ob der Compiler vor Belegung des Stacks zusätzlichen Prüfcode erzeugt. Diese Prüfung ist wichtig, da bei Stack-Überlauf meistens das System abstürzt.

{$S+}   Vor jedem Prozedur- und Funktionsaufruf wird geprüft, ob auf dem Stack genügend Platz zur Speicherung von Rücksprungadressen, lokalen Variablen usw. vorhanden ist.
{$S–}   Keine Prüfungen werden ausgeführt.

@-Operator Typzuweisung {$T}
lokal   TYPISIERTER @-OPERATOR (V7)

Der Compiler bestimmt, wie die Typzuweisung bei dem durch den @-Operator zurückgegebenen Zeigerwert erfolgt.

{$T+}   Zuweisung eines Zeigers, dessen Typ gleich dem Typ der Variablenreferenz ist.
{$T–}   Zuweisung eines untypisierten Zeigers.

Überprüfung von var-Strings   {$V}
lokal   STRENGE PRÜFUNG VON VAR-STRINGS

Legt die Prüfungen bei der Übergabe von Strings als **var**-Parameter
fest (siehe auch Compiler-Schalter $P).

{$V+}   (Strict) Formale und aktuelle String-Parameter müssen iden-
             tischen Typ haben, sonst ergibt sich eine Fehlermeldung.

{$V–}   (Relaxed) Jeder String kann als **var**-Parameter übergeben
             werden.

3.3

Erweiterte Syntax   {$X}
global   ERWEITERTE SYNTAX

Legt fest, ob erweiterte Syntax benutzt werden kann.

{$X–}   Werden Befehle der erweiterten Syntax verwendet, wird ein
             Compilerfehler erzeugt.

{$X+}   Mit erweiterter Syntax können Funktionen wie Prozeduren
             aufgerufen werden. Das Ergebnis wird verworfen. Verweise
             auf Zeiger können abgekürzt werden.
             Zeiger^.Feld in Zeiger.Feld.
             Dies bringt Vorteile in der Anwendung statischer und dynami-
             scher Objekte, da die Syntax in beiden Fällen gleich ist.

Ausführung: Compiler-Schalter einstellen

OPTION/COMPILER zeigt ein Auswahlfenster

Hier können die Compiler-Optionen eingestellt werden.

3.4 Compiler-Parameter

Compiler-Befehle mit Parametern erwarten zusätzliche Angaben, die nach dem Befehl angegeben werden müssen.

Include-Datei   {$I ...}
lokal   OPTION/VERZEICHNISSE/INCLUDE-VERZEICHNISSE

3.4

Der Compiler liest die angegebene Datei ein, wie wenn der eingelesene Text an dieser Stelle stehen würde.

{$I *dateiname* }

■ Die eingelesene Datei muß einen abgeschlossenen Programmblock enthalten, also vollständige Prozeduren, Funktionen.

■ Falls Namenserweiterung fehlt, wird .PAS angenommen.

■ Falls kein Pfad angegeben ist, sucht Turbo Pascal im momentanen Verzeichnis, dann in den Verzeichnissen von

OPTION/VERZEICHNISSE/INCLUDE-VERZEICHNISSE (bzw. /I).

■ Include-Dateien können in max. 15 Ebenen verschachtelt werden.

Ausführung: Suchpfade für Include-Dateien

OPTION/VERZEICHNISSE öffnet das Fenster »Verzeichnisse«
INCLUDE-VERZEICHNISSE auswählen mit ⏎
Suchpfad(e) für Include-Dateien eingeben
  Mehrere Pfade werden durch Semikolon getrennt.
  C:\BP\INCLUDE
  D:\BP\INCLUDE;D:\BP\SELBST

Objekt-Datei   {$L ...}
lokal   OPTION/VERZEICHNISSE/OBJECT-VERZEICHNISSE

Der Linker nimmt die angegebene Objekt-Datei in das Programm auf.

{$L *dateiname* }

■ Die Datei muß im Intel-Objekt-Format vorliegen; also mit einem Compiler compiliert sein, der OBJ-Dateien erzeugt.

■ Falls die Namenserweiterung fehlt, wird .OBJ genommen.

■ Falls kein Pfad angegeben ist, sucht Turbo Pascal im momentanen Verzeichnis, dann in den Verzeichnissen von

OPTION/VERZEICHNISSE/OBJECT-VERZEICHNISSE (bzw. /0).

Ausführung: Suchpfade für Objekt-Dateien

OPTION VERZEICHNISSE **öffnet das Fenster mit »Verzeichnisse«**
OBJECT-VERZEICHNISSE **auswählen mit** ⟶|
Suchpfad(e) für Objekt-Dateien (.OBJ) eingeben

Mehrere Pfade werden durch Semikolon getrennt.

C:\TP\PROGRAMM

D:\TP\PROGRAMM;C:\TP\SELBST

3.4

Speicherbelegung   *{$M ...}*
global   OPTION/SPEICHERAUSLEGUNG

Legt die Speicherbelegung für Stack und Heap fest. Bei der Compilierung einer Unit hat {$M} keine Wirkung.

{**$M** *Stackgröße*, *HeapMin*, *HeapMax* }

▓ *Stackgröße*: Reservierter Platz für den Stack
Standard: 16384; mögliche Werte: 1024..65536
▓ *HeapMin*: Minimaler Heap-Bereich
Standard: 0; mögliche Werte: 0..655360
▓ *HeapMax*: Maximaler Heap-Bereich, muß größer sein als *HeapMin*
Standard: 655360; mögliche Werte: 0..655360

Ausführung: Speicherbelegung einstellen

OPTION/SPEICHERAUSLEGUNG **öffnet das Fenster »Speicherbelegung«**
Gewünschte Zeile auswählen ⟶|
Wert eintragen ⏎

Unit als Overlay   *{$O ...}*
lokal   *(ab V 5)*

Deklariert eine Unit als Overlay.

{**$O** *Unitname* }

▓ Der Befehl teilt dem Linker mit, daß der Code nicht direkt im Programm, sondern in einer Datei mit Namenserweiterung .OVR gespeichert werden soll.
▓ Die Datei *Unitname* muß vorher mit uses aufgeführt und im Modus {$O+} compiliert worden sein (siehe 4.9).
▓ Der Compiler-Befehl muß im Hauptprogramm nach der **USES**-Anweisung aufgeführt sein. Details siehe 7.9.

Verweise

Units **4.9**, Overlay-Verwaltung **7.9**.

3.5 Bedingte Compilierung

Übersicht

Definitionsbefehle

{$DEFINE}	Definiert ein Symbol.
{$UNDEF}	Löscht eine Symboldefinition.

IF-Befehle

{$IFDEF}	Wenn Symbol definiert.
{$IFNDEF}	Wenn Symbol nicht definiert.
{$IFOPT}	Wenn Compiler-Schalter so gesetzt.

3.5

Abschließende Befehle

{$ELSE}	Beginnt Else-Zweig.
{$ENDIF}	Beendet IF-Konstrukt.

Mögliche Konstrukte

{$IF Bedingung}

Wenn Bedingung erfüllt ist, wird dieser Programmtext compiliert.

{$ENDIF}
{$IF Bedingung}

Wenn Bedingung erfüllt ist, wird dieser Programmtext compiliert.

{$ELSE}

Wenn Bedingung nicht erfüllt ist, wird dieser Programmtext compiliert.

{$ENDIF}

Symbolnamen

▶ Für Symbolnamen gelten dieselben Regeln wie für Bezeichner von Turbo Pascal (siehe 4.1).

▶ Das erste Zeichen muß ein Buchstabe sein, danach können beliebige Folgen von Buchstaben, Ziffern und Unterstrichen folgen.

▶ Groß-/Kleinbuchstaben werden nicht unterschieden.

▶ Deutsche Umlaute und ß sind nicht erlaubt.

▶ Die Länge ist beliebig, die ersten 63 Zeichen werden unterschieden.

▶ Symbole zur bedingten Compilierung und Pascal-Bezeichner sind vollständig voneinander getrennt; sie können nicht aufeinander verweisen.

Vordefinierte Symbole

Folgende Symbole sind in Turbo Pascal vordefiniert. Sie können mit {$IFDEF} geprüft und mit {$UNDEF} gelöscht werden.

VER40	Version 4.0 des Compilers.
VER50	Version 5.0 des Compilers.
VER55	Version 5.5 des Compilers.
VER60	Version 6.0 des Compilers.
VER70	Version 7.0 des Compilers.
MSDOS	Compiler setzt Betriebssystem MS-DOS oder PC-DOS voraus.
CPU86	Compiler benötigt einen Prozessor der Familie 80x86.
CPU87	Ist definiert, falls ein numerischer Coprozessor vorhanden ist. Damit kann {$E} gesetzt werden:

```
{$IFDEF CPU87} {$N+,E-}
{$ELSE} {$N+,E+}
{$ENDIF}
```

3.5

Symbol definieren   *{$DEFINE}*

Definiert das angegebene Symbol.

{$DEFINE *Symbol* **}**

■ *Symbol* bleibt bis zum Ende der Compilierung oder einem Befehl {$UNDEF} definiert.
■ Die Definition kann mit {$IFDEF} geprüft werden.
■ Falls das Symbol schon definiert war, hat der Befehl keine Wirkung.

Ausführung: Symbole definieren über Menü

Symbole können auch über das Menü definiert werden.
OPTION/COMPILER/DEFINITION FÜR BEDINGTE COMPILIERUNG auswählen
Symboldefinitionen eingeben ⏎

Mehrere Symbole werden durch Semikolon voneinander getrennt.
```
TESTVERSION;EGA
```
entspricht
```
{$DEFINE TESTVERSION}
{$DEFINE EGA}
```

Symboldefinition löschen   *{$UNDEF}*

Löscht die Definition des angegebenen Symbols.

{$UNDEF *Symbol* **}**

■ *Symbol* bleibt bis zum Ende der Compilierung oder einem erneuten Befehl {$DEFINE} undefiniert.

■ Die Nicht-Definition kann mit {$IFNDEF} geprüft werden.
■ Falls das Symbol vorher nicht definiert war, hat der Befehl keine Wirkung.

Wenn definiert {$IFDEF}

Compiliert den nachfolgenden Text, falls das angegebene Symbol definiert ist.

{$IFDEF *Symbol* **}**

■ Falls *Symbol* nicht definiert ist, wird der Text bis zu {$ENDIF} oder {$ELSE} nicht compiliert.

3.5

Wenn nicht definiert {$IFNDEF}

Compiliert den nachfolgenden Text, falls das angegebene Symbol nicht definiert ist.

{$IFNDEF *Symbol* **}**

■ Falls *Symbol* definiert ist, wird der Text bis zu {$ENDIF} oder {$ELSE} nicht compiliert.

Wenn Schalter gesetzt {$IFOPT}

Compiliert den nachfolgenden Text, falls ein Compiler-Schalter eine bestimmte Einstellung hat.

{$IFOPT *Compiler-Schalter* **}**

■ *Compiler-Schalter* gibt einen Schalter mit + oder – an. Falls die Angabe mit dem momentanen Stand übereinstimmt, ist die Bedingung erfüllt.
■ Beispiel: Die **type**-Definition wird nur compiliert, falls {$N+} gesetzt ist:

```
{$IFOPT N+}
  type Real = Extended;
{$ENDIF}
```

Else-Zweig beginnen {$ELSE}

Beginnt einen Else-Zweig einer IF-Bedingung.

{$ELSE}

■ Dieses {$ELSE} bezieht sich auf das letzte noch nicht abgeschlossene {$IFDEF}, {$IFNDEF} oder {$IFOPT}.

IF abschließen {$ENDIF}

Schließt eine If-Bedingung ab.

{$ENDIF}

■ Dieses {$ENDIF} bezieht sich auf das letzte noch nicht abgeschlossene {$IFDEF}, {$IFNDEF} oder {$IFOPT}.

3.5

Kapitel 4:

4

SPRACHE – ALLGEMEINES, SPRACHELEMENTE

4.1 Reservierte Wörter und Bezeichner

Übersicht: Reservierte Wörter

and	array	asm	begin	case
const	constructor	destructor	div	do
downto	else	end	file	for
function	goto	if	implementation	in
inherited	inline	interface	label	mod
nil	not	object	of	or
packed	procedure	program	record	repeat
set	shl	shr	string	then
to	type	unit	until	uses
var	while	with	xor	

Übersicht: Standard-Direktiven

absolute	assembler	external	far	forward
interrupt	near	private	public	virtual

Übersicht: Bezeichner

Bezeichner sind Namen von Variablen, Programmen, Prozeduren und Funktionen

Namensregeln

▷ Das erste Zeichen muß ein Buchstabe a..z, A..Z oder ein Unterstrich (_) sein. Leerzeichen sind nicht erlaubt.

▷ Weitere Zeichen ab dem zweiten Zeichen können sein: Buchstaben, Ziffern, Unterstrich.

▷ Deutsche Umlaute und ß sind nicht erlaubt.

▷ Groß-/Kleinschreibung wird nicht unterschieden.

▷ Die ersten 63 Zeichen werden von Turbo Pascal unterschieden; wenn diese Zeichen bei zwei Bezeichnern gleich sind (und der Rest unterschiedlich), werden sie als identisch behandelt.

▷ Reservierte Wörter können nicht als Bezeichner verwendet werden.

4.1

Kommentare und Compilerbefehle

Kommentartext in Klammern wird vom Compiler ignoriert. Kommentare können sich über mehrere Zeilen erstrecken. Sie müssen wieder mit einer schließenden Klammer abgeschlossen werden.

    {*Kommentartext* };

    oder

    (*Kommentartext *);

Die unterschiedlichen Zeichen können auch verschachtelt werden:

    (*
        {*Kommentartext* }
    *);

Compilerbefehle

Kommentare, die als erstes Zeichen nach der Klammer ein Zeichen \$ enthalten, werden als Compilerbefehle interpretiert (siehe 3.3).

    {\$*Befehl* };

    oder

    (*\$*Befehl* *);

4.1

Programmzeilen

■ Quelltext-Dateien werden als ASCII-Dateien gespeichert.
■ Einzelne Programmzeilen dürfen maximal 126 Zeichen lang sein.
Der Editor erlaubt längere Eingabezeilen, die jedoch beim Compilieren mit Fehler 11 beanstandet werden.

4.2 Programmstruktur

4.2

PROGRAM *ProgName* (*Parameter*);   — *Programmkopf*

USES *Unit1,Unit2,...*;   — *Benötigte Units (4.9)*

LABEL *Label1,Label2,...*;   *Label-Deklarationsteil (4.2)*

CONST
  Konstante1 = Ausdruck1;
  Konstante2 = Ausdruck2;   *Konstanten-Deklarationsteil (4.3)*
  ...

TYPE
  Typname1 = Typ1;
  Typname2 = Typ2;   *Typen-Deklarationsteil (4.4)*
  ...

VAR
  Variable1,Variable2 : Typ1;
  Variable3,Variable4 : Typname1;   *Variablen-Deklarationsteil (4.4)*
  ...

FUNCTION *Funktion1* (*Parameter*) : *Typ*;
 BEGIN
  ...
 END;   *Prozedur- und Funktions-Deklarationsteil (4.8)*

PROCEDURE *Prozedur1* (*Parameter*);
 BEGIN
  ...
 END;

BEGIN
 Anweisungen
  ...   *Anweisungsteil*

END.

Programmblock

■ Im *Programmkopf* können Parameter angegeben werden, die allerdings ignoriert werden.

■ Das Programm muß mit einem Punkt (.) enden.

Blöcke, Gültigkeitsbereiche

Jeder Block ist Teil einer Prozedur-, Funktionsdeklaration, eines Programms oder einer Unit.

LABEL *Label1,Label2,...;* → *Label-Deklarationsteil*

CONST
  Konstante1 = Ausdruck1 ;
  Konstante2 = Ausdruck2 ;
  ... → *Konstanten-Deklarationsteil*

TYPE
  Typname1 = Typ1;
  Typname2 = Typ2;
  ... → *Typen-Deklarationsteil*

VAR
  Variable1,Variable2 : Typ1;
  Variable3,Variable4 : Typname2;
  ... → *Variablen-Deklarationsteil*

FUNCTION *Funktion1 (Parameter) : Typ;*
BEGIN
  ...
END: → *Prozedur- und Funktions-Deklarationsteil*

PROCEDURE *Prozedur1 (Parameter);*
BEGIN
  ...
END:

Verbund-Anweisung; → *Anweisungsteil*

4.2

Anmerkungen

- Alle Bezeichner und Labels im Deklarationsteil des Blocks sind in ihrer Wirkung auf den Block beschränkt – sie sind *lokal*.
- Der Geltungsbereich liegt zwischen der Deklaration und dem Ende des zugehörigen Blocks. Dabei sind alle Blöcke miteingeschlossen, die dieser Block umfaßt.
- Ausnahme: Falls in einem eingeschlossenen Block eine Variable deklariert wird, die den gleichen Namen wie eine globale Variable hat,

kann von hier aus auf die globale Variable nur zugegriffen werden, wenn der Programmname, getrennt durch einen Punkt, vor die globale Variable gestellt wird.

▓ Ein bereits deklarierter Bezeichner kann im selben Block noch einmal als Feldbezeichner eines Records deklariert werden (siehe 4.4).

Verschachtelte Blöcke

Blöcke können beliebig ineinander verschachtelt werden:

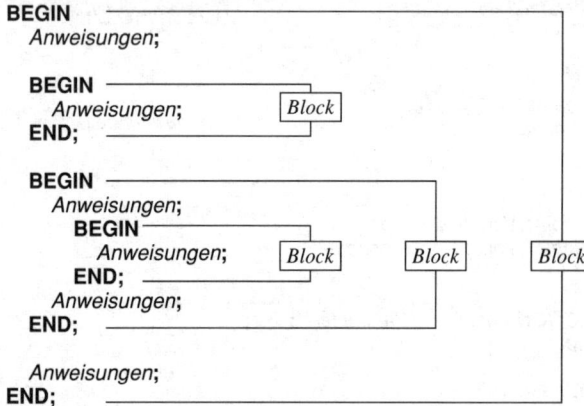

Labels

Labels bezeichnen Programmstellen, zu denen mit **GOTO** gesprungen werden kann (siehe 5.1). Alle vorkommenden Labels werden im Label-Deklarationsteil deklariert.

    LABEL *Label1* [,*Label2* [,...]];

Anmerkungen

▓ Ein Label kann eine Zahlenfolge im Bereich 0..9999 sein; führende Nullen werden ignoriert.

▓ Außerdem können Bezeichner als Label verwendet werden (siehe 4.1).

▓ Deklarierte, jedoch nicht verwendete Labels werden vom Compiler mit einem Fehler 82 abgewiesen (siehe 10.6).

4.3 Konstanten

Konstanten können als einfache Konstanten oder als typisierte
Konstanten deklariert werden.

Einfache Konstanten   CONST

Eine Konstanten-Deklaration vereinbart einen Bezeichner, der innerhalb
des entsprechenden Blocks für einen konstanten Wert steht.

```
CONST
  Name = Wert ;
  Name = Ausdruck ;
  ...;
```

▪ *Wert* ist ein konstanter Wert.

▪ *Ausdruck* ist ein berechneter Ausdruck (ab Version 5), der andere
Konstanten enthalten kann (nicht dieselbe Konstante).

▪ In *Ausdruck* können nicht stehen:
  ▷ Werte von Variablen des Programms.
  ▷ Werte typisierter Konstanten.
  ▷ Adreß-Operator @ (siehe 4.7).
  ▷ Aufrufe von Funktionen. Ausnahmen: **Abs**, **Chr**, **Hi**, **High**,
  Length, **Lo**, **Low**, **Odd**, **Ord**, **Pred**, **Ptr**, **Round**, **SizeOf**, **Succ**,
  Swap, **Trunc**.

▪ Beispiele:
```
CONST
  Minimalwert = 0;
  Maximalwert = 100;
  Mittelwert  = (Maximalwert-Minimalwert) div 2;
  Meldung     = 'Fehler Nr. ';
```

Typisierte Konstanten

Typisierte Konstanten sind wie initialisierte Variablen, also Variablen,
die beim Aufruf ihres jeweiligen Blocks mit einem Wert vorbelegt werden. Hier werden der Typ und der Wert angegeben.

Einfache typisierte Konstanten

Name : **Typ** = *Konstante* ;

Typisierte Konstanten können nicht mit »echten« Konstanten ver-
mischt werden. Dies ergibt eine Compiler-Fehlermeldung.
```
CONST      Minwert : Integer = 0;
```

Strings

Hier werden Stringlänge und -wert angegeben.

Name : **STRING**[*länge*] = *StringKonst* ;

Beispiel:
```
CONST    Meldung : STRING[11] = 'Fehler Nr. ';
```

Arrays

Diese Deklaration enthält Typ und Wert jeder einzelnen Komponente.

Name : *Arraytyp* = (*Element1,Element2,...*);

Bei mehrdimensionalen Arrays werden die einzelnen Elemente jeder Dimension in einem eigenen Klammerpaar angegeben. Die Klammerpaare gleicher Ebene werden durch Kommata getrennt.
```
CONST
   Feld : ARRAY[1..5] OF STRING[5] = ('Eins','Zwei','Drei',
                                      'Vier','Fünf');
```

Records

Diese Deklaration enthält Bezeichner und Wert jedes Feldes in Klammern, mit Komma getrennt.

Name : *Recordtyp* = (*Feld1* : *Inhalt1* ;*Feld2* : *Inhalt2,...*);

Die Felder müssen in derselben Reihenfolge wie bei der Definition des Record-Typs angegeben werden.

Mengen

Diese Deklaration enthält die Elemente der Menge in eckigen Klammern, mit Komma getrennt.

Name : *Mengentyp* = [*Element1, Element2, ...*];

Berechnete Konstanten

Im Deklarationsteil können Konstantenausdrücke verwendet werden, wo in der Regel direkte Angaben benötigt werden.Der Compiler setzt dann die entsprechenden Werte der Konstanten ein.
```
CONST    Buffer = 1024;
VAR      T_Buffer = ARRAY[1..Buffer] OF Byte;
CONST    K_Wert = 1;    G_Wert = 1024;
VAR      T_Buffer = ARRAY[K_Wert..G_Wert] OF Byte;
```

Anmerkungen

▓ Werte von Variablen des Programms dürfen nicht verwendet werden, da diese beim Compilieren noch nicht vorliegen.

▓ Werte typisierter Konstanten dürfen nicht verwendet werden, da diese wie Variablen behandelt werden.

▓ Der Adreßoperator @ kann nicht verwendet werden, da die Adresse beim Compilieren noch nicht festgelegt ist.

▓ Aufrufe von Funktionen dürfen mit Ausnahme der unten aufgeführten Funktionen nicht verwendet werden.
```
Abs   Chr    Hi    High   Length   Lo    Low    Odd
Ord   Pred   Ptr   Round  SizeOf   Succ  Swap   Trunc
```

4.4 Typen, Variablen

Jede Deklaration einer Variablen muß den Typ dieser Variablen angeben. Der Typ bestimmt den Wertebereich der Variablen und die Operationen, die mit ihr ausgeführt werden können.

Übersicht: Datentypen

Einfache Typen
    Ordinale Typen   Typ Integer
                      Typ Boolean
                      Typ Char
                      Aufzählbare Typen
                      Teilbereichstypen
    Real-Typen
String-Typen
Zeiger-Typen
Strukturierte Typen
    Array-Typen
    Mengen-Typen
    Datei-Typen
    Record-Typen
Prozedur-Typen
Objekt-Typen

4.4

Anmerkungen

■ *Einfache Typen* definieren geordnete Mengen gleichartiger Werte.
■ *Ordinale Typen* sind eine Untermenge der einfachen Typen; und zwar die »abzählbaren Typen«. Sie sind durch folgende Merkmale gekennzeichnet:
   ▶ Alle möglichen Werte bilden eine geordnete Menge. Jeder Wert wird einer Ordinalzahl zugeordnet.
   ▶ Die Funktion **Ord** liefert die Ordinalzahl des betreffenden Wertes zurück (siehe 6.1).
   ▶ Die Funktion **Pred** liefert den Vorgänger des betreffenden Wertes zurück (siehe 6.3).
   ▶ Die Funktion **Succ** liefert den Nachfolger des betreffenden Wertes zurück (siehe 6.3).
■ *Strukturierte Typen* enthalten mehr als einen Wert. Sie sind durch die Art der Strukturierung und die Komponenten-Typen gekennzeichnet. Sie können einen maximalen Umfang von 65520 Byte haben.

■ *Zeiger-Typen* enthalten keinen direkten Wert, sondern die *Adresse* eines Wertes (einen *Zeiger* auf einen Wert).

■ *Prozedur-Typen* erlauben die Übergabe von Routinen als Parameter an andere Programmteile.

■ *Objekt-Typen* sind Bestandteile der objektorientierten Programmierung. Objekte beschreiben sowohl Daten als auch zugehörige Methoden und werden ähnlich wie Record-Strukturen deklariert (siehe 4.10).

Typen-Deklaration   TYPE

Die Typen-Deklaration enthält jeweils eine Namensangabe und einen Typ.

TYPE
    Name = Typ ;

■ *Name:* Bezeichner, unter dem der Typ in diesem Block verwendet wird.

■ *Typ:* Vordefinierter Typ von Turbo Pascal oder wieder ein Typ-Bezeichner, der vorher definiert ist.

```
TYPE   Zahl    = Integer;
       Bereich = Integer;
```

Variablen-Deklaration   VAR

Die Variablen-Deklaration enthält eine Namensliste und Typangabe für diese Variablen.

VAR
    Namenliste : Typ1 ;
    Namenliste : Typ2 ;

■ *Namenliste*: Ist eine Liste von Bezeichnern für neue Variablen.
■ *Typ*: Gibt den Typ für die Variablen in der Namensliste an.

```
VAR    x,y,z        : Real;
       i,j          : Integer;
       Anfang, Ende : Bereich;
```

Anmerkungen

■ Ein Bezeichner gilt innerhalb des gesamten Blocks, in dem er deklariert wurde. In diesem Block kann auf die Variable zugegriffen werden.

■ Ausnahme: Falls in einem untergeordneten Block derselbe Bezeichner für eine andere Variable verwendet wird, kann innerhalb dieses Blocks auf die Variable aus dem übergeordneten Block nicht zugegriffen werden.

4.4

Globale Variablen
▷ Globale Variablen sind außerhalb von Prozeduren und Funktionen deklariert und überall gültig.
▷ Diese Variablen werden im *Daten-Segment* gespeichert.

Lokale Variablen
▷ Lokale Variablen sind diejenigen, die in Prozeduren und Funktionen deklariert sind. Sie sind nur innerhalb dieses Blocks gültig.
▷ Diese Variablen werden im *Stack-Segment* gespeichert.

Daten-Segment
▷ Hier werden sämtliche globalen Variablen des Programms und von aufgenommenen Units gespeichert.
▷ Das Daten-Segment kann maximal 64 Kbyte groß sein.
▷ Falls mehr Speicher benötigt wird, müssen Variablen dynamisch über Zeiger verwaltet werden.

Stack-Segment
▷ Bei einem Prozedur- und Funktionsaufruf wird im Stack-Segment Platz für übergebene Parameter und lokale Variablen belegt (siehe 4.8). Beim Rücksprung wird der Platz wieder freigegeben.
▷ Das Stack-Segment kann 1024..65520 Byte umfassen (Vorgabe 16384 Byte). Die Größe kann über den Compilerbefehl $M eingestellt werden (siehe 3.4).

4.4

Typ Integer: ordinal

Vordefinierte Integertypen und zugehörige Wertebereiche

ShortInt	−128 ... 127	1 Byte mit Vorzeichen
Integer	−32768 ... 32767	2 Byte mit Vorzeichen
LongInt	−2147483648 ... 2147483647	4 Byte mit Vorzeichen
Byte	0 ... 255	1 Byte ohne Vorzeichen
Word	0 ... 65535	2 Byte ohne Vorzeichen

Anmerkungen

▣ Hexadezimalzahlen werden mit $ eingegeben.
$FF = 255
$10 = 16
▣ Zur Speicherung von Konstanten wird der kleinste Typ verwendet, in dessen Wertebereich der angegebene Wert paßt.
▣ Bei der Verknüpfung von zwei Integerwerten über einen Operator werden beide Operanden in ein gemeinsames Format konvertiert. Dies ist der Typ, dessen Wertebereich beide Operanden beinhaltet.

■ Werte, die 1 Byte im Speicher belegen (*Char*, *Byte*, *ShortInt* und Aufzählungstypen) werden vor der Ausführung einer Operation vorzeichenrichtig auf 16 Bit erweitert. Damit sind sie zu *Integer*- und *Word*-Operanden kompatibel.

Typ Boolean: ordinal

Es gibt vier vordefinierte Boolesche Typen:

Boolean	Variable belegt 1 Byte im Speicher (8 Bit)
ByteBool	Variable belegt 1 Byte im Speicher (8 Bit)
WordBool	Variable belegt 2 Byte im Speicher (16 Bit)
LongBool	Variable belegt 4 Byte im Speicher (32 Bit)

■ Alle Boole-Variablen können zwei Werte annehmen:

False: Falsch, Bedingung trifft nicht zu

True: Wahr, Bedingung trifft zu

4.4

■ Mit booleschen Werten können keine arithmetischen Operationen durchgeführt werden.

■ Boolesche Werte sind als aufzählbarer Typ definiert:

TYPE   Boolean = (False, True);

■ Damit gelten folgende Beziehungen:

▶ False   < True
▶ Ord(False) = 0
▶ Ord(True)   = 1
▶ Succ(False) = True
▶ Pred(True) = False

■ WordBool und LongBool wurden aus Kompatibilitätsgründen zur Windows-Umgebung aufgenommen.

Typ Char: ordinal

■ Der Datentyp *Char* speichert 1 Zeichen und belegt 1 Byte im Speicher.

■ Die Reihenfolge der Zeichen ergibt sich aus der Anordnung des Zeichensatzes (IBM-Zeichensatz) bzw. des zugehörigen ASCII-Codes.

■ *Char*-Konstanten werden in Hochkommas eingeschlossen.

'a', 'A', '9'

■ Das Zeichen '9' stellt ein Zeichen dar, keinen Wert wie die Integerzahl 2 oder die Realzahl 2.0.

■ Steuerzeichen können auf zwei Arten angegeben werden:

Ch := ^A   Das Zeichen entspricht der Tastenkombination Strg+A.

Ch := #1   Das Zeichen hat den ASCII-Code 1. Wertebereich für die Integerzahl 0..255.

■ Mit **Chr** kann jeder Wert vom Typ *Char* erzeugt werden.

■ Ord(Ch) liefert die Ordinalzahl des Zeichens in Ch.

Aufzählbare Typen (Mengen): ordinal

Name = (Name1 [,Name2 [,..]]);

▨ Aufzählbare Typen definieren geordnete Mengen durch eine
Aufzählung der einzelnen Bezeichner, die in der Menge vorkommen.
▨ Die Ordinalzahlen der einzelnen Bezeichner richten sich nach der
Reihenfolge ihrer Aufzählung.
▨ Die einzelnen Wochentage könnten so dargestellt werden:
```
Wochentage = (Sonntag, Montag, Dienstag, Mittwoch,
              Donnerstag, Freitag, Samstag);
```
▨ Hier ergeben sich die Ordinalzahlen:
```
Ord(Sonntag)    0              Ord(Dienstag)    2
```

Teilbereichstypen: ordinal

4.4

Name = Konstante1..Konstante2 ;

▨ Dieser Typ umfaßt einen ordinalen Wertebereich.
▨ Die Typendefinition gibt den niedrigsten und höchsten Wert dieses
Bereichs an.
```
Wert          = 1..365
Tage          = Sonntag..Samstag   (*Typ Wochentage*)
Grossbuchstabe = 'A'..'Z'
```

Typ Real

Unterstützte Datentypen

Typ	Bereich		Genauigkeit	Format
Real	$2.9*10^{-39}$	bis $1.7*10^{38}$	11–12 Stellen	6 Byte
Single	$1.5*10^{-45}$	bis $3.4*10^{38}$	7–8 Stellen	4 Byte
Double	$5.0*10^{-324}$	bis $1.7*10^{308}$	15–16 Stellen	8 Byte
Extended	$3.4*10^{-4932}$	bis $1.1*10_4^{932}$	19–20 Stellen	10 Byte
Comp	$-9.2*10^{18}$	bis $9.2*10^{18}$	18–19 Stellen	8 Byte

▨ Die Datentypen Single, Double, Extended und Comp sind nur dann
verfügbar, wenn ein numerischer Coprozessor {$N+} vorhanden ist oder
der 8087-Emulator mit eingebunden wird {$N+,E+} (siehe 3.3).
▨ Der Datentyp Real ist immer verfügbar; mit und ohne Coprozessor.
▨ Real-Variablen werden (mit Coprozessor) langsamer ausgeführt als
die anderen Variablen, da sie vom Coprozessor nicht direkt verarbeitet
werden können.

Typ String

Ein *String* ist eine Folge von Zeichen, die den Datentyp *Char* haben. Der String hat zwar eine dynamische Länge, ihm ist aber ein Speicherbereich mit konstanter Größe zugeordnet.

> *Name* = **STRING**[*Länge*];

Anmerkungen

▨ Die Länge des Strings wird in eckigen Klammern angegeben. Falls die Längenangabe fehlt, wird 255 angenommen.
▨ Die Maximallänge für einen String ist 255.

```
Eingabetext: string[40];
```

▨ Die Funktion **Length** gibt die aktuelle Länge eines Strings zurück (siehe 6.4).
▨ Strings belegen immer 1 Byte mehr im Speicher, da im nullten Element das Längenbyte gespeichert wird.
▨ *String*-Konstanten werden in Hochkommas eingeschlossen.
▨ Ein Hochkomma innerhalb eines Strings wird durch zwei aufeinanderfolgende Hochkommas angegeben.
▨ Einzelne Steuerzeichen in einem String können wie bei *Char* angegeben werden.

```
Ausgabe := ^G^G'Hier ertönt der Lautsprecher';
Ausgabe := 'Zeile1'#13#10'Text in nächster Zeile';
```

▨ Leerzeichen zwischen den Steuerzeichen sind nicht erlaubt.
▨ *String*-Variablen können auch als Arrays zugegriffen werden (siehe Array-Typen).
▨ Operatoren für String-Typen siehe 4.7.
▨ Prozeduren und Funktionen für String-Typen siehe 6.4.

Typ Zeiger (Pointer)

Ein Zeiger enthält keinen direkten Wert, sondern die *Adresse* eines Wertes (einen *Zeiger* auf einen Wert).

Deklaration

> *Name* = ^*Grundtyp* (=**Zeiger auf den Grundtyp**)

▨ Turbo Pascal kennt zwei vordefinierte Zeigertypen:
Zeiger vom Typ Pointer und Zeiger vom Typ PChar.
▨ Zeiger vom Typ Pointer sind untypisierte Zeiger. Es sind Zeiger, denen kein bestimmter Typ zugeordnet ist.
▨ Zeiger vom Typ PChar stehen für Zeiger auf null-terminierten Strings. Ein null-terminierter String besteht aus einer Folge von Zeichen (nicht Null, maximal 65535 Zeichen) gefolgt von NULL (#0).

4.4

Anmerkungen

▨ Die Deklaration erfolgt mit dem Zeichen ^ (vorangestellt).
Beispiel:
```
TYPE   Testlist    = ARRAY[1..10] OF STRING[10];
       TestlistPtr = ^Testlist;
```
▨ Ein Zeiger-Typ definiert eine Menge von Werten, die auf dynamische Variablen eines festgelegten Typs (des *Grundtyps*) zeigen.
▨ Falls der Grundtyp noch nicht deklariert ist, muß er im selben Deklarationsteil wie der Zeiger-Typ deklariert werden.

Zeiger-Variablen
▨ Eine Zeigervariable belegt 4 Byte Speicherplatz.
```
VAR   Zeiger_in_Puffer: ^string;
```
▨ deklariert eine Variable (in 4 Byte), die auf einen String zeigen kann.
▨ Erzeugung des Strings mit der Prozedur **New** (siehe 6.8).
```
New(Zeiger_in_Puffer);
```

Anwendung von Zeiger-Variablen
▨ Anwendung einer Zeiger-Variablen mit dem Zeichen ^
(hintenangestellt).

*Name^* **(= Inhalt von Zeiger)**

```
Zeiger_in_Puffer^ := 'String, auf den ein Zeiger zeigt';
Writeln(Zeiger_in_Puffer^);
```

Anmerkungen

▨ Freigabe des Strings mit der Prozedur **Dispose** (siehe 6.8).
```
Dispose(Zeiger_in_Puffer);
```
▨ Ein Zeigerwert, der nirgendwohin zeigt, hat den Wert **nil** (not in list).
▨ Prozeduren und Funktionen zu Zeiger-Typen siehe 6.8.

Array-Typen: strukturiert

Arrays haben eine festgelegte Anzahl von Komponenten eines einzigen Typs, des *Komponenten-Typs*.

> *Name* = **array**[*Indexbeg..Indexend*] **of** *Typ* ;
> *Name* = **array**[*Beginn1..Ende1,Beginn2..Ende2*] **of** *Typ* ;
> *Name* = **array**[*Indextyp*] **of** *Typ* ;

▨ *Indexbeg:* Kleinster Indexwert.
▨ *Indexend:* Größter Indexwert.
▨ *Beginn1:* Kleinster Indexwert für erste Dimension.
▨ *Ende1:* Größter Indexwert für erste Dimension.
▨ *Beginn2:* Kleinster Indexwert für zweite Dimension.

4.4

■ *Ende2:* Größter Indexwert für zweite Dimension.

■ *Indextyp:* Bestimmt die Anzahl der Elemente in dieser Dimension. Hier sind alle ordinalen Grundtypen zulässig, die weniger als 65536 Elemente beinhalten (*Byte*, *Char*, *ShortInt*, *Word*, *Integer*-Teilbereiche).

Anmerkungen

■ Die Grenzen von Teilbereichstypen für die Komponenten müssen innerhalb des Wertebereichs einfacher Integer-Variablen sein.

```
zulässig:: [100..MaxInt]
         : [0..10000]
nicht::    [60000..70000]
```

Beispiele

```
Feld   : ARRAY[1..100] of Real;
Matrix : ARRAY[1..10,1..8] of Integer;
```

4.4

Bezug auf eine Komponente einer Array-Variablen

▷ Zum Bezug auf eine Komponente wird hinter dem Bezeichner ein Index angegeben:

array[*Index1*]: `Feld[95]  Feld[I];`

▷ Bei mehrdimensionalen Arrays sind möglich:

array[*Index1*, *Index2*]: `Matrix[I,J];`

oder

array[*Index1*][*Index2*]: `Matrix[I][J];`

Strings als Array

▷ Ein Element einer String-Variablen (also ein einzelnes Zeichen) kann über einen Index-Ausdruck dargestellt werden.

▷ Der Wert des Index-Ausdrucks liegt im Bereich `0..n` (`n` ist die deklarierte Länge des Strings).

▷ Das Ergebnis ist vom Typ *Char*.

▷ Das erste Zeichen enthält die dynamische Länge des Strings:

▷ `Length(S)` entspricht `Ord(S[0])`.

Record-Typen: strukturiert

Ein Record-Typ beinhaltet eine festgelegte Anzahl von Komponenten oder Feldern, die verschiedene Typen haben können. Ein Record besteht aus einem *festgelegten* und einem *varianten* Teil.

Record mit einem festgelegten Teil

Der festgelegte Teil definiert eine Folge von Feldern; jedes Feld erhält einen Bezeichner und einen Typ.

Name = **record**
      Feldname1 : *Feldtyp1* ;
      Feldname2 : *Feldtyp2* ;

      ...
      END;

Beispiel
```
TYPE Datum = RECORD
                Jahr  : Integer;
                Monat : 1..12;
                Tag   : 1..31;
             END;
```

Record mit einem varianten Teil

Der variante Teil eines Records definiert Felder, die mit Werten unterschiedlichen Typs belegt werden können.

Name = **record**
      Feldname1 : *Feldtyp1* ;
      Feldname2 : *Feldtyp2* ;

      ...
      CASE *Auswahlname* : *Auswahltyp* **of**
        Auswahlfeld1 : (*Feldname3* : *Feldtyp3*);
        Auswahlfeld2 : (*Feldname4* : *Feldtyp4*);

        ...
      END;

4.4

■ *Auswahlname* ist der Bezeichner, der mit den Auswahlfeldern verglichen wird, um eine aktive Variante zu bestimmen.
■ *Auswahltyp* ist der Typ von *Auswahlname*.
■ *Auswahlfeld1* usw. sind die Konstanten, die die einzelnen Varianten bezeichnen. Jede Variante wird durch mindestens eine Konstante bezeichnet.

```
TYPE  Figur = RECORD
                Name: STRING[8];
                CASE Nummer: 1..3 of
                     1: (Radius: Real);                {Kreis}
                     2: (Breite, Laenge: Real);        {Rechteck}
                     3: (SeiteA, SeiteB, SeiteC: Real); {Dreieck}
              END;
```

Bezug auf ein Record-Feld

Der Bezug erfolgt durch einen Bezug auf die Record-Variable, hinter deren Bezeichner ein Punkt und der Feldname folgen.

Name.Feldname;

```
Neue_Figur.Name
Heute.Jahr
```
Der Bezug auf Record-Felder kann auch über die Anweisung **with** erfolgen (siehe 5.4).

Objekt-Typen: strukturiert

Details siehe 4.10.

Mengen-Typen: strukturiert

Eine Menge ist in Pascal eine Zusammenfassung mehrerer Objekte desselben Typs.

Name = **set of** *Grundtyp* ;

Name = **set of** *Konstante1..Konstante2* ;

▩ *Grundtyp* bestimmt den Wertebereich des Mengen-Typs.

▩ *Konstante1* und *Konstante2* sind untere bzw. obere Grenze für den Mengen-Typ.

▩ Der Grundtyp darf nicht mehr als 256 Werte beinhalten, die Ordinalzahlen müssen im Bereich 0..255 liegen.
```
TYPE   Richtung = (links, rechts, oben, unten); {Aufzählungstyp}
       XYRichtung = set of Richtung;            {Mengentyp}
```

Prozedur-/Funktionstypen

Über die Prozedurtypen lassen sich Prozeduren und Funktionen Variablen zuordnen. (siehe auch 4.8)

TYPE Prozedurtyp = PROCEDURE(*Parameter*);

Funktionstyp = FUNCTION(*Parameter*);

Bestandteil der Parameter kann wiederum ein Zeiger auf einen Prozedurtyp sein.
```
TYPE   ProcType = PROCEDURE;
       SwapProc = PROCEDURE(VAR x,y:Integer);
       MathFunc = FUNCTION(x:Real):Real; ;
       AnyFunc  = FUNCTION(a,b:Real;FPtr:MathFunc);
```
▩ Prozeduren, die als Prozedurvariable verwendet werden, müssen *far* (({$F+})) codiert sein.

Prozedur-/Funktionsvariablen

Nach der Vereinbarung von Prozedurtypen können die Funktions-/Prozedurvariablen deklariert werden.

Diese enthalten wie Variablen des Typs *Pointer* eine Adresse und belegen 4 Byte im Hauptspeicher.

VAR Variable : Prozedurvariable;

4.4

```
VAR SwapProcPtr : SwapProc;
X,Y: Integer;
{——Programmteil der Prozedur——}

{$F+}
PROCEDURE Swap( Var a,b:Integer);
VAR Temp : Integer;
BEGIN
   Temp := A; A := B; B := Temp;
END.
{——Hauptprogramm————}
BEGIN
   SwapProcPtr := Swap;
   SwapProcPtr(x,y);
END.
```

Prozedurvariablen in Strukturen

4.4

Prozedurtypen lassen sich auch als Bestandteil eines Arrays oder
Records anwenden.

```
TYPE  GotoProc = PROCEDURE(x,y,Integer);
      ProcList = Array [1..10] of GotoProc;

      WindowPtr = ^Window;
      Window    = Record
                     Next    : WindowPtr;
                     Title   : String[20];
                     o,u,l,r : Integer;
                     Position: GotoProc;
                  End;

VAR   P : ProcList;
      W : WindowPtr;
```

Folgende Aufrufe sind dann möglich:

   P[3](1,1);
   übergibt an das dritte Element in P die Werte 1,1;
   W^.Position(10,10)
   ruft die Prozedur GotoProc aus dem Record Window auf und übergibt die Werte 10,10.

Prozedur-/Funktionsvariablen als Parameter

Prozedurvariablen lassen sich auch als Parameter übergeben. Dies ist
insbesondere dann hilfreich, wenn zwischen ähnlichen Aktionen
unterschieden werden muß.

```
PROGRAM Prozedurvariable;
TYPE  Aktion = FUNCTION(x,y:Real):Real;
{$F+}
FUNCTION Add(x,y:Real):Real;
BEGIN   Add := x + y;  END;
FUNCTION Mul(x,y:Real):Real;
BEGIN   Mul := x * y;  END;
FUNCTION Divi(x,y:Real):Real;
BEGIN   Divi := x / y;  END;
{$F-}
PROCEDURE Tabelle(w,h:Integer; Operation : Aktion);
VAR  x,y : Byte;
BEGIN
   Write('    ');
   FOR x := 1 TO h DO Write(x:6,' '); Writeln;
   FOR x := 1 TO h*8 DO Write('-');
   FOR y := 1 TO h DO BEGIN
      Write(y:3,'|');
      FOR x := 1 TO w DO Write(Operation(x,y):6:2,' ');
      Writeln;
   END;
END;
BEGIN
   Writeln('Addition');
   Tabelle(10,10,Add);
   Readln;
   Writeln('Multiplikation');
   Tabelle(10,10,Mul);
   Readln;
   Writeln('Division');
   Tabelle(10,10,Divi);
   Readln;
END.
```

4.4

Anmerkungen

■ Ein Funktionstyp kann nur ordinale Werte, Strings, Realzahlen oder Datenzeiger zurückliefern, Ergebnisse mit einem Zeiger auf eine Routine sind nicht erlaubt.

■ Es erfolgt eine direkte Zuweisung ohne den Adreßoperator.

■ Der Compiler wendet die gleichen Prüfmechanismen wie bei »normalen« Aufrufen an.

■ Die Bezeichner der Parameter werden im Deklarationsteil noch nicht benötigt, sollten jedoch aus Übersichtlichkeitsgründen angegeben werden.

▓ Die Routine und die Variable müssen mit derselben Anzahl von Parametern, mit den gleichen Typen und in derselben Reihenfolge deklariert werden.

▓ Funktionen müssen mit dem gleichen Ergebnistyp deklariert werden.

▓ Die Prozeduren oder Funktionen müssen als far mit dem Compilerschalter {$F+} compiliert werden (siehe 3.3).

▓ Geschachtelte Prozeduren und Funktionen lassen sich nicht über Prozedurvariablen aufrufen.

▓ Inline- und Interrupt-Routinen dürfen nicht verwendet werden.

▓ Routinen aus dem Unit-System dürfen nicht über Prozedur-variablen aufgerufen werden. Hier sind ggf. eigene Routinen zu schreiben, die die Originalaufrufe ersetzen.

▓ Wenn der Compiler auf der linken Seite einer Zuweisung eine Prozedurvariable erkennt, behandelt er die rechte Seite nicht als Aufruf, sondern als Wert.

4.4

▓ Für den Vergleich einer Prozedur-Variablen mit der Adresse einer Routine muß vor die Prozedur-Variable und die Routine der Adreßoperator @ gesetzt werden.

▓ Typ-Umwandlungen lassen sich ohne Einschränkung wie bei normalen Variablen anwenden.

▓ Strukturierte Typen dürfen maximal 65520 Bytes umfassen.

Datei-Typen: strukturiert

Details siehe **8.7**.

4.5 Absolute Variablen

Die Speicheradresse einer Variablen kann mit **absolute** auch direkt
festgelegt werden.

Name: *Typ* **absolute** *Segment* :*Offset* ;
Name: *Typ* **absolute** *VarName* ;

▓ *Name:* Bezeichner; hier kann jeweils nur eine Variable deklariert
werden.
▓ *Typ:* Variablentyp.
▓ *Segment:* Segmentadresse.
▓ *Offset:* Offsetadresse (Adresse innerhalb des Segments), bei der
der Variablenwert gespeichert werden soll.
▓ *VarName:* Übergibt die Speicheradresse der Variablen *VarName*,
bei der die Variable *Name* gespeichert wird.

Beispiele

Direkte Angabe der Speicheradresse
```
CrtModus:  Byte absolute $0040:$0049;
Mono_VRam: Array[1..25,1..80] of Record
                                Zeichen, Attribut: Char
                                End  absolute $B000:$0000;
```
Angabe der Speicheradresse einer anderen Variablen
```
VAR   Str  : String[32];
      StLen : Byte absolute Str;
```
▓ *StLen* ist bei derselben Adresse gespeichert wie das erste Byte von
Str, das die Stringlänge angibt. Die Länge kann also über *StLen*
ermittelt werden.

4.6 Typumwandlungen

Wird beim Bezug auf eine Variable der Typ angegeben, wendet der
Compiler die Deklaration vom angegebenen Typ und nicht den der
Varia-blen an.

TYP(*variablenbezug***)**

Folgendes kann eine Typumwandlung erforderlich machen:
- Erzwingen numerischer Formate zur Vermeidung von Überläufen.
- Konvertierung generischer Zeiger.
- Zugriff auf Teile einer Struktur.
- Umdeklaration von Variablen über Recordtypen.
- Zeigerzerlegung.

Die Größe der Variablen (Anzahl Bytes im Speicher) muß exakt der
Größe des Typs entsprechen, für den der Typ-Bezeichner steht.

4.6

Beispiele

Vermeidung von numerischen Überläufen
```
VAR   Test1, Test2 : Integer;
BEGIN
   Test1 := 30000;
   Test2 := 30000;
   Writeln( Test1 * LongInt(Test2));
END.
```

Konvertierung generischer Zeiger
```
VAR   BytePtr   : ^Byte;
      VideoMode : Byte;
BEGIN
   BytePtr := Ptr($40,$49);
   VideoMode := BytePtr^;
   (* oder schneller über *)
   VideoMode := Byte(Ptr($40,$49));
END.
```

Zugriff auf Teile einer Struktur
```
TYPE  Lo = RECORD
              By1,By2,By3,By4 : Byte;
           END;
VAR   X : LongInt;
      B : Lo;
BEGIN
   X := 200000;
   B := lo(x);
   Writeln(B.By1, B.By2, B.By3, B.By4);
END;
```

Zeigerzerlegung

```
TYPE   PWord = RECORD  Off,Seg : Word;  END;
VAR    S : String;
       P : Pointer;
BEGIN
  P := @S;
  Writeln('Adresse von S : ',Seg(S),':',Ofs(S));
  Writeln('P zeigt auf S : ',PWord(P).Seg,':',PWord(P).Off);
END.
```

4.6

4.7 Ausdrücke und Operatoren

Übersicht und Allgemeines

Ausdrücke bestehen aus Operatoren und Operanden. Es gibt zwei
verschiedene Arten:
  ▷ *Binär:* verknüpft zwei Operanden miteinander a + b
  ▷ *Unär:* arbeitet mit nur einem Operand – a

Rangfolge der Operatoren
  Bei umfangreichen Ausdrücken gilt folgende Reihenfolge:

Operator	Rangfolge	Art des Operators
@, not	1	unär
*, /, div, mod, and, shl, shr	2	multiplizierend
+, –, or, xor	3	addierend
=, <, <=, >, >=, <>, in	4	relational

Sonstige Regeln für die Rangfolge
  ▷ Ein Operand zwischen zwei Operatoren von unterschiedlichem
  Rang ist immer an den höherrangigen Operator gebunden.
  ▷ Ein Operand zwischen zwei gleichrangigen Operatoren ist
  immer an den links stehenden Operator gebunden.
  ▷ Ausdrücke in Klammern werden als einzelner Operand
  betrachtet und immer als erstes ausgewertet.
  ▷ Bei mehreren Operatoren mit gleichem Rang erfolgt die
  Auswertung normalerweise von links nach rechts. Der Compiler
  kann zur Optimierung des Rechenweges Umstellungen vornehmen.

Binäre arithmetische Operatoren

Operator	Operation	Operandentyp	Ergebnistyp
+	Addition	Integer	Integer
		Real	Real/Extended
–	Subtraktion	Integer	Integer
		Real	Real/Extended
*	Multiplikation	Integer	Integer
		Real	Real/Extended
/	Division	Integer	Real/Extended
		Real	Real/Extended
div	Integerdivision	Integer	Integer
mod	Modulo	Integer	Integer

4.7

Anmerkungen

■ Falls einer der Operanden bei +, −, * vom Typ Real ist, ist das Ergebnis im Modus $N− vom Typ *Real*, im Modus $N+ vom Typ *Extended*.

■ Das Ergebnis einer Division ist vom Typ Real ($N−) bzw. Extended ($N+), unabhängig vom Typ der Operanden.

■ i div j ergibt i/j, abgerundet auf einen Integerwert.

■ mod liefert den Rest der Division seiner Operanden.

i mod j = i − (i div j) * j

Unäre arithmetische Operatoren

Operator	Operation	Operandentyp	Ergebnistyp
+	Identität	Integer	Integer
		Real	Real/Extended
−	Negation	Integer	Integer
		Real	Real/Extended

4.7

Logische Operatoren (Bitmanipulationen)

Operator	Operation	Operandentyp	Ergebnistyp
not	bitweise Negation	Integer	Integer
and	bitweises UND	Integer	Integer
or	bitweises ODER	Integer	Integer
xor	bitweise Antivalenz	Integer	Integer
shl	Linksschieben	Integer	Integer
shr	Rechtsschieben	Integer	Integer

■ Der Operator **not** ist ein unärer Operator.

■ Falls zwei Operanden von **and**, **or**, **xor** einen Integer-Typ haben, ist das Ergebnis das gemeinsame Format der beiden Operanden.

■ Verschiebeoperationen:

i shl j: verschiebt den Wert von i um j Bitpositionen nach links (entspricht Multiplikation mit 2^j).

i shr j: verschiebt den Wert von i um j Bitpositionen nach links (entspricht Division mit 2^j).

Boolesche Operatoren

Operator	Operation	Operandentyp	Ergebnistyp
not	logische Negation	Boolean	Boolean
and	logisches UND	Boolean	Boolean
or	logisches ODER	Boolean	Boolean
xor	logische Antivalenz	Boolean	Boolean

■ Der Operator **not** ist ein unärer Operator.
■ Der Compilerschalter $B bestimmt, welche Art von Code der Compiler zur Auswertung zusammengesetzter Bedingungen generiert (siehe 3.3):

▶ $B+: (Vollständige Berechnung) Sämtliche Teile des Ausdrucks werden berechnet, auch wenn das Ergebnis feststeht. Wichtig, wenn Teile des Ausdrucks aus Funktionsaufrufen bestehen, über die weitere Operationen ausgeführt werden.

▶ $B–: (Kurzschlußverfahren) Auswertung bricht ab, sobald das Ergebnis des Gesamtausdrucks feststeht.

Relationale Operatoren

4.7

Operator	Operation	Operandentyp	Ergebnistyp
=	gleich	kompatible einfache, Zeiger-, Mengen-, String- oder gepackte String-Typen	Boolean
<>	ungleich	kompatible einfache, Zeiger-, Mengen-, String- oder gepackte String-Typen	Boolean
<	kleiner als	kompatible einfache, Zeiger-, Mengen-, String- oder gepackte String-Typen	Boolean
>	größer als	kompatible einfache, Zeiger-, Mengen-, String- oder gepackte String-Typen	Boolean
<=	kleiner/gleich	kompatible einfache, Zeiger-, Mengen-, String- oder gepackte String-Typen	Boolean
>=	größer/gleich	kompatible einfache, Zeiger-, Mengen-, String- oder gepackte String-Typen	Boolean
<=	Untermenge von	kompatible Mengen-Typen	Boolean
>=	Obermenge von	kompatible Mengen-Typen	Boolean
in	Element von	linker Operand beliebiger Ordinaltyp t rechter Operand set of Typ t	Boolean

String-Operatoren

Operator	Operation	Operandentyp	Ergebnistyp
+	Verbindung	String, Char oder packed String	String

Mengen-Operatoren

Operator	Operation	Operandentyp
+	Vereinigung	kompatible Mengen
–	Differenz	kompatible Mengen
*	Durchschnitt	kompatible Mengen

Adreß-Operatoren

Operator	Operation	Operandentyp	Ergebnistyp
@	Adreß-ermittlung	Variablenbezug, Funktions- oder Prozedur-Bezeichner	Pointer (derselbe Variablentyp wie nil)

4.7

■ @ ist ein unärer Operator. Ein Operand kann ein Variablen-Bezug, ein Funktions- oder Prozedurname sein.

■ Ergebnis ist ein Zeiger auf diesen Operanden. Er kann jeder beliebigen Zeiger-Variablen zugeordnet werden.

Hexadezimaldarstellung

Für die Darstellung von Integerwerten kann auch die Hexadezimaldarstellung verwendet werden, dazu $ voranstellen. Zahlenbereich von $0000 bis $FFFF.

4.8 Prozeduren und Funktionen

Prozedurdeklaration: **PROCEDURE**

Eine Prozedurdeklaration besteht aus einem Prozedurkopf und einem Prozedurblock (Deklarations- und Anweisungsteil).

> **PROCEDURE** *Name* (*Parliste*); ◄──── *Prozedurkopf*
> *Deklarationsteil* ;
> *Anweisungsteil* ; ◄──── *Prozedurblock*

■ *Name:* Prozedurname; unter diesem Namen wird die Prozedur danach aufgerufen.

■ *Parliste:* Formale Parameterliste (Details siehe weiter hinten in diesem Kapitel).

■ *Blockbefehl:* Programmblock, der beim Aufruf der Prozedur ausgeführt wird.

4.8

Prozeduraufruf: **Prozedurname**

Eine Prozedur wird durch Angabe ihres Namens und einer aktuellen Parameterliste aufgerufen.

> *Name* (*AktParliste*);

■ *Name:* Prozedurname.

■ *AktParliste:* Liste aktueller Parameter. Diese Parameter stehen anstelle der formalen Parameter, die bei der Deklaration angegeben wurden. Sie müssen in Typ und Reihenfolge den formalen Parametern der Prozedurdeklaration entsprechen.

Beispiel

```
QuickSort(0, Count - 1);
```

Funktionsdeklaration: **FUNCTION**

Eine Funktionsdeklaration definiert einen Programmteil, der einen Wert berechnet und als *Funktionsergebnis (Funktionswert)* zurückliefert. Die Deklaration besteht aus einem Funktionskopf und einem Funktionsblock (Deklarations- und Anweisungsteil).

> **FUNCTION** *Name* (*Parliste*) : *Ergebnistyp* ; ◄──── *Funktionskopf*
> *Deklarationsteil* ;
> *Anweisungsteil* ; ◄──── *Funktionsblock*

■ *Name:* Funktionsname; unter diesem Namen wird die Funktion danach verwendet.

■ *Parliste:* Formale Parameterliste (Details siehe weiter hinten in diesem Kapitel).

■ *Ergebnistyp:* Typ des Funktionsergebnisses.

■ *Blockbefehl:* Programmblock, der beim Aufruf der Funktion ausgeführt wird.

Anmerkung

■ Ist der Compilerschalter {$X+} gesetzt, können Funktionsaufrufe wie Anweisungen verwendet werden. Das Ergebnis wird verworfen.

4.8

Funktionsaufruf: Funktionsname

Eine Funktion wird durch Angabe ihres Namens und einer aktuellen Parameterliste aufgerufen. Funktionen stehen in Ausdrücken stellvertretend für den von ihnen zurückgelieferten Wert.

Name (AktParliste);

■ *Name:* Funktionsname.

■ *AktParliste:* Liste aktueller Parameter. Diese Parameter stehen anstelle der formalen Parameter, die bei der Deklaration angegeben wurden. Sie müssen in Typ und Reihenfolge den formalen Parametern der Funktionsdeklaration entsprechen.

Anmerkungen

■ Ein Funktionsname kann überall anstelle eines Operanden in einen Ausdruck eingesetzt werden; der Typ des Funktionsergebnisses muß mit dem des ersetzten Operanden kompatibel sein.

■ Zuweisungen an den Funktionsnamen sind nur innerhalb der Funktion erlaubt.

■ Im Funktionsblock sollte mindestens eine Anweisung vorhanden sein, die dem Funktionsnamen einen Wert zuweist. Das Ergebnis der Funktion ist der jeweils zuletzt zugewiesene Wert vor dem Ende des Anweisungsteils der Funktion.

■ Falls keine solche Anweisung vorhanden ist oder nicht ausgeführt wird, ist der Wert der Funktion undefiniert.

Beispiel
```
StringVar := NumStr(T.Min, 2);
```

Prozedur- und Funktionsparameter

Bei der Deklaration einer Prozedur oder Funktion werden formale Parameter *(Parliste)* mit angegeben. Jeder formal deklarierte Parameter ist

lokal zur entsprechenden Prozedur bzw. Funktion. Durch die Angabe
seines formalen Namens kann auf ihn Bezug genommen werden.

  (Name1, Name2, ... : Typ ; Name3 : Typ3 ; ...);

▓ *Name1, ..2:* Parametername, der mit *Typ* deklariert werden soll.
Parameter gleichen Typs werden hier durch Komma getrennt. Unter
diesem Namen wird innerhalb der Prozedur oder Funktion auf ihn
Bezug genommen.
▓ *Typ:* Parametertyp für die davorstehenden Parameter.
▓ Falls weitere Parameter folgen, steht hinter dem Typ ein Semikolon.
Dahinter stehen weitere Parameter-Deklarationen.

Parameter-Arten und Anmerkungen

Turbo Pascal unterscheidet drei Arten von Parametern:
  ▶ Wertparameter
  ▶ Variablenparameter
  ▶ untypisierte Parameter

4.8

Wertparameter

  (Name1, Name2, ... : Typ ; ...);

▓ Ein formaler Wertparameter verhält sich wie eine lokale Variable
der Prozedur bzw. Funktion – beim Aufruf der Prozedur bzw. Funktion
enthält er den Wert des aktuellen Parameters.
▓ Veränderungen von Wertparametern verändern nicht den Wert des
aktuellen Parameters. Der Grund liegt darin, daß er beim Aufruf über
das Stack-Segment übergeben wird und nach dem Rücksprung wieder
verschwunden ist.
▓ Der aktuelle Parameter eines formalen Parameters kann ein Ausdruck sein. Der Wert des Ausdrucks darf keinen Dateityp haben.
▓ Die Übergabe von Gleitkommaformaten (*Double, Extended und
Comp*) erfolgt nicht über den Rechenstack des 80x87, sondern als Wert
über den Stack des 80x86.

Variablenparameter

  (VAR Name1, Name2, ... : Typ ; ...);

▓ Variablenparameter übergeben eine Variable an eine Prozedur oder
Funktion. Auf diese Variable kann innerhalb der Prozedur bzw. Funktion
direkt Bezug genommen werden.
▓ Eine Veränderung des formalen Variablenparameters in der Prozedur oder Funktion verändert auch den Wert des aktuellen Parameters,
also der übergebenen Variablen.
▓ Ausdrücke können nicht übergeben werden.

Untypisierte Parameter

(**VAR** *Name1*, *Name2*, ...; ...);

■ Hier ist der Typ des formalen Parameters nicht definiert. Der entsprechende aktuelle Parameter kann jeden beliebigen Typ haben.

■ Vor der Verwendung von untypisierten Variablen muß ein Typ zugewiesen werden.

Deklaration mit FORWARD: FORWARD

Hier wird die Prozedur oder Funktion deklariert, allerdings steht anstelle des Prozedur(Funktions)blocks nur das reservierte Wort **FORWARD**. Der eigentliche Block wird zu einem späteren Zeitpunkt definiert.

4.8

PROCEDURE *Name* (*Parliste*); **FORWARD**;
FUNCTION *Name* (*Parliste*) : *Ergebnistyp* ; **FORWARD**;

Zwischen der FORWARD-Deklaration und der Definition der Prozedur können weitere Prozeduren (Funktionen) deklariert werden, die wieder die mit FORWARD deklarierte Prozedur (Funktion) aufrufen.

■ Grundsätzlich sind in Pascal Aufrufe von Prozeduren und Funktionen nur möglich, wenn diese bereits deklariert wurden. Über die Deklaration mit FORWARD sind Definitionen möglich, die sich gegenseitig aufrufen.

Deklaration mit EXTERNAL: EXTERNAL

Hiermit können getrennt compilierte Prozeduren und Funktionen, die in Maschinensprache geschrieben sind, eingebunden werden.

PROCEDURE *Name* (*Parliste*); **EXTERNAL**;
FUNCTION *Name* (*Parliste*) : *Ergebnistyp* ; **EXTERNAL**;

Der externe Code wird über den Compiler-Befehl {$L dateiname} mit dem Programm oder der Unit verbunden (siehe 3.4).

Deklaration mit NEAR/FAR: NEAR/FAR

Die Direktiven definieren zwei unterschiedliche Modelle beim Aufruf von Prozeduren. Die Direktiven entsprechen den Compiler-Schaltern {$F+/}.

NEAR-Aufrufe werden zwar schneller abgearbeitet, können jedoch nur innerhalb des Moduls aufgerufen werden, in dem sie definiert wurden. *FAR*-Aufrufe können von überall aufgerufen werden.

PROCEDURE *Name* (*Parliste*); **NEAR/FAR**;
FUNCTION *Name* (*Parliste*) : *Ergebnistyp* ; **NEAR/FAR**;

■ Innerhalb Overlays müssen alle Prozeduren und Funktionen *FAR*-codiert sein.

░ Anweisungen im *Interface*-Teil einer *UNIT* erhalten automatisch die *FAR*-Zuweisung, Anweisungen innerhalb des *Implementation*-Teils erhalten die *NEAR*-Anweisung.

░ Ist der Schalter {$F-} gesetzt, wählt der Compiler die Zuordnung automatisch aus.

░ Die direkte Zuordnung mit NEAR/FAR hat eine höhere Priorität als die mit {$F} oder die automatische Zuordnung.

Interrupt-Prozeduren: INTERRUPT

Diese Prozedur wird nicht über ihren Namen aufgerufen, sondern nur über Interrupt-Vektoren des Systems.

PROCEDURE *Name* **(Flags,CS,IP,AX,BX,CX,DX,**
SI,DI,DS,ES,BP: Word);
interrupt;

4.8

Alle Prozessor-Register werden hier als Pseudo-var-Parameter übergeben und können innerhalb der Prozedur verändert werden. Die Liste kann verkürzt werden, indem die vorderen Register weggelassen werden:

PROCEDURE *Name* **(AX,BX,CX,DX,SI,DI,DS,ES,BP: Word);**
interrupt;
PROCEDURE *Name* **(DS,ES,BP: Word);**
interrupt;

Andere Register dürfen nicht weggelassen werden – dies kann zu einem Systemabsturz führen.

Deklaration mit INLINE   INLINE

Hier kann anstelle eines Pascal-Anweisungsblocks Maschinencode eingesetzt werden. Hinter **INLINE** wird eine Liste von Konstanten direkt in das Programm aufgenommen.

PROCEDURE *Name* **(** *Parliste* **);**
INLINE (*Inline-Elemente* **);**
FUNCTION *Name* **(** *Parliste* **) :** *Ergebnistyp* **;**
INLINE (*Inline-Elemente* **);**

░ *Inline-Elemente* ist eine Folge von Elementen, die in einer INLINE-Anweisung stehen können. Sie kann aus folgenden einzelnen Elementen bestehen:

▶ *Konstante:* Falls der Wert im Bereich 0..255 liegt, wird 1 Byte erzeugt, sonst immer ein Word (2 Byte).

▶ *<Konstante:* Nur der niederwertige Teil wird als Byte gespeichert.

▷ *>Konstante:* Erzeugt immer ein Word (2 Byte). Falls der Wert kleiner als 256 ist, wird für den höherwertigen Teil 0 genommen.

▷ *Variable:* Die Segmentadresse der Variablen wird mit 2 Byte gespeichert.

Globale Variablen werden im Datensegment gespeichert, auf das über das Register *DS* zugegriffen werden kann.

Lokale Variablen (innerhalb einer Prozedur oder Funktion) werden im Stack-Segment gespeichert. Hier wird ein Relativwert zum Inhalt des *BP*-Registers erzeugt.

▷ *Variable +Konst:* Relative Angabe zur Adresse der Variablen.

▷ *Variable –Konst:* Relative Angabe zur Adresse der Variablen.

▣ Die Elemente werden durch Schrägstrich (/) getrennt.

Anmerkungen

4.8

▣ **INLINE**-Deklarationen werden wie Assembler-Makros behandelt; der Compiler fügt jedesmal beim Aufruf die angegebenen Bytes als Befehle in den laufenden Code ein und führt sie aus.

▣ Solche Deklarationen sind nur für sehr kurze Routinen (max. ca. 10 Byte) vorgesehen.

▣ Die Register *BP*, *SP*, *DS* und *SS* dürfen durch **INLINE**-Anweisungen nicht verändert werden; alle anderen Register stehen frei zur Verfügung.

▣ **INLINE**-Anweisungen können frei mit anderen Pascal-Befehlen innerhalb des Blocks gemischt werden.

Beispiel

Die Prozedur FillWord füllt einen Bereich, der durch den 32-Bit-Zeiger *Ziel* und die 16-Bit-Größe *Zahl* angegeben ist, mit einem Wert, der durch *Datum* bestimmt ist.

```
PROCEDURE FillWord(var Ziel ^Word; var Zahl, Datum: Word);
BEGIN
  Inline (
    $C4/$BE/Ziel/      { LES  DI,Ziel[BP]  }
    $8B/$8E/Zahl/      { MOV  CX,Zahl[BP]  }
    $8B/$86/Datum/     { MOV  AX,Datum[BP] }
    $FC/               { CLD               }
    $F3/$AB);          { REP  STOSW        }
END;
```

Deklaration mit ASSEMBLER   *ASSEMBLER*

Mit der Direktive können ganze Prozeduren oder Funktionen mit dem integrierten Assembler geschrieben werden. Die Anweisungen werden direkt in Assembler in den Quelltext eingefügt.Der Befehlssatz entspricht dem des Turbo-Assembler oder des Microsoft Makro-Assembler.

PROCEDURE *Name* (*Parliste*); **ASSEMBLER**;

FUNCTION *Name* (*Parliste*) : *Ergebnistyp* ; **ASSEMBLER**;

Anmerkungen

■ Die Anweisungen beginnen mit der *asm*-Anweisung und werden mit einer *end;*-Anweisung beendet (siehe 5.1).

■ Eine Beispieldatei TEST286.PAS für eine Assembler-Prozedur befindet sich nach der Installation im Verzeichnis \DEMOS.

■ Ist die Prozedur oder Funktion nicht als **ASSEMBLER** deklariert, können die Assembleranweisungen jederzeit eingebunden werden.

■ Innerhalb einer mit **ASSEMBLER** deklarierten Prozedur dürfen nur Assembleranweisungen stehen.

■ Wert-Parameter werden nicht in lokale Variablen kopiert. Dies betrifft alle String-Werte-Parameter und Werte-Parameter, deren Größe 1,2,4 Bytes nicht übersteigt. Diese müssen behandelt werden wie **VAR**-Parameter.

■ Es wird kein Speicherplatz für die Funktionsergebnisvariable reserviert. Eine Referenz mit @Result erzeugt einen Fehler mit Ausnahme von String-Funktionen. Hier wird das @Result-Symbol dazu verwendet, um einen Zeiger auf die aufrufende Routine zu allozieren.

4.8

■ Es wird kein Stack-Rahmen erzeugt, wenn Prozeduren/ Funktionen weder Parameter noch lokale Variable haben.

■ Der vom Compiler erzeugte Eintritts- und Austrittscode sieht wie folgt aus:

```
PUSH   BP            {wenn Locals <> 0 oder Params <> 0}
MOV    BP,SP         {wenn Locals <> 0 oder Params <> 0}
SUB    SP,Locals     {wenn Locals <> 0}
...
MOV    SP,BP         {wenn Locals <> 0}
POP    BP            {wenn Locals <> 0 oder Params <> 0}
RET    Params        {immer}
```

Locals gibt die Größe der lokalen Variablen und Params die Größe der Parameter an.

■ Die Rückgabe von Funktionsergebnissen ist wie folgt:

▶ **Ordinal-Typen** über Register AL bei 8-Bit-Werten, über Register AX bei 16-Bit-Werten, über Register DX:AX bei 32-Bit-Werten.

▶ **Real-Typen** über Register DX:BX:AX

▶ **Single-, Double-, Extendend- und Comp-Typen** des 80x87 über den Coprozessor-Stack ST(0).

▶ **Zeiger-Typen** über Register DX:AX.

▶ **String-Typen** werden zwischengespeichert. @Result liefert einen Zeiger auf den zwischengespeicherten String.

4.9 Units

Units sind eine Grundlage der modularen Programmierung in Turbo
Pascal 7.0. Damit werden Bibliotheken erstellt, die in verschiedene Programme eingebunden werden können, ohne den Quelltext selber
zugänglich zu machen. Jede Unit verfügt über ein eigenes Code-Segment und ist somit beschränkt auf 64 Kbyte.

Einbinden eines Units *USES*

Eine Unit wird mit der Anweisung **USES** in ein Programm oder ein
anderes Unit eingebunden.

4.9

   USES *UnitName1*, *UnitName2*, ...;

▨ Diese Anweisung legt fest, welche Units in einem Programm
verwendet werden.

▨ Hier werden nur direkt verwendete Units aufgeführt. Falls eine Unit
weitere Units benutzt, werden diese automatisch vom Compiler und
Linker eingebunden.

Standard-Units

   ▷ Turbo Pascal verfügt über eine Anzahl von Standard-Units, die
   bei Bedarf angegeben werden müssen (zum Beispiel *Printer*, *Dos*,
   Crt, *Graph*).

   ▷ Die Unit *System* wird immer automatisch eingefügt, es darf nicht
   angegeben werden.

Anmerkungen

▨ In jeder Unit können über die **USES**-Anweisung andere Units
eingebunden werden. Der Compiler optimiert den Code so, daß gleiche
Prozeduren und Funktionen nur einmal im Programm vorkommen.

▨ Ab Version 5.0 sind USES-Anweisungen auch im Implementations-
teil erlaubt. Sie müssen dort unmittelbar auf das reservierte Wort
IMPLEMENTATION folgen. So eingebundene Units sind lokal und stö-
ren sich nicht, wenn sie sich gegenseitig voraussetzen.

Aufbau einer Unit

Units sind nach folgendem Schema aufgebaut:

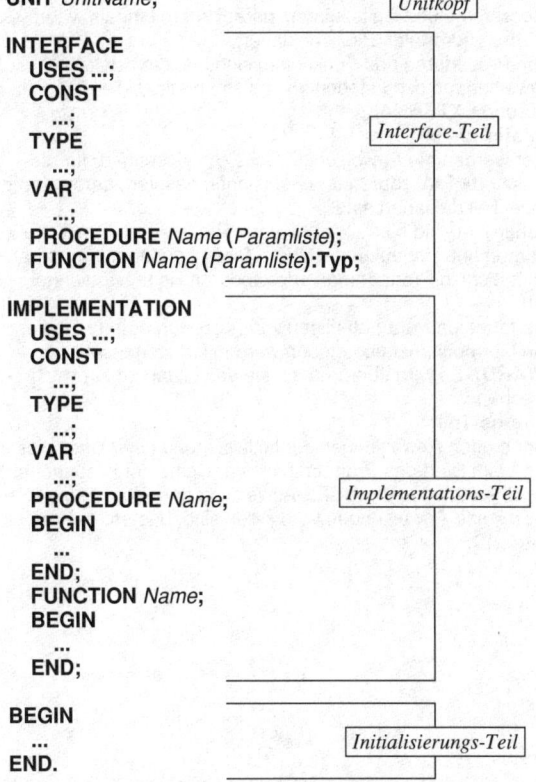

Unitkopf

▶ Hier wird der Name der Unit festgelegt. Er muß im ganzen Programm eindeutig sein – mehrere Units mit gleichem Namen in einem Programm sind nicht erlaubt.

Interface-Teil

▶ Hier werden alle »öffentlichen« Typen deklariert. Diese Namen sind für das Programm und alle Units verfügbar, die diese Unit benutzen.

▶ Programme und Units können darauf zugreifen, als wären sie in einem übergeordneten Block deklariert.

▶ Von Prozeduren und Funktionen sind hier die Köpfe enthalten, die Anweisungen dazu stehen im Implementations-Teil (Ausnahme: INLINE und EXTERNAL).

Implementations-Teil

▶ Hier werden die Anweisungsblöcke (Anweisungen) für die »öffentlichen« Prozeduren und Funktionen definiert, deren Köpfe im Interface-Teil deklariert sind.

▶ Außerdem sind hier alle »privaten« Prozeduren, Funktionen, Konstanten und Variablen deklariert. Diese können nur innerhalb der Unit (nicht in Programmen oder anderen Units) verwendet werden.

▶ Die formalen Parameterlisten von Prozeduren und Funktionen können hier noch mal angegeben werden (im Gegensatz zu **FORWARD**). Es wird überprüft, ob sie den Listen im Interface-Teil entsprechen.

Initialisierungs-Teil

▶ Hier stehen Anweisungen zur Initialisierung einer Unit. Diese werden beim Start des Programms in der Reihenfolge ausgeführt, in der die Unitnamen in der **USES**-Anweisung des Programms stehen.

▶ Falls keine Anweisungen vorhanden sind, besteht dieser Teil nur aus **END**.

4.9

4.10 Objektorientierte Programmierung

Der Sprachumfang für die objektorientierte Programmierung (OOP)
wurde um die fünf reservierten Wörter erweitert:
- **OBJECT**
- **CONSTRUCTOR**
- **DESTRUCTOR**
- **VIRTUAL**
- **PRIVATE**
- **PUBLIC**
- **INHERITED**

Diese sowie einige Begriffe der OOP werden nachfolgend erläutert.

4.10

Datentyp   *OBJECT*

In einem Objekt werden sowohl die Daten als auch die Methoden zur
Manipulation der Daten deklariert. Hierfür wird eine recordähnliche
Struktur verwendet. Die Daten und Routinen (=Methoden) sind somit
nach außen abgekapselt. Die Methoden sind nur über die Objektklassen ansprechbar.

```
TYPE  Objektname = OBJECT
                      Daten;
                      Prozeduren;    { Methoden }
                      Funktionen;    {    "     };
                   END;

      {—— Beschreibung der Methoden ——}
      PROCEDURE Meth_1;
      BEGIN
      END;

      FUNCTION Meth_2;
      BEGIN
      END;

VAR   Obj_1, Obj_2 : Objektname;
```

Die Deklaration der Variablen innerhalb eines Objekts muß unbedingt
vor der ersten Methoden-Deklaration erfolgen.

Vererbung von Eigenschaften   *OBJECT(..)*

Objekte entstammen Objektklassen, wobei jede Klasse mit der Hierarchie innerhalb eines Stammbaums verglichen werden kann. Jedes von einer Klasse abstammende Objekt erbt automatisch dessen Daten und Methoden. Neue Methoden, die in der Klasse hinzukommen, werden wiederum an dessen Nachkömmlinge vererbt.

Wird ein Objekt mit einer Methode aufgerufen, die es nicht kennt, wird der Aufruf an die nächsthöhere Klasse weitergereicht.

```
TYPE
   Haupt = OBJECT
              X,Y        : Byte;
              PROCEDURE Init(InitX, InitY : Byte; InitZeichen:String)
              PROCEDURE Show;
           END;

   Nachkomme1 = OBJECT(Haupt)
                   Wert : Integer;
                   PROCEDURE Init;
                END;

   Nachkomme2 = OBJECT(Haupt)
                   Zeichen : Char;
                   PROCEDURE Init;
                END;
```

4.10

Methoden

Methoden sind Prozeduren und Funktionen, die innerhalb eines Objekts deklariert werden und mit dem Objekt fest verbunden sind.

Durch die Vererbung von Eigenschaften erben die Nachkommen des übergeordneten Objekts automatisch dessen Methoden.

Wenn mehrere Objekte die gleiche virtuelle Methode verwenden, wird der Code nicht mehrfach eingebunden, sondern über die »Virtual Method Table« (=VMT) verwaltet.

Die Methoden eines Objekts werden aufgerufen, indem der Methode der Name des Objekts, getrennt durch einen Punkt, vorangestellt wird.

Objektvariable.Methode;

Auf eine Methode eines Objekttyps kann die **WITH**-Anweisung angewendet werden. Beim Aufruf der Methoden kann dann der Methodenname (=Instanz) und der Punkt entfallen.

WITH Objektvariable DO BEGIN
**   Methodenaufruf;**
END;

Anmerkung

Die Deklaration einer Methode innerhalb eines Objekttyps entspricht einer *forward*-Deklaration (vgl. 4.8). Die Methode muß deshalb nach der Deklaration des Objekts im selben Gültigkeitsbereich implementiert werden.

Statische Methoden

Statische Methoden können angewandt werden, wenn die Nachkommen unterschiedliche Methoden haben, da der Compiler bereits bei der Compilierung die Zuordnung treffen kann. Dies wird auch als statische Bindung bezeichnet.

Der erzeugte Code ist kompakter als bei virtuellen Methoden und wird auch schneller ausgeführt.

Statische Methoden sind nicht so flexibel bei der Anwendung.

4.10

Virtuelle Methoden   VIRTUAL

Virtuelle Methoden müssen angewandt werden, wenn unterschiedliche Nachkommen Methoden mit dem gleichen Namen verwenden. Hier wird erst während der Laufzeit entschieden, welche Methoden auf die Daten anzuwenden sind.

Die Methoden müssen mit dem Schlüsselwert **VIRTUAL** gekennzeichnet werden. Dies wird auch als Laufzeit-Bindung bezeichnet.

Bei Verwendung virtueller Methoden muß eine Konstruktor-Methode verwendet werden, die Initialisierungen für die virtuellen Methoden erledigt.

Der Konstruktor muß aufgerufen werden, bevor eine virtuelle Methode aufgerufen wird.

Sobald ein Vorfahr eine Methode mit **VIRTUAL** versieht, müssen alle Nachkommen, die eine Methode mit gleichem Namen implementieren, diese Methode ebenfalls mit **VIRTUAL** angeben.

Wenn der Compilerschalter {$R+} eingeschaltet ist, wird beim Aufruf von virtuellen Methoden der Initialisierungsstatus geprüft. Zur Laufzeit wird dann ein Bereichsfehler erzeugt, wenn eine virtuelle Methode auf ein nicht initialisiertes Objekt angewendet wird.

Im Gegensatz zu statischen Methoden müssen bei virtuellen Methoden die Kopfzeilen aller Implementierungen gleich sein.

Beispiel

Das nachfolgende Beispiel deklariert ein Hauptobjekt sowie zwei
Nachkommen, die die Methoden des Hauptobjekts erben. Da beide
Nachkommen eine Methode mit dem gleichen Namen verwenden,
müssen diese virtuell deklariert werden, damit die Zuordnung zur Laufzeit vorgenommen werden kann.

```
PROGRAM Virtuelle_Methoden;
USES Crt;

TYPE  Ort = OBJECT                              { Hauptobjekt }
              x,y   : Byte;
              PROCEDURE Init;
              PROCEDURE Position(NewX, NewY : Byte);
            END;

      { Methoden des Objekts ORT }

      PROCEDURE Ort.Init;
      BEGIN
        X := 1;
        Y := 1;
      END;

      PROCEDURE Ort.Position(NewX, NewY : Byte);
      BEGIN
        X := NewX;
        Y := NewY;
      END;

TYPE  Ch = OBJECT(Ort)                     { 1.Nachkomme des Hauptobjekts }
              C     : Char;
              CONSTRUCTOR Init;
              PROCEDURE Show; VIRTUAL;
              PROCEDURE SetC(NewC : Char); VIRTUAL;
              PROCEDURE MoveTo(NewX, NewY : Byte);
            END;

      { Methoden des Nachkömmlings CH }

      CONSTRUCTOR Ch.Init;
      BEGIN
        Ort.Init;
        C := 'A';
      END;

      PROCEDURE Ch.Show;
      BEGIN
        Write(C);
      END;

      PROCEDURE Ch.SetC(NewC : Char);
      BEGIN
        C := NewC;
      END;

      PROCEDURE Ch.MoveTo(NewX, NewY : Byte);
      BEGIN
```

4.10

```
            X := NewX;
            Y := NewY;
            GotoXY(x,y);
            Show;
        END;

TYPE    St = OBJECT(Ch)                    { 2.Nachkomme des Hauptobjekts }
            S          : String;
            CONSTRUCTOR Init;
            PROCEDURE Show; VIRTUAL;
            PROCEDURE SetS(NewS : String);
        END;

        { Methoden des Nachkömmlings St }

        CONSTRUCTOR St.Init;
        BEGIN
            Ch.Init;
            S := '';
        END;

        PROCEDURE St.Show;
        BEGIN
            Write(S);
        END;

        PROCEDURE St.SetS(NewS : String);
        BEGIN
            S := NewS;
        END;

VAR     S : St;
        C : Ch;

BEGIN
    ClrScr;
    C.Init;
    C.Show;
    S.Init;
    S.SetS('Dies ist eine Zeichenkette');
    S.MoveTo(10,10);
END.
```

4.10

Konstruktoren   CONSTRUCTOR

Der Konstruktor ist eine Methode, die Initialisierungen erledigt.
In Verbindung mit dynamischen Objekten wurde die Funktion **NEW**
erweitert. Die so erzeugten Objekte werden auch als »polymorphe
Objekte« bezeichnet.

▨ Konstruktoren dürfen nicht virtuell sein, weil die Ermittlung der
Adresse einer virtuellen Methode von einem Konstruktor abhängt, mit
dem das Objekt initialisiert werden muß.

▨ Jedes Objekt hat eine virtuelle Methodentabelle (=VMT) im
Datensegment. In der VMT ist die Größe des Objekts gespeichert und

für jede virtuelle Methode ein Zeiger auf den Code enthalten, der die Methode implementiert hat.

■ Einzelne Instanzen eines Objekts enthalten eine Verbindung zur VMT. Diese wird über einen 32-Bit-Zeiger hergestellt.

■ Der Konstruktor bestimmt den Wert der Verbindung zur VMT. Dies ist auch der Grund, warum eine virtuelle Methode erst nach dem Konstruktor aufgerufen werden darf.

Destruktoren   DESTRUCTOR

Die Destruktor-Methode übernimmt alle Aufgaben, die zum Löschen eines Objekts notwendig sind. Er wird benötigt, um Objekte, die über Zeigervariablen deklariert wurden, wieder vom Heap zu löschen.

Eine Destruktor-Methode kann nicht direkt aufgerufen werden. Hierfür wurde die Funktion **DISPOSE** erweitert.

4.10

Statische Objekte

Bei den bisher angesprochenen Objekten handelte es sich um statische Objekte. Die Instanzen werden im Datensegment oder auf dem Stack abgelegt.

```
TYPE Ort = OBJECT   END;
VAR  Ch : Ort;
```

Dynamische Objekte

Dynamische Objekte werden auf dem Heap angelegt und über Zeiger manipuliert.

```
TYPE Ort = OBJECT   END;
VAR  Ch : ^Ort;
```

Für die Speicherplatzreservierung wird die Prozedur **NEW**, für die Speicherfreigabe die Prozedur **DISPOSE** verwendet.

■ Enthält das Objekt virtuelle Methoden, dann muß es über den Aufruf eines Konstruktors initialisiert werden, bevor Aufrufe an andere Methoden erfolgen.

■ Die Methoden zur Speicherreservierung und -freigabe dürfen nicht direkt, sondern müssen über **NEW** und **DISPOSE** aufgerufen werden.

Speicherreservierung   NEW
Prozedur

Die Prozedur zur Speicherplatzreservierung wurde für die OOP um einen zweiten Parameter erweitert. Mit diesem wird der Konstruktor des Objekts aufgerufen.

NEW(*Objektname,Konstruktor* **);**

Speicherfreigabe
Prozedur

DISPOSE

Die Prozedur zur Speicherfreigabe wurde ebenfalls um einen zweiten
Parameter erweitert. Mit diesem wird der Destruktor des Objekts
aufgerufen. Die Methode sollte alle Einzelschritte zum Aufräumen des
Objekts und aller darin verschachtelten Datenstrukturen und Objekte
umfassen.

DISPOSE(*Objektname,Destruktor*);

Beispiel

In dem nachfolgenden Beispiel werden zwei Objekte auf dem Heap
angelegt. Das Objekt St enthält Aufrufe zur dynamischen
Speicherreservierung. Über die Destruktor-Methode muß der belegte
Speicher wieder freigegeben werden.

4.10

```
PROGRAM Dynamische_Objekte;
USES Crt;
TYPE   Ort = OBJECT                       { Hauptobjekt }
             x,y  : Byte;
             PROCEDURE Init;
             PROCEDURE Position(NewX, NewY : Byte);
          END;

       { Methoden des Objekts ORT }

       PROCEDURE Ort.Init;
       BEGIN
         X := 1;
         Y := 1;
       END;

       PROCEDURE Ort.Position(NewX, NewY : Byte);
       BEGIN
         X := NewX;
         Y := NewY;
       END;

TYPE   Ch = OBJECT(Ort)                    { Nachkomme des Hauptobjekts }
             C    : Char;
             CONSTRUCTOR Init;
             PROCEDURE Show; VIRTUAL;
             PROCEDURE SetC(NewC : Char); VIRTUAL;
             PROCEDURE MoveTo(NewX, NewY : Byte);
          END;

       { Methoden des Nachkömmlings CH }

       CONSTRUCTOR Ch.Init;
       BEGIN
          Ort.Init;
          C := 'A';
       END;
```

```
PROCEDURE Ch.Show;
BEGIN
   Write(C);
END;

PROCEDURE Ch.SetC(NewC : Char);
BEGIN
   C := NewC;
END;

PROCEDURE Ch.MoveTo(NewX, NewY : Byte);
BEGIN
   X := NewX;
   Y := NewY;
   GotoXY(x,y);
   Show;
END;

TYPE   BufferType = Array[1..1024] OF Byte; { Puffer für Dateioperationen }
       St = OBJECT(Ch)                      { Nachkömmling des Hauptobjekts }
             S        : String;
             F        : Text;
             FileOpen : Boolean;
             Buffer   : ^BufferType;
             CONSTRUCTOR Init;
             DESTRUCTOR Done;
             PROCEDURE Show; VIRTUAL;
             PROCEDURE SetS(NewS : String);
             PROCEDURE OpenFile(FName : String);
           END;

{ Methoden des Nachkömmlings St }

CONSTRUCTOR St.Init;
BEGIN
   Ch.Init;
   S := '';
   FileOpen := False;
   New(Buffer);                    { Speicher reservieren }
END;

DESTRUCTOR St.Done;
BEGIN
   Dispose(Buffer);                { Speicher freigeben   }
   Writeln('Heap gesäubert');
   IF FileOpen THEN Close(F);
END;

PROCEDURE St.Show;
BEGIN
   Write(S);
END;

PROCEDURE St.SetS(NewS : String);
BEGIN
   S := NewS;
   Writeln(F,NewS);
END;
```

4.10

```
        PROCEDURE St.OpenFile(FName : String);
        BEGIN
            Assign(F,FName);
            Rewrite(F);
            FileOpen := True;
        END;
{ ——— Hauptprogramm ——— }
VAR   S1,S2 : ^St;

BEGIN
    ClrScr;
    New(S1,Init);
    New(S2,Init);
    WITH S1^ DO BEGIN
        OpenFile('C:\TEMP\S1.LOG');
        SetS('Zeichenkette 1');
        MoveTo(10,10);
    END;
    WITH S2^ DO BEGIN
        OpenFile('C:\TEMP\S2.LOG');
        SetS('Zeichenkette 2');
        MoveTo(20,20);
    END;
    Dispose(S1,Done);
    Dispose(S2,Done);
END.
```

4.10

Kapselung   PRIVATE

Innerhalb der Objektdefinition müssen die Felder vor den Methoden
angegeben werden. Wird die Anweisung **PRIVATE** verwendet, können
Felder und Methoden diesem Objekt ausschließlich zugewiesen werden. Ein Zugriff von außerhalb ist dann nicht mehr möglich, die
»Kapselung« wird erzwungen.

Definition mit PRIVATE

```
TYPE   Ch = OBJECT(Ort)                        { Nachkomme des Hauptobjekts }
                C      : Char;
                CONSTRUCTOR Init;
                PROCEDURE Show; VIRTUAL;
                PROCEDURE SetC(NewC : Char); VIRTUAL;
                PROCEDURE MoveTo(NewX, NewY : Byte);
            PRIVATE
                X;Y    :Byte;
                PROCEDURE Locate;
            END;
```

Die nach der Anweisung **PRIVATE** stehenden Deklarationen sind vor
einem Zugriff von außen geschützt.

Kapselung   PUBLIC

Komponentenbezeichner, die in **PUBLIC**-Komponentenabschnitten
deklariert sind, unterliegen bezüglich Ihres Gültigkeitsbereichs keinen
besonderen Beschränkungen.

Methodenbenennung   INHERITED

INHERITED kann verwendet werden, um den direkten Vorfahren des
Objekttyps der umschließenden Methode zu benennen. **INHERITED**
kann nicht bei Methoden eines Objekttyps ohne Vorfahren verwendet
werden.

Größe eines Objekts   SIZEOF
Funktion

4.10

Wird die Standardfunktion SizeOf auf eine Instanz eines Objekts mit
einer VMT angewendet, dann liefert die Funktion die Größe, die in der
VMT gespeichert ist. Man erhält dann die tatsächliche und nicht die
deklarierte Größe.

Zeiger auf VMT   TYPEOF
Funktion

Die Funktion liefert einen Zeiger auf die VMT eines Objekttyps.

TypeOf(*Objekttyp***):Pointer;**

Der Parameter enthält entweder die Bezeichnung eines Objekttyps oder
eine Instanz eines Objekttyps.

TypeOf darf nur auf Objekttypen mit einer VMT angewendet werden. Bei allen anderen Datentypen wird ein Fehler geliefert.

Dynamische Instanzen freigeben   FAIL
PROZEDUR

Scheitert der Versuch des Konstruktors, selbst Speicherplatz
für dynamische Variablen anzulegen, kann innerhalb des Konstruktors
die Prozedur **FAIL** aufgerufen werden. Dies führt dazu, daß der
Konstruktor die dynamische Instanz, die beim Einsprung festgelegt
wurde, wieder freigibt und das Ergebnis **nil** erzeugt wird.

Fehlerbehandlung

■ Wird mit **NEW** versucht, Speicherplatz zu reservieren, wird der Laufzeitfehler 203 erzeugt, wenn nicht mehr genug Speicherplatz vorhanden ist.

■ Scheitert die Speicherplatzreservierung, übergeht der Konstruktor die Ausführung des Anweisungsteils und gibt einen nil-Zeiger zurück. Es wird also der in der **NEW**-Anweisung übergebene Zeiger auf **nil** gesetzt.

■ Scheitert der Aufruf des Konstruktors, sollte nach der Speicheranforderung mit **NEW** der Zeiger auf **nil** untersucht werden, um festzustellen, ob ein Fehler auftrat.

SELF

4.10

Sämtliche Variablen innerhalb eines Objekts werden automatisch mit den Methoden verbunden, ohne daß eine explizite **WITH**-Anweisung erforderlich wäre. Dies entspricht einem Aufruf

WITH *Objekt* **DO** *Methode*

Dies wird durch den Parameter **SELF** erreicht. **SELF** ist ein 32-Bit-Zeiger auf die Instanz des Objekts, welche die Methode aufruft.

SELF ist eine automatisch deklarierte Bezeichnung und muß vom Programmierer nicht angegeben werden. Sollten Probleme im Umgang mit den Daten eines Objekts auftreten, kann der Bezeichner **SELF** mit einem Punkt vor das Datenfeld, das zum Objekt der Methode gehört, gestellt werden.

4.10

Kapitel 5:

ANWEISUNGEN UND KONTROLLSTRUKTUREN

5

5.1 Einfache Anweisungen

Einfache Anweisungen bestehen aus:
- Zuweisungen
- Prozeduraufrufen
- Sprüngen

Sie enthalten keine weiteren Anweisungsebenen.

Zuweisung   :=

Zuweisungen ersetzen den momentanen Wert einer Variablen mit einem neuen Wert, der über einen Ausdruck angegeben wird.

Variable := *Ausdruck* ;

- *Variable:* Name der Variablen, der ein neuer Wert zugewiesen werden soll.
- *Ausdruck:* Gibt den Wert an, der der Variablen zugewiesen wird.

Der Ausdruck enthält Operanden und Operatoren (siehe 4.7). Falls er Funktionsnamen enthält, wird die entsprechende Funktion dadurch aktiviert (aufgerufen) und liefert den entsprechenden Wert zurück.

Anmerkungen

- Der Ausdruck muß zum Typ der Variablen zuweisungskompatibel sein.
- Bei der Zuweisung von Integer-Variablen zueinander wird die Zuweisung fehlerfrei ausgeführt, solange die zulässigen Zahlenbereiche eingehalten werden. Werden sie über- oder unterschritten, so wird die Zuweisung fehlerhaft ausgeführt, ein Laufzeitfehler aber nicht gemeldet.

```
Var i : Integer; w : Longint;
W:=50000; i:=w; Writeln (i);      liefert -15536
```

- Innerhalb von Funktionen kann links in der Zuweisung auch der Funktionsname der aktuellen Funktion stehen. Damit wird der Funktion ein Ergebniswert zugewiesen (siehe 4.8).

Funktion := *Ausdruck* ;

Prozeduraufrufe   Prozedurname

Eine Prozedur wird durch Angabe ihres Namens und einer aktuellen Parameterliste aufgerufen.

Name (*AktParliste*);

Details siehe 4.8.

5.1

Sprunganweisung GOTO

Führt einen Sprung zum angegebenen Label aus. Das Programm wird
an der Stelle weiter ausgeführt, die unmittelbar dem Label folgt.

GOTO *Label* **;**

Anmerkungen

▨ Das Label muß im selben Block stehen wie die **GOTO**-Anweisung
selbst.

▨ Sprünge sollten möglichst vermieden werden, da sie das Programm
unübersichtlich und die Programmausführung fehlerträchtig machen.

▨ **Achtung:** Der Compiler erkennt nicht, wenn ein Sprung auf eine
tiefere Ebene ausgeführt wird.

Break-Anweisung BREAK

Bewirkt, daß der von einer For-, While- oder Repeat-Anweisung
eingeschlossene Block sofort verlassen wird. Break entspricht einer
GOTO-Anweisung mit einem Label, das der Schleife unmittelbar folgt.

    if S=" then BREAK

Continue-Anweisung CONTINUE

Bewirkt, daß innerhalb einer For-, While- oder Repeat-Anweisung der
nächste Wiederholungsschritt ausgeführt wird.

    Continue;

Assemblerblock ASM..END

Werden Assembleranweisungen innerhalb eines Programmteils
verwendet, müssen diese als Block definiert werden.

    ASM
      Assembleranweisung1 **;**
      Assembleranweisung2 **;**

      ...
    END;

▨ Ein Assembler-Block kann an jeder beliebigen Stelle im Programm
stehen.

▨ Assembler-Prozeduren, die mit der **ASSEMBLER**-Direktive deklariert werden, haben nur einen Assembler-Block.

5.1

5.2 Verbundanweisungen

Alle darin enthaltenen Anweisungen werden in der Reihenfolge ausgeführt, in der sie erscheinen.

Verbundanweisung   *BEGIN..END*

Alle Anweisungen in einer Verbundanweisung werden als ein einzelner Block behandelt. Damit können sie an Stellen verwendet werden, an denen die Pascal-Syntax nur eine einzelne Anweisung zuläßt.

> **BEGIN**
> *Anweisung1* ;
> *Anweisung2* ;
>
> ...
> **END;**

5.2

■ **BEGIN**: Beginn der Verbundanweisung.
■ *Anweisung..:* Einfache Anweisung; eine Verbundanweisung besteht aus vielen einfachen Anweisungen.
■ **;**: Die einzelnen Komponenten werden mit Semikolons voneinander getrennt.
■ **END;**: Ende der Verbundanweisung.

Verweise

ASSEMBLER-Direktive **4.8**, Der integrierte Assembler **10.7**.

5.3 Bedingte Anweisungen

Mit bedingten Anweisungen können eine oder keine von mehreren
Möglichkeiten zur Ausführung ausgewählt werden. Die Auswahl ist
abhängig von Bedingungen.

Bedingte Anweisung   IF

Abhängig von einer Bedingung wird die eine oder die andere oder keine
Anweisung ausgeführt.

Form (1)

IF
  Ausdruck
  THEN
    Anweisung_True

Form (2)

IF
  Ausdruck
  THEN
    Anweisung_True
  ELSE
    Anweisung_False

5.3

▨ *Ausdruck:* Bedingung – bestimmt die weitere Ausführung. Das
Ergebnis muß den Standardtyp *Boolean* haben (siehe 4.4).

▨ *Anweisung_True:* Anweisung, die ausgeführt wird, wenn das Ergebnis von *Ausdruck = True* ist.

▨ *Anweisung_False:* (Optional) Anweisung, die ausgeführt wird, wenn
das Ergebnis von *Ausdruck = False* ist.

Anmerkungen

▨ Falls kein **ELSE**-Zweig vorhanden und *Ausdruck = False* ist, wird
nichts von der **IF**-Anweisung ausgeführt.

▨ Nach der Ausführung eines (oder keines) Zweiges geht die
Programmausführung hinter der **IF**-Anweisung weiter.

▨ Falls mehrere **IF..THEN..ELSE** verschachtelt sind, ist nicht eindeutig, auf welches **IF** sich das letzte **ELSE** bezieht. Hier ist festgelegt, daß
sich **ELSE** auf das letzte **IF** bezieht, zu dem noch kein **ELSE**-Zweig
angegeben wurde.

Beispiel

```
PROGRAM Zahlenpruefen;
VAR Zahl : Integer;
BEGIN
    Write('Geben Sie bitte eine Zahl ein ');
    Readln(Zahl);
    IF Zahl < 10 THEN
        Writeln('Zahl kleiner als 10')
    ELSE
        Writeln('Zahl größer oder gleich 10');
END.
```

Fallabfragen   CASE

Abhängig von einer Bedingung wird eine Anweisung aus einer Liste von Anweisungen ausgeführt.

CASE *Sel_Ausdruck* **of**

Konstante1	: *Anweisung1*
Konst2, Konst3,..	: *Anweisung2*
Konst4..Konst5	: *Anweisung3*

[ELSE

Anweisung_Nicht]

END;

■ *Sel_Ausdruck:* Selector-Ausdruck, der bestimmt, welcher der folgenden Zweige ausgeführt wird. Es muß sich um einen ordinalen Wert im Bereich von -32768...65535 handeln.

■ *Konstante1:* **CASE**-Konstante, die bestimmt, ob dieser Zweig ausgeführt wird. Er wird ausgeführt, falls der Wert von *Konstante1* gleich dem *Sel_Ausdruck* ist.

■ *Anweisung1, 2..:* Anweisung wird ausgeführt, falls der Wert der Konstante(n) für diesen Zweig gleich dem von *Sel_Ausdruck* ist. Jede Anweisung kann eine einfache oder eine Verbundanweisung sein (BEGIN ... END).

■ *Konst2, Konst3:* Mehrere **CASE**-Konstanten können für einen Zweig stehen.

■ *Konst4..Konst5:* **CASE**-Bereich für einen Zweig.

■ *Anweisung_Nicht:* Diese Anweisung wird ausgeführt, falls der Wert von *Sel_Ausdruck* mit keiner **CASE**-Konstanten und keinem **CASE**-Bereich zusammenfällt. **ELSE** gilt hier als Blockbeginn, deshalb ist hier eine beliebige Anzahl von Anweisungen möglich.

5.3

Anmerkungen

▪ Aufgrund der Typenvorgabe für *Sel_Ausdruck* sind die Typen *LongInt* und *String* nicht erlaubt.

▪ Falls kein **ELSE**-Zweig vorhanden ist, geht die Programmausführung bei der nächsten Anweisung nach dem **CASE**-Block weiter.

Beispiel

```
PROGRAM Wochentage;

VAR Tag : Integer;

BEGIN
    Write('Nummer des Tages ');
    Readln(Tag);
    CASE Tag OF
        1 : Writeln('Sonntag');
        2 : Writeln('Montag');
        3 : ...
        ...
    ELSE
        Writeln('Falsche Nummer')
    END {von CASE}
END.
```

5.3

5.4 Schleifen

Schleifen oder Wiederholungsanweisungen bestimmen, daß
Programmteile wiederholt ausgeführt werden. Es können folgende
Konstruktionen verwendet werden:

■ Wiederholungen, **bis** eine bestimmte Bedingung erfüllt ist, werden
mit **REPEAT** ausgeführt.

■ Wiederholungen, **solange** eine bestimmte Bedingung erfüllt ist,
werden mit **WHILE** ausgeführt.

■ Eine **bestimmte Anzahl** von Wiederholungen wird mit **FOR** ausgeführt.

Wiederhole, bis..   *REPEAT*

Der eingeschlossene Block wird so lange ausgeführt, bis der
Bedingungsausdruck den Wert *True* annimmt.

5.4

```
REPEAT
    Anweisung ;
    Anweisung ;
    ..
UNTIL Ausdruck ;
```

■ *Anweisung:* Diese Anweisungen werden nacheinander so lange
ausgeführt, bis der Wert von *Ausdruck = True* wird.

■ *Ausdruck:* Ausdruck vom Typ *Boolean*, der bestimmt, wie lange
Anweisung ausgeführt wird. Falls er schon am Anfang den Wert *True*
hat, werden die Anweisungen einmal ausgeführt, da Ausdruck erst nach
Erreichen von **UNTIL** geprüft wird.

Beispiel

```
PROGRAM Test;
USES CRT;
BEGIN
    WriteLn('Bitte eine Taste drücken...');
    REPEAT
    UNTIL KeyPressed;              {wartet auf einen Tastendruck}
    WriteLn('Das Programm geht weiter');
END.
```

Wiederhole, so lange..   *WHILE*

Der eingeschlossene Block wird ausgeführt, solange der
Bedingungsausdruck den Wert *True* hat.

```
WHILE Ausdruck DO
    Anweisung
```

▧ *Ausdruck:* Ausdruck vom Typ *Boolean*, der bestimmt, wie lange *Anweisung* ausgeführt wird.

▧ *Anweisung:* Diese einfache oder Verbundanweisung wird solange ausgeführt, wie der Wert von *Ausdruck = True* ist. Falls er schon am Anfang den Wert *False* hat, wird die Anweisung überhaupt nicht ausgeführt.

Beispiel

```
PROGRAM Quersumme;
VAR n, Summe : Integer;
BEGIN
    Write('Zahl eingeben: ');
    ReadLn(n);
    Summe := 0;
    WHILE n > 0 DO BEGIN
        Summe := Summe + n MOD 10;
        n := n DIV 10
    END;
    WriteLn('Quersumme: ',Summe:4);
END.
```

Wiederhole eine Anzahl mal   *FOR..TO*   **5.4**

Der eingeschlossene Block wird wiederholt ausgeführt, wobei einer Varia-blen fortlaufende Werte zugewiesen werden.

FOR *Laufvariable* := *Startwert* **TO** *Endwert* **DO**
     Anweisung

FOR *Laufvariable* := *Startwert* **DOWNTO** *Endwert* **DO**
     Anweisung

▧ *Laufvariable:* Diese Variable wird nach jeder Ausführung von *Anweisung* um eins erhöht (**TO**) bzw. um eins erniedrigt (**DOWNTO**). Die Variable muß einen ordinalen Typ haben.

▧ *Startwert:* Erster Wert für *Laufvariable*. Damit beginnt die Schleifenausführung.

▧ *Endwert:* Letzter Wert für *Laufvariable*. Die Schleife wird so lange ausgeführt, bis dieser Wert erreicht ist.

▧ *Anweisung:* Einfache oder Verbundanweisung, die bei jedem Schleifendurchgang ausgeführt wird.

Anmerkungen

▧ In der **FOR**-Schleife ist eine Zuweisung auf die Laufvariable nicht erlaubt.

▧ Der Wert der Laufvariablen hat nach Ende der Schleife normalerweise den Endwert. Laut Sprachdefinition ist der Wert allerdings undefiniert, so daß er in Programmen nicht verwendet werden sollte.

■ Falls die Endebedingung (*Startwert* > *Endwert* bei **TO** bzw. *Startwert* < *Endwert* bei **DOWNTO**) bereits am Anfang erreicht ist, wird die Schleife überhaupt nicht ausgeführt.

Beispiel: Einfache Schleife

```
PROGRAM Quadratzahlen;
VAR Zahl: Integer;
BEGIN
     FOR Zahl := 1 TO 10 DO
               WriteLn(Zahl:2,' ',Zahl*Zahl:4);
END.
```

Beispiel: Verschachtelte Schleife

```
PROGRAM Zahlentabelle;
VAR Zahl1, Zahl2: Integer;
BEGIN
     FOR Zahl1 := 0 TO 9 DO
     BEGIN
         FOR Zahl2 := 1 TO 10 DO
             Write(' ',Zahl1*10+Zahl2:4);
         Writeln
     END;
END.
```

5.4

Auf Record-Felder zugreifen   WITH

Diese Anweisung verkürzt den Zugriff auf die Felder eines Records (siehe 4.4), da nach Angabe eines oder mehrerer Records nur die Feldnamen angegeben werden müssen – nicht die gesamten Feldnamen mit Recordbezeichner.

> **WITH** *RecordVar* [, *RecordVar* , ..] **DO**
> *Anweisung*

■ *RecordVar:* Eine oder mehrere Record-Variablen-Namen, auf die in *Anweisung* Bezug genommen werden soll.

■ *Anweisung:* Einfache oder Verbundanweisung, in der auf die Record-Variablen zugegriffen werden soll.

Anmerkungen

■ Innerhalb des **WITH**-Blocks wird jeder Variablen-Bezug daraufhin geprüft, ob er als Feld eines Records behandelt werden kann. Falls dies so ist, wird bei dieser Variablenangabe immer auf das Record-Feld zugegriffen. Dies gilt auch, wenn eine andere Variable mit diesem Namen existiert.

■ Die Anweisung wurde erweitert, so daß auf die Methodenbezeichner von Objekttypen zugegriffen werden kann (siehe 4.10).

Kapitel 6:

STANDARDPROZEDUREN UND -FUNKTIONEN

6

6.1 Transfer-Funktionen

Zahl in Zeichen   Chr
Funktion

Liefert ein Zeichen, dessen ASCII-Code angegeben wird.

   Chr(x : Byte) : Char;

▫ *x:* ASCII-Code des gewünschten Zeichens.

Anmerkung

▫ Für die Ermittlung des Zeichens wird die erweiterte ASCII-Codetabelle verwendet oder (ab DOS 3.3) die eingestellte Codepage.

Beispiel
```
Writeln(Chr(65));        {A}
```

Ordinalzahl eines Wertes   Ord
Funktion

Liefert die Ordinalzahl eines Mengenelements.

   Ord(x) : LongInt;

▫ *x:* Ausdruck ordinalen Typs. Ergebnis ist die Ordinalzahl von *x*.

Anmerkungen

▫ Der erste Wert hat die Ordinalzahl 0.

▫ *x* kann ein Skalartyp (außer Real) und ein Aufzählungstyp sein.

Runden   Round
Funktion

Rundet das Argument auf einen ganzzahligen Wert.

   Round(x : Real) : LongInt;

▫ *x:* Real-Ausdruck, der auf den nächstliegenden ganzzahligen Wert gerundet wird. Danach wird das Ergebnis in einen LongInt konvertiert.

Anmerkung

▫ Falls *x* exakt zwischen zwei ganzzahligen Werten liegt, wird zum größeren Absolutwert gerundet.

Beispiele
```
Round(15.5)  {ergibt 16}
Round(-15.5) {ergibt -16}
```

6.1

Fehler

Laufzeitfehler:
Falls der Wert von *x* außerhalb des zulässigen Rechenbereichs für
LongInt liegt.

Nachkomma abschneiden   Trunc
Funktion

Ermittelt den ganzzahligen Wert durch Abschneiden der
Nachkommastellen.

Trunc(*x* : Real) : LongInt;

- *x:* Real-Ausdruck, dessen ganzzahliger Wert ermittelt werden soll.

Fehler

Laufzeitfehler:
Falls der Wert von *x* außerhalb des zulässigen Rechenbereichs für
LongInt liegt.

6.1

6.2 Arithmetische Funktionen

Absolutwert
Abs
Funktion

Ermittelt Absolutwert eines Arguments.

Abs(x);

▨ x: Integer- oder Real-Typ.

Anmerkung

▨ Das Ergebnis hat denselben Typ wie das Argument.
Beispiele
```
ABS(-37465.48)    ergibt 37465.48
ABS(+37465.48)    ergibt 37465.48
```

Arcustangens
ArcTan
Funktion

Ermittelt Arcustangens eines Arguments.

ArcTan(x : Real) : Real;

▨ x: Real-Ausdruck.

Anmerkung

▨ Die zugrundeliegende Einheit ist *Rad*.

Cosinus
Cos
Funktion

Ermittelt Cosinus eines Arguments.

Cos(x : Real) : Real;

▨ x: Real-Ausdruck, der als Winkel in der Einheit *Rad* (0 bis 2 Pi = 0 bis 360 Grad) interpretiert wird.

Exponentialwert
Exp
Funktion

Liefert Exponentialwert des Arguments.

Exp(x : Real) : Real;

▨ x: Real-Ausdruck.

6.2

Anmerkung

▦ Ergebnis ist die Berechnung e^x, dabei ist *e* die Basis des natürlichen Logarithmus (2.718281...).

Nachkommastellen   Frac
Funktion

Liefert den »nicht ganzzahligen« Teil des Arguments, d.h. die Nachkommastellen.

Frac(*x* : Real) : Real;

▦ *x:* Real-Ausdruck.

Anmerkung

▦ Das Ergebnis könnte auch über folgende Berechnung ermittelt werden: x – Int(x)

Beispiel
```
WriteLn(Frac(+37465.48):8:2);          {ergibt 0.48}
```

Ganzzahliger Wert   Int
Funktion

Liefert den ganzzahligen Teil des Arguments.

Int(*x* : Real) : Real;

▦ *x:* Real-Ausdruck.

Beispiel
```
WriteLn(Int(+37465.48):8:2);           {ergibt 37465.00}
```

6.2

Natürlicher Logarithmus   Ln
Funktion

Liefert den natürlichen Logarithmus des Arguments.

Ln(*x* : Real) : Real;

▦ *x:* Real-Ausdruck.

Anmerkung

▦ Der natürliche Logarithmus ist der Wert, mit dem *e* potenziert werden muß, um *x* zu erhalten.
$$e^{Ln(x)} = x$$

Fehler

Laufzeitfehler:
Argument <= 0 (mathematisch nicht definiert).

Wert von Pi   Pi
Funktion

Liefert Wert der Konstanten Pi.

Pi : Real;

Anmerkungen

▦ Ergebnis mit mathematischem Coprozessor bzw. Emulator: 3.141592653589793240.

▦ Ergebnis ohne mathematischen Coprozessor: 3.14159265360 Ab der zehnten Dezimalstelle wird aufgerundet.

Sinus   Sin
Funktion

Ermittelt Sinus des Arguments.

Sin(x : Real) : Real;

▦ x: Real-Ausdruck, der als Winkel in der Einheit *Rad* (0 bis 2 Pi = 0 bis 360 Grad) interpretiert wird.

Quadratwert   Sqr
Funktion

6.2

Liefert das Quadrat des Arguments.

Sqr(x : Real) : Real;
oder
Sqr(x : Integer) : Integer;

▦ x: Integer- oder Real-Ausdruck.

Anmerkung

▦ Das Ergebnis hat denselben Typ wie das Argument und wird berechnet wie: $x * x$

Quadratwurzel   Sqrt
Funktion

Liefert die Quadratwurzel des Arguments.

Sqrt(x : Real) : Real;

▦ x: Real-Ausdruck.

Fehler

Laufzeitfehler:
Argument < 0 (im zulässigen Wertebereich von Turbo Pascal mathematisch nicht definiert).

6.3 Ordinale Prozeduren und Funktionen

Erniedrigen   Dec
Prozedur

Erniedrigt den Inhalt einer Variablen um 1 oder einen anderen
ganzzahligen Ausdruck.

Dec(x [, n : LongInt]);

▨ x: Variable ordinalen Typs, die verkleinert werden soll.
▨ n: Verkleinerungsdifferenz. Falls nicht angegeben, wird x um 1
erniedrigt.

Anmerkung

▨ Dec erzeugt optimierten Code und ist damit schneller als die
Berechnungen $x := x - n$ bzw. $x := x - 1$.

Beispiele
```
Zahl := 8;
Dec(Zahl,2);
Writeln(Zahl);              {ergibt 6}
```

Erhöhen   Inc
Prozedur

Erhöht den Inhalt einer Variablen um 1 oder einen anderen ganzzahligen Ausdruck.

Inc(x [, n : LongInt]);

▨ x: Variable ordinalen Typs, die erhöht werden soll.
▨ n: Erhöhungsdifferenz. Falls nicht angegeben, wird x um 1 erhöht.

Anmerkung

▨ Inc erzeugt optimierten Code und ist damit schneller als die
Berechnungen $x := x + n$ bzw. $x := x + 1$.

Beispiele
```
Zahl := 8;
Inc(Zahl,3);
Writeln(Zahl);              {ergibt 11}
```

6.3

Höchsten Indexwert ermitteln   HIGH
Funktion

Ermittelt den höchsten Indexwert des Arguments.

HIGH(x);

▨ x: Typbezeichner oder ein Variablenbezug.

Anmerkung

Die folgende Tabelle zeigt die Ergebniswerte von HIGH.

TYP	Ergebniswert von HIGH
Aufzählungstyp	der höchste Indexwert.
Array-Typ	obere Indexgrenze des Arrays.
String-Typ	die deklarierte Länge des Strings.
Offenes Array oder	ein Word-Wert, der die tatsächliche Anzahl
String-Parameter	minus 1 an Elementen angibt.

Beispiele
```
a: array[10..15] of Byte;
x: = High (a)                    { x = 15 }
```

Prüfen auf ungerade   Odd
Funktion

Prüft, ob das Argument eine ungerade Zahl ist.

Odd(x : LongInt) : Boolean;

■ x: LongInt-Ausdruck

Anmerkung

Funktionsergebnis:

True	falls x ungerade Zahl
False	falls x gerade Zahl

Beispiele
```
Writeln(Odd(333));          {TRUE}
Writeln(Odd(124));          {FALSE}
```

Niedrigsten Indexwert ermitteln   LOW
Funktion

Ermittelt den niedrigsten Indexwert des Arguments.

LOW(x);

■ x: Typbezeichner oder ein Variablenbezug.

Anmerkung

Die folgende Tabelle zeigt die Ergebniswerte von LOW.

TYP	Ergebniswert von LOW
Aufzählungstyp	der niedrigste Indexwert.
Array-Typ	unter Indexgrenze des Arrays.
String-Typ	0
Offenes Array ohne Indexgrenzen	0
String-Parameter ohne Indexgrenzen	0

6.3

Beispiele
```
a: array[10..15] of Byte;
x: = LOW (a)                        { x = 10 }
```

Vorgängerwert   Pred
Funktion

Liefert den Vorgänger des Arguments.

   Pred(*x*);

▨   *x:* Ausdruck ordinalen Typs.

Anmerkungen

▨   Das Ergebnis ist der Vorgänger von *x.*
▨   Das Ergebnis hat denselben Typ wie das Argument.

Beispiele
```
Writeln(Pred('C'));            {B}
Writeln(Pred(6791));           {6790}
```

Fehler

Laufzeitfehler:
Falls *x* das Element mit dem kleinsten ordinalen Wert innerhalb des
Typs darstellt, ist der Vorgänger nicht definiert.

Nachfolgewert   Succ
Funktion

6.3

Liefert den Nachfolger des Arguments.

   Succ(*x*);

▨   *x:* Ausdruck ordinalen Typs.

Anmerkungen

▨   Das Ergebnis ist der Nachfolger von *x.*
▨   Das Ergebnis hat denselben Typ wie das Argument.

Beispiele
```
Writeln(Succ('A'));            {B}
Writeln(Succ(6791));           {6792}
```

Fehler

Laufzeitfehler:
Falls *x* das Element mit dem höchsten ordinalen Wert innerhalb des
Typs darstellt, ist der Nachfolger nicht definiert.

6.4 String-Prozeduren und -Funktionen

Strings verbinden   Concat
Funktion

Verkettet zwei oder mehrere Strings miteinander.

Concat(*s1* [, *s2* , ... , *sn*] **: string) : string;**

▤ *s1 .. sn*: Einzel-Strings, die verkettet werden sollen.

Anmerkungen

▥ Die einzelnen Strings werden in der Reihenfolge ihres Auftretens in der Argumentliste zusammengehängt.

▥ Der Ergebnis-String wird automatisch nach dem 255. Zeichen abgeschnitten.

▥ In Turbo Pascal kann der Operator **+** anstelle **Concat** angewandt werden (siehe 4.7).

Teil-String   Copy
Funktion

6.4

Liefert einen Teil eines Strings als Ergebnis.

Copy(*s* **: string;** *Index* , *Anzahl* **: integer) : string;**

▤ *s:* Quell-String, aus dem ein Teil ermittelt werden soll.

▥ *Index:* Position des ersten Zeichens des Teil-Strings innerhalb des Quell-Strings.

▥ *Anzahl:* Anzahl Zeichen (Länge des Teil-Strings), die in den Ergebnis-String übergeben werden.

Anmerkungen

▥ Falls *Index* größer als die momentane Länge von *s* ist, liefert **Copy** einen leeren String.

▥ Falls der String *s* kürzer als *Index+Anzahl* ist, liefert **Copy** nur den verbleibenden Rest.

Beispiele

```
CONST
     Text = 'Markt&Technik';

     Writeln(Copy(Text,7,7));           {Technik}
     Writeln(Copy('Markt&Technik',7,7)); {Technik}
```

Teil-String löschen   *Delete*
Prozedur

Löscht einen Teil eines Strings.

Delete(var *s* **: string;** *Index* **,** *Anzahl* **: integer);**

- *s:* Quell-String, aus dem ein Teil gelöscht werden soll.
- *Index:* Position, ab der gelöscht werden soll.
- *Anzahl:* Anzahl Zeichen, die gelöscht werden sollen.

Anmerkungen

- Falls *Index* größer als die momentane Länge von *s* ist, wird nichts ausgeführt.
- Falls der String *s* kürzer als *Index+Anzahl* ist, bleiben nur die vor der Position *Index* stehenden Zeichen übrig.

Beispiele
```
VAR
    Text : String[20];

    Text:='Markt&Technik';
    Delete(Text,1,6);
    Writeln(Text);              {Technik}
```

String einfügen   *Insert*
Prozedur

Fügt einen String in einen anderen String ein.

6.4

Insert(*Quelle* **: string; var** *s* **: string;** *Index* **: integer);**

- *Quelle:* String, der eingefügt werden soll.
- *s:* String, in den *Quelle* eingefügt wird.
- *Index:* Position in *s*, ab der *Quelle* eingefügt wird.

Anmerkungen

- Falls *Index* größer als die Länge von *s* ist, hat **Insert** denselben Effekt wie **Concat**.
- **Insert** nimmt nur 255 Zeichen von *s*, dahinterstehende Zeichen werden abgeschnitten (ohne Fehlermeldung).

Beispiele
```
CONST
    Text1 = 'Technik';
VAR
    Text : String[20];

    Text:='Markt&';
    Insert(Text1,Text,7);
    Writeln(Text);              {Markt&Technik}
```

String-Länge
Funktion
Length

Liefert die Länge (Anzahl Zeichen) eines Strings.

Length(*s* : **string**) : **Integer**;

■ *s:*: String-Ausdruck, dessen Länge ermittelt wird.

Beispiel
```
VAR   Text: String;

      Text := 'Markt&Technik';
      Writeln(Length(Text));                {13}
```

Zeichenfolge suchen
Funktion
Pos

Sucht einen Teil-String (Zeichenfolge) in einem String.

Pos(*Teilstring* : **string**; *s* : **string**) : **Byte**;

■ *Teilstring:* Gesuchter Teil-String.
■ *s:* Durchsuchter String.

Anmerkungen

■ Falls *Teilstring* vollständig enthalten ist, liefert **Pos** die Position des ersten Zeichens in *s*.
■ Falls *Teilstring* nicht ganz enthalten ist, liefert **Pos** den Wert 0.

6.4

Beispiel
```
VAR   Text: String;

      Text := 'Markt&Technik';
      Writeln(Pos('Technik',Text));        {7}
```

Numerisch in String
Prozedur
Str

Konvertiert einen numerischen Wert in einen String.

Str(*x* [: *Breite* [: *Dezimalst*]], **var** *s* : **string**);

■ *x:* Integer- oder Real-Ausdruck. Wert, der in einen String konvertiert werden soll.
■ *Breite:* Anzahl Zeichen des erzeugten Strings.
■ *Dezimalst:* Anzahl Dezimalstellen im erzeugten String.
■ *s:* Ziel-String, in dem die konvertierte Zahl erzeugt wird.

Anmerkungen

■ Falls *Breite* und *Dezimalst* nicht angegeben werden, bildet **Str** einen String in derselben Form, wie ihn **Write** ausgeben würde (siehe 8.9).

■ Wird ein Coprozessor verwendet, erzeugt die Prozedur Strings mit 4 Stellen für den Exponenten.

Beispiel

```
VAR  Text : String[10];

     Str(3.859:6:2,Text);
     Writeln(Text);                    {3.86}
```

Strings verbinden	**StrCat**
Funktion	**Unit Strings**

Hängt eine Kopie eines Strings an das Ende eines anderen Strings und liefert einen Zeiger auf den resultierenden String.

StrCat(*Ziel, Quelle:* **PChar);**

■ *Ziel:* Nullterminierter String, an den die *Quelle* angehängt wird.
■ *Quelle:* Nullterminierter String, der kopiert wird.

Anmerkung

■ Die Länge des verketteten Strings wird nicht überprüft. Soll die Länge geprüft werden, so muß man die Funktion **StrLCat** verwenden.

6.4

Strings vergleichen	**StrComp**
Funktion	**Unit Strings**

Vergleicht zwei Strings.

StrComp(*String1, String2:* **PChar);**

■ *String1:* Nullterminierter String, Bezugs-String.
■ *String2:* Nullterminierter String, der mit *String1* verglichen wird.

Anmerkungen

■ Rückgabe:
  ▷ Ein negativer Wert, wenn String1 < String2.
  ▷ Der Wert 0, wenn String1 = String2.
  ▷ Ein positiver Wert, wenn String1 > String2.

■ **StrComp** vergleicht *String1:* zeichenweise mit *String2*. Sobald ein Zeichen nicht übereinstimmt, wird die Differenz der ASCII-Werte der beiden nicht übereinstimmenden Zeichen zurückgegeben.

Beispiel
```
uses Strings, WinCrt;
begin
  writeln(StrComp('abc','aba')); {-2}
  writeln(StrComp('abc','abc')); {0}
  writeln(StrComp('abc','abf')); {3}
end.
```

String kopieren	*StrCopy*
Funktion	*Unit Strings*

Kopiert einen String in einen anderen.

StrCopy(*Ziel, Quelle:* **PChar);**

- *Ziel:* Nullterminierter String, in den *Quelle* kopiert wird.
- *Quelle:* Nullterminierter String, welcher kopiert wird.

Anmerkung

Die Länge des kopierten Strings *Ziel* wird nicht überprüft. Soll die Länge geprüft werden, so muß man die Funktion **StrLCopy** verwenden.

String kopieren	*StrECopy*
Funktion	*Unit Strings*

Kopiert einen String ohne Längenüberprüfung in einen anderen und liefert einen Zeiger auf das Ende des sich ergebenden Strings.

6.4

StrECopy(*Ziel, Quelle:* **PChar);**

- *Ziel:* Nullterminierter String, in den *Quelle* kopiert wird.
- *Quelle:* Nullterminierter String, welcher kopiert wird.

Beispiel
Durch verschachtelte Aufrufe von **StrECopy** können mehrere nullterminierte Strings verkettet werden.
```
uses Strings, WinCrt;
const
  Str1 : PChar = 'Markt';
  Str2 : PChar = '&';
  Str3 : PChar = 'Technik';
var
  St : array[0..14] of Char;
begin
  StrECopy(StrECopy(StrECopy(St,Str1),Str2),Str3);
  Writeln(Str); {Markt&Technik}
end.
```

Zeiger auf String-Ende	*StrEnd*
Funktion	*Unit Strings*

Liefert einen Zeiger auf das NUL-Zeichen am Ende des nullterminierten Strings.

StrEnd(*String:* **PChar);**

- *String:* Nullterminierter String, auf dessen Ende wird Zeiger geliefert.

Strings vergleichen
Funktion

StrIComp
Unit Strings

Vergleicht zwei Strings, ohne die Groß- und Kleinschreibung zu beachten.

StrIComp(*String1, String2*: PChar);

- *String1:* Nullterminierter String, Bezugs-String.
- *String2:* Nullterminierter String, der mit *String1* verglichen wird.

Anmerkungen

- Rückgabe:
  - ein negativer Wert, wenn String1 < String2.
  - der Wert 0, wenn String1 = String2.
  - ein positiver Wert, wenn String1 > String2.
- **StrIComp** vergleicht *String1* zeichenweise mit *String2*. Sobald ein Zeichen nicht übereinstimmt, wird die Differenz der ASCII-Werte der beiden nicht übereinstimmenden Zeichen zurückgegeben.
- Zwischen Groß- und Kleinschreibung wird nicht unterschieden.

Beispiel
```
uses Strings, WinCrt;
begin
  writeln(StrIComp('abc','abA')); {-34}
  writeln(StrIComp('ABc','abC')); {0}
  writeln(StrIComp('abc','ABf')); {3}
end.
```

6.4

Strings verbinden und Länge prüfen
Funktion

StrLCat
Unit Strings

Hängt Zeichen eines Strings an das Ende eines anderen Strings und liefert einen Zeiger auf den resultierenden String.

StrLCat(*Ziel, Quelle*: PChar; *MaxLen*: Word);

- *Ziel:* Nullterminierter String, an den die Zeichen von *Quelle* angehängt werden.
- *Quelle:* Nullterminierter String, aus dem die Zeichen kopiert werden.
- *MaxLen:* Maximale Anzahl der zu kopierenden Zeichen.

Anmerkung

- StrLCat hängt maximal *MaxLen* – **StrLen(*Ziel*)** Zeichen aus *Quelle* an *Ziel*.

Zeichen von Strings vergleichen
Funktion

StrLComp
Unit Strings

Vergleicht zwei Strings.

StrLComp(*String1, String2*: PChar; *MaxLen*: Word);

- *String1:* Nullterminierter String, Bezugs-String.
- *String2:* Nullterminierter String, der mit *String1* verglichen wird.
- *MaxLen:* Anzahl der Zeichen, welche verglichen werden.

Anmerkungen

- Rückgabe:
  - ein negativer Wert, wenn String1 < String2.
  - der Wert 0, wenn String1 = String2.
  - ein positiver Wert, wenn String1 > String2.

StrLComp vergleicht *MaxLen* Zeichen von *String1* zeichenweise mit *String2*. Sobald ein Zeichen nicht übereinstimmt, wird die Differenz der ASCII-Werte der beiden nicht übereinstimmenden Zeichen zurückgegeben.

Beispiel
```
uses Strings, WinCrt;
begin
  writeln(StrComp('abc','aba',3));      {-2}
  writeln(StrComp('abc','abX',2));      {0}
  writeln(StrComp('abc','afc',2));      {4}
end.
```

6.4

Zeichen kopieren   StrLCopy
Funktion   Unit Strings

Kopiert Zeichen von einem String in den anderen.

StrLCopy(*Ziel, Quelle:* PChar; *MaxLen:* Word);

- *Ziel:* Nullterminierter String, in welchen die Zeichen kopiert werden.
- *Quelle:* Nullterminierter String mit den Zeichen, die kopiert werden.
- *MaxLen:* Maximale Anzahl der zu kopierenden Zeichen.

Anmerkung

StrLCopy kopiert maximal die mit *MaxLen* festgelegte Anzahl von Zeichen aus *Quelle* nach *Ziel*.

Speicherplatz freigeben   StrDispose
Funktion   Unit Strings

Entfernt einen String vom Heap und gibt den belegten Speicherplatz frei.

StrDispose(*Str:* PChar);

- *Str:* Nullterminierter String, der entfernt werden soll. Mit nil als Argument hat die Funktion keine Auswirkungen.

Länge eines Strings
Funktion

StrLen
Unit Strings

Ermittelt die Länge eines nullterminierten Strings ohne das abschließende NUL-Zeichen.

StrLen(_String:_ **PChar);**

▨ _String:_ Nullterminierter String, dessen Länge ermittelt wird.

Strings vergleichen
Funktion

StrLIComp
Unit Strings

Vergleicht zwei Strings, ohne die Groß- und Kleinschreibung zu beachten.

StrLIComp(_String1, String2:_ **PChar;** _MaxLen:_ **Word);**

▨ _String1:_ Nullterminierter String, Bezugs-String.
▨ _String2:_ Nullterminierter String, der mit _String1_ verglichen wird.
▨ _MaxLen:_ Anzahl der Zeichen, welche verglichen werden.

Anmerkungen

▨ Rückgabe:
 ▶ ein negativer Wert, wenn String1 < String2.
 ▶ der Wert 0, wenn String1 = String2.
 ▶ ein positiver Wert, wenn String1 > String2.

▨ **StrLIComp** vergleicht _MaxLen_ Zeichen von _String1_ zeichenweise mit _String2_. Sobald ein Zeichen nicht übereinstimmt, wird die Differenz der ASCII-Werte der beiden nicht übereinstimmenden Zeichen zurückgegeben.

▨ Zwischen Groß- und Kleinschreibung wird nicht unterschieden.

6.4

Beispiel
```
uses Strings, WinCrt;
begin
  writeln(StrLIComp('abc','abA',3));    {-34}
  writeln(StrLIComp('ABc','abX',2));    {0}
  writeln(StrLIComp('abc','Acc',3));    {1}
end.
```

Kleinbuchstaben
Funktion

StrLower
Unit Strings

Konvertiert die Zeichen eines Strings in Kleinbuchstaben.

StrLower(_St:_ **PChar): PChar;**

▨ _St:_ Nullterminierter String, dessen Zeichen konvertiert werden sollen.

Zeichen aus String kopieren
Funktion

StrMove
Unit Strings

Kopiert Zeichen aus einem String in einen anderen.

StrMove(*Ziel, Quelle:* **PChar;** *Anzahl:* **Word);**

▨ *Ziel:* Nullterminierter String, in welchen die Zeichen kopiert werden.
▨ *Quelle:* Nullterminierter String, von welchem die Zeichen geholt werden.
▨ *Anzahl:* Anzahl der Zeichen, welche kopiert werden sollen.

Anmerkung

▨ *Quelle* und *Ziel* dürfen sich überschneiden.

String reservieren
Funktion

StrNew
Unit Strings

Legt eine Kopie von St auf dem Heap an, indem StrLen(St) + 1 Byte reserviert werden.

StrNew(*St:* **PChar): PChar;**

▨ *St:* Nullterminierter String.

Anmerkung

6.4

▨ Wenn der angegebene nullterminierte String nil ist oder auf einen leeren String zeigt, wird nil zurückgegeben und kein Platz auf dem Heap reserviert.

In Pascal-String konvertieren
Funktion

StrPas
Unit Strings

Konvertiert den angegebenen nullterminierten String in einen String im Pascal-Format.

StrPas(*St:* **PChar): PChar;**

▨ *St:* Nullterminierter String, der konvertiert werden soll.

Zeichenfolge suchen
Funktion

StrPos
Unit Strings

Sucht das erste Vorkommen eines Strings in einem anderen String und gibt einen Zeiger darauf zurück.

StrPos(*Str1, Str2:* **PChar): PChar;**

▨ *Str1:* Nullterminierter String, der durchsucht wird.
▨ *Str2:* Nullterminierter String, der im ersten angegebenen String gesucht wird.

Anmerkung

■ Wenn der String nicht gefunden wird, ist der Rückgabewert gleich 0.

Pascal-String kopieren   StrPCopy
Funktion   **Unit Strings**

Kopiert einen String im Pascal-Format in einen nullterminierten String.

StrPCopy(_Ziel:_ **PChar;** _Quelle:_ **String);**

■ _Ziel:_ Puffer, der den kopierten nullterminierten String aufnehmen soll.

■ _Quelle:_ String im Pascal-Format, der kopiert werden soll.

Anmerkung

■ Es wird keine Längenprüfung durchgeführt, so daß der angegebene Puffer Length(Quelle)+1 Zeichen groß sein muß.

Zeichen suchen   StrRScan
Funktion   **Unit Strings**

Gibt einen Zeiger auf das letzte Vorkommen des angegebenen Zeichens im bezeichneten String zurück.

StrRScan(_St:_ **PChar;** _Ch:_ **Char): PChar;**

■ _St:_ Nullterminierter String, der durchsucht werden soll.
■ _Ch:_ Zeichen, dessen letztes Vorkommen gesucht wird.

6.4

Anmerkung

■ Wenn das Zeichen nicht gefunden wird, ist der Rückgabewert gleich 0.

Zeichen suchen   StrScan
Funktion   **Unit Strings**

Gibt einen Zeiger auf das erste Vorkommen des angegebenen Zeichens im bezeichneten String zurück.

StrScan(_St:_ **PChar;** _Ch:_ **Char): PChar;**

■ _St:_ Nullterminierter String, der durchsucht werden soll.
■ _Ch:_ Zeichen, dessen erstes Vorkommen gesucht wird.

Anmerkung

■ Wenn das Zeichen nicht gefunden wird, ist der Rückgabewert gleich 0.

Großbuchstaben — StrUpper
Funktion — *Unit Strings*

Konvertiert die Zeichen eines nullterminierten Strings in Großbuchstaben.

StrUpper(St: **PChar): PChar;**

▨ St: Nullterminierter String, dessen Zeichen konvertiert werden sollen.

String in Numerisch — Val
Prozedur

Wandelt einen String in einen numerischen Wert um.

Val(s : **string; var** v ; **var** Code : **Integer);**

▨ s: String-Ausdruck, der interpretiert werden soll.

▨ v: Ergebnis der Interpretation (Umwandlung von String in numerischen Wert). Integer- oder Real-Typ.

▨ Code: Gibt an, ob die Konvertierung erfolgreich war oder nicht:

▷ **Erfolgreich:** Code = 0.

▷ **Nicht erfolgreich:** Code enthält die Position des Zeichens in s, bei der die Konvertierung abgebrochen wurde.

Anmerkungen

6.4

▨ Führende Leerzeichen und Tabulatorzeichen werden automatisch übergangen und bewirken keinen Fehler.

▨ Zahlenüberlauf-Fehler sind abhängig von

▷ Compiler-Schalter {$V} (siehe 3.3)

▷ Typ des Parameters v

▷ {$V+}: Laufzeitfehler, wenn Ergebnis nicht im zulässigen Wertebereich von v liegt.

▷ {$V–}: Überläufe von *Real* und *LongInt* ergeben undefiniertes Ergebnis, Code wird ungleich 0.

▷ Bei anderen Variablen-Typen: v enthält Überlauf-Rest, Code wird 0 (**Vorsicht!**).

▨ Folgerung: Bei Konvertierung von Integer-Werten sollte *LongInt* verwendet werden und die Bereichsprüfung abgeschaltet sein.

Beispiel

Anwendung von **Val** auf verschiedene Real-Typen.

```
{$N+,E+}
VAR
    zahl1: real;
    zahl2: single;
    zahl3: double;
    zahl4: extended;
    code : integer;
```

```
BEGIN
    val('3.859',zahl1,code);
    writeln('Real.....:',zahl1);
    val('3.859',zahl2,code);
    writeln('Single...:',zahl2);
    val('3.859',zahl3,code);
    writeln('Double...:',zahl3);
    val('3.859',zahl4,code);
    writeln('Extended.:',zahl4);
END.
```

```
Real.....: 3.85900000000038E+0000
Single...: 3.85899996757507E+0000
Double...: 3.85900000000000E+0000
Extended.: 3.85900000000000E+0000
```

In Großbuchstaben umwandeln   *UpCase*
Funktion

Wandelt einen Klein- in einen Großbuchstaben um.

UpCase(*Zeichen* **: Char) : Char;**

▪ *Zeichen* : Umzuwandelndes Zeichen. Zeichen im Bereich a..z werden umgewandelt. Zeichen außerhalb des Bereichs werden nicht verändert. Deutsche Umlaute werden nicht umgewandelt.

6.4

6.5 Zeiger- und Adreßfunktionen

Adresse eines Objekts   Addr / @
Funktion

Liefert Adresse des Objekts.

Addr(x) **: Pointer;**
@x **: Pointer;**

▦ x: Beliebige Variable oder Bezeichner einer Prozedur oder Funktion, die nicht als **inline** vereinbart ist.

Anmerkungen

▦ Die Adresse kann auch mit dem Adreß-Operator @ festgestellt werden.
▦ Wird der Adreß-Operator auf einen Methodenbezeichner eines Objekts angewendet, erhält man einen Zeiger auf den Einsprungpunkt der Methode.
▦ Ist F eine prozedurale Variable, so liefert @F die Adresse der zugeordneten Routine und @@F die Adresse von F selber.

6.5

Zeigerwertermittlung   Assigned
Funktion

Prüft, ob ein Zeiger oder eine prozedurale Variable den Wert nil hat.

Assigned (var P): **Boolean;**

Anmerkungen

▦ P muß sich auf eine Variable des Typs Pointer oder auf eine prozedurale Variable beziehen.
▦ Bei Zeigern entspricht Assigned(P) der Abfrage **P<>nil**.
▦ Bei prozeduralen Variablen entspricht Assigned(P) **@P<>nil**.

CS-Register   CSeg
Funktion

Liefert Adresse des momentanen Code-Segments – dies ist der Inhalt des Prozessor-Registers CS.

CSeg : Word;

DS-Register
DSeg
Funktion

Liefert Segmentadresse des Daten-Segments – dies ist der Inhalt des Prozessor-Registers DS.

DSeg : Word;

Anmerkungen

■ Dies ergibt die Adresse, in der die globalen Variablen des Programms gespeichert sind.

■ Anwendung von **Seg** auf eine globale Variable ergibt dasselbe Ergebnis.

Adreß-Offset-Anteil eines Objekts
Ofs
Funktion

Liefert den Offset-Anteil einer Adresse für ein angegebenes Objekt. Parameter siehe **Seg**.

Ofs(x) : Word;

Segment-Adresse eines Objekts
Seg
Funktion

Liefert die Segmentadresse des angegebenen Objekts.

6.5

Seg(x) : Word;

■ *x:* Beliebige Variable oder Bezeichner einer Prozedur oder Funktion.

Segment/Offset in Zeigerwert
Ptr
Funktion

Weist einem Zeiger eine Adresse zu, die aus Segment und Offset besteht.

Ptr(*Seg* , *Ofs* : Word) : Pointer;

■ *Seg:* Segment-Anteil der Adresse.
■ *Ofs:* Offset-Anteil der Adresse.

Anmerkungen

■ Die Funktion ergibt einen Zeiger, der auf die Adresse (Segment:Offset) zeigt.

■ Das Ergebnis kann mit ^ für direkten Zugriff auf Speicherzellen verwendet werden.

Beispiel

Das Programm ADR_OPER definiert einen Zeiger auf den
Speicherbereich des Farbbildschirms im Textmodus und setzt ein
Zeichen mit einem bestimmten Farb-Attribut an die erste Stelle.

```
PROGRAM ADR_OPER;

TYPE  T_Bildschirm = ARRAY[1..4000] of Byte;

VAR   P_Bildschirm : ^T_Bildschirm;

BEGIN
  P_Bildschirm := ptr($b800,0000); (* Weist dem ARRAY die
                                       Adresse des Bildschirm-
                                       speichers zu *)
  P_Bildschirm^[1]:=65;  (* Schreibt Zeichen A auf Schirm *)
  P_Bildschirm^[2]:=4;   (* Attribut für das Zeichen      *)
END.
```

SP-Register
Funktion   SPtr

Liefert den momentanen Wert des Stack-Zeigers – dies ist der Inhalt
des Prozessor-Registers SP.

SPtr : Word;

6.5

SS-Register
Funktion   SSeg

Liefert die Adresse des Stack-Segments – dies ist der Inhalt des
Prozessor-Registers SS.

SSeg : Word;

6.6 Byte-Operationen

Speicherbereich füllen   FillChar
Prozedur

Füllt einen Speicherbereich mit einem angegebenen Wert.

FillChar(var *x* ; *Anzahl* **: Word;** *Zeichen* **);**

▨ *x:* Variable, die die Anfangsadresse des zu füllenden Bereichs angibt. **FillChar** füllt ab der Adresse, ab der diese Variable gespeichert ist (beliebiger Typ).

▨ *Anzahl:* Größe des zu füllenden Speicherbereichs in Bytes.

▨ *Zeichen:* Zeichen, mit dem der Speicherbereich gefüllt werden soll. *Zeichen* kann von Typ Byte oder Char sein.

Anmerkungen

▨ Es werden keine Bereichsprüfungen vorgenommen. Um andere Speicherbereiche nicht zu überschreiben, sollte *Anzahl* über **SizeOf** angegeben werden, falls möglich.

▨ Falls Strings gefüllt werden sollen, muß das Längen-Byte explizit gesetzt werden.

Beispiel
```
VAR    Text : String[10];

FillChar(Text,SizeOf(Text),'=');
Text[0]:=#10;
Writeln(Text);                    {==========}
```

6.6

Höherwertiges Byte   Hi
Funktion

Liefert das höherwertige Byte eines Integer- oder Word-Ausdrucks. Parameter siehe **Lo**.

Hi(x **) : Byte;**

Niederwertiges Byte   Lo
Funktion

Liefert das niederwertige Byte eines Integer- oder Word-Ausdrucks.

Lo(x **) : Byte;**

▨ *x:* Integer- oder Word-Ausdruck.

Beispiel
```
Zahl:=265;
Writeln(Hi(Zahl));                    {1}
Writeln(Lo(Zahl));                    {9}
```

Zugriff auf Speicheradressen   MEM

Turbo Pascal stellt 3 vordefinierte Arrays für den Zugriff auf einzelne
Speicheradressen zur Verfügung. Mit dem Befehl können die
Speicheradressen gelesen und beschrieben werden.

Mem[*Seg:Ofs*]; Array of Byte
MemW[*Seg:Ofs*]; Array of Word
MemL[*Seg:Ofs*]; Array of LongInt

Beispiele
In die Adresse $0040:$0047 wird ein Wert geschrieben.
```
MEM[$40:$47] := 7;
```
Der Wert der Adresse $0040:$0047 wird gelesen.
```
VideoMode := MEM[$40:$47];
```
Die Speichergröße des Hauptspeichers wird ermittelt.
```
Writeln(MemW[$40:$13]);
```

Zugriff auf I/O-Adressen   PORT

Turbo Pascal stellt 2 vordefinierte Arrays für den Zugriff auf Ein-/
Ausgabeports des Systems zur Verfügung. Beide Arrays sind
eindimensional. Über den Index wird die Ein-/ Ausgabeadresse festgelegt.

Zuordnungen von Werten bewirken eine Ausgabe (OUT-Befehl)
eines Wertes an dieser Adresse, Bezüge auf die Adresse führen eine
Leseaktion (IN-Befehl) durch.

Port[*Adresse*]; Array of Byte
PortW[*Adresse*]; Array of Word

Beispiele
Das Statusregister der Druckerschnittstelle wird gelesen.
```
Status := Port[$3BD];
```
Das Drucker-Steuerregister wird beschrieben.
```
Port[$3BE] := $00;
```

Bytes kopieren   Move
Prozedur

Kopiert eine Anzahl Bytes von einem Speicherbereich in einen anderen.

Move(var *Quelle* , *Ziel* ; *Anzahl* : Word);

■ *Quelle:* Variablenbezug. Die Startadresse dieser Variablen wird als
Startadresse des Quellbereichs interpretiert.

▓ *Ziel:* Variablenbezug. Die Startadresse dieser Variablen wird als Startadresse des Zielbereichs interpretiert.
▓ *Anzahl:* Anzahl der zu kopierenden Bytes.

Anmerkung

▓ Es werden keine Bereichsprüfungen vorgenommen. Um andere Speicherbereiche nicht zu überschreiben, sollte *Anzahl* über **SizeOf** angegeben werden, falls möglich.

Beispiele
```
VAR    Text1 : String[15];
       Text2 : String[15];

       Text1 := 'Markt&Technik';
       Text2 := 'Computer';
       Move(Text1,Text2,SizeOf(Text1));
       Writeln(Text2);                  { Markt&Technik }
```

Objektgröße   *SizeOf*
Funktion

Liefert die Anzahl Bytes, die das Argument im Speicher belegt.

SizeOf(*x*) : Word;

▓ *x:* Beliebiger Variablenbezug oder Typ-Bezeichner.

Anmerkungen

▓ **SizeOf** sollte zur Angabe von Bereichsgrößen für **FillChar**, **Move**, **GetMem** usw. verwendet werden.
▓ Bei der Manipulation von Speicheradressen ist **SizeOf** sehr hilfreich.

6.6

Beispiel
```
VAR    Text1 : String[15];

       Text1:='';
       Writeln(SizeOf(Text1));          {16}
```

Bytes vertauschen   *Swap*
Funktion

Vertauscht das niederwertige und höherwertige Byte des Arguments.

Swap(*x*) : Integer (oder Word);

▓ *x:* Integer- oder Word-Ausdruck.

6.7 Zufallszahlen

Zufallszahl   Random
Funktion

Liefert eine Zufallszahl.

Random [(*Bereich* : Word)] : Real;[oder Word]

▥ *Bereich:* (Optional) Gibt einen Bereich an, in dem die Zufallszahl liegen soll.

Anmerkungen

▥ Ergebnisse je nach *Bereich* :

Bereich fehlt	0 <= Ergebnis < 1
Bereich vorhanden und ungleich 0	0 <= Ergebnis < Bereich
Bereich vorhanden und gleich 0	Ergebnis ist immer 0

▥ Der Zufallszahlengenerator sollte bei jedem Programmstart mit **Randomize** initialisiert werden.

▥ Der Ergebnistyp Real oder Word ist abhängig von der Art des Aufrufs.

6.7

Zufallszahlengenerator starten   Randomize
Prozedur

Initialisiert den Zufallszahlengenerator.

Randomize;

Anmerkungen

▥ Falls der Zufallszahlengenerator nicht initialisiert wird, erscheinen bei jedem Programmlauf dieselben Zufallszahlen.

▥ Zum Festsetzen des Startwerts werden Datum und Uhrzeit verwendet. Der Startwert des Zufallszahlengenerators ist in der globalen LongInt-Variablen RANDSEED gespeichert.

6.8 Dynamische Speicherverwaltung

Größter freier Heap-Bereich   MaxAvail
Funktion

Liefert den größten zusammenhängenden Block auf dem Heap.

    MaxAvail : LongInt;

■ **MaxAvail** prüft zuerst den freien Platz oberhalb des momentanen Heap-Zeigers. Falls **Dispose/FreeMem** aufgerufen wurde, werden vorhandene Löcher geprüft. Ergebnis ist die Größe des größten zusammenhängenden Blocks.

Freier Heap-Speicherplatz   MemAvail
Funktion

Ermittelt den gesamten freien Speicherplatz auf dem Heap.

    MemAvail : LongInt;

■ Der freie Speicherplatz wird ermittelt, indem sämtliche Löcher zum freien Platz oberhalb des Heap-Zeigers addiert werden.

■ Falls **Dispose/FreeMem** aufgerufen wurde, sind wahrscheinlich Löcher im Heap vorhanden. Deshalb kann der übergebene Wert nicht als ein Stück belegt werden.

Dynamische Variable erzeugen   New
Prozedur

Erzeugt eine dynamische Variable und lädt eine Zeigervariable mit der Adresse der dynamischen Variablen. Die Prozedur kann als Funktion angewendet werden, um eine dynamische Variable anzulegen und einen Zeiger zu ermitteln.

    New(var *p* : **Pointer**[,*konstruktor*]);
    ausdruckptr := **NEW(***ausdruck* [,*konstruktor*]);

■ *p:* Zeigervariable beliebigen Typs. Der belegte Speicherbereich ergibt sich aus der Typendeklaration von *p.*

■ *konstruktor:* Der Parameter kann optional angegeben werden, um eine Objektvariable anzulegen. Es muß hierbei die Konstruktor-Methode des Objekts angegeben werden.

■ *ausdruckptr:* Die Zeigervariable erhält den von **NEW** ermittelten Zeigerwert zugewiesen.

■ *ausdruck:* Hierbei handelt es sich um einen beliebigen Zeigertyp.

6.8

Anmerkungen

▓ Auf diese Variable kann über **p^** zugegriffen werden.
▓ **New** und **Dispose** dürfen nur unter bestimmten Umständen mit **Mark** und **Release** zusammmen verwendet werden.

Fehler

Falls der Heap nicht mehr genügend zusammenhängenden Speicher frei hat, bricht das Programm mit einem Laufzeitfehler ab.

Speicher freigeben   Dispose
Prozedur

Gibt den Speicherplatz wieder frei, der durch eine dynamische Variable auf dem Heap belegt ist.

Dispose(var *p* **: Pointer**[*,destruktor*]**);**

▓ *p:* Zeigervariable beliebigen Typs, der ein Speicherbereich auf dem Heap zugeordnet wurde (mit **New**, **GetMem** oder durch direkte Zuweisung).

▓ *destruktor:* Der Parameter kann optional angegeben werden, um ein Objekt vom Heap zu entfernen. Es muß hierbei die Destruktor-Methode des Objekts angegeben werden.

6.8

Anmerkungen

▓ **Dispose** und **FreeMem** dürfen nur unter bestimmten Umständen zusammen mit **Mark** oder **Release** verwendet werden.
▓ Der Wert von *p* ist nach dem Aufruf nicht mehr definiert (Zugriffe *p^* ergeben einen Fehler).

Beispiel für New und Dispose

Das Programm *Dynamische_Variable* zeigt die Manipulation des Heap durch **New** und **Dispose**.

```
PROGRAM Dynamische_Variable;
USES Crt;
TYPE
    T_Zeile   = string[255];
    P_Zeile   = ^T_Zeile;
VAR
    Zeile_Dynamisch : P_Zeile;
    Zeile           : T_Zeile;
    Mem_Vor_New,
    Mem_Nach_New    : Longint;

BEGIN
```

```
        Clrscr;

        Mem_Vor_New := MemAvail;
        Writeln('Verfügbarer Heap für Variable vor New      :',Mem_Vor_New);

        New(Zeile_Dynamisch);
        Write('Eingabe...: ');readln(Zeile_Dynamisch^);
        Writeln(Zeile_Dynamisch^);

        Mem_Nach_New := MemAvail;
        Writeln('Verfügbarer Heap für Variable nach New      :',Mem_Nach_New);
        writeln('Differenz = Länge des Strings + Längenbyte :'
                ,Mem_Vor_New - Mem_Nach_New);

        Dispose(Zeile_Dynamisch);
        writeln('Verfügbarer Heap nach Dispose              :',MemAvail);

    END.
```

```
Verfügbarer Heap für Variable vor New      :65936
Eingabe...: Hallo
Hallo
Verfügbarer Heap für Variable nach New      :65680
Differenz = Länge des Strings + Längenbyte :256
Verfügbarer Heap nach Dispose              :65936
```

Speicher belegen   GetMem
Prozedur

Belegt einen bestimmten Speicherbereich auf dem Heap.

GetMem(var *p* **: Pointer;** *Größe* **: Word);**

- *p:* Enthält nach dem Aufruf die Startadresse des belegten Bereichs.
- *Größe:* Größe des zu belegenden Speicherbereichs in Anzahl Byte.

Anmerkungen

- Maximal können mit einem GetMem-Aufruf 65521 Byte (=64 Kbyte – $0F) belegt werden.
- Danach kann auf diesen belegten Bereich über **p^** zugegriffen werden.
- Der belegte Bereich kann über **FreeMem** wieder freigegeben werden.

Fehler

Falls der Heap nicht mehr genügend zusammenhängenden Speicher frei hat, bricht das Programm mit einem Laufzeitfehler ab.

Speicher freigeben   Freemem
Prozedur

Gibt einen bestimmten Speicherbereich auf dem Heap frei.

Freemem(var *p* **: Pointer;** *Größe* **: Word);**

■ *p:* Zeigervariable beliebigen Typs, der ein Speicherbereich auf dem Heap zugeordnet wurde (mit **New**, **GetMem** oder durch direkte Zuweisung).

■ *Größe:* Größe des freizugebenden Speicherbereichs in Bytes.

Anmerkungen

■ Der Wert von *p* muß genau dem Wert von *p* beim Belegen des Speichers mit **GetMem** entsprechen.

■ Der Wert von *p* ist nach dem Aufruf nicht mehr definiert (Zugriffe *p^* ergeben einen Fehler).

Beispiel zu GetMem und FreeMem

Das Programm *Dynamische_Variable* richtet eine dynamische Variable ein und zeigt ihre Verwendung auf dem Heap.

```
PROGRAM Dynamische_Variable;

USES Crt;

TYPE
    T_Zeile   = string[255];
    P_Zeile   = ^T_Zeile;

VAR
    Zeile_Dynamisch  : P_Zeile;
    Zeile            : T_Zeile;
    Mem_Vor_Get_Mem,
    Mem_Nach_Get_Mem : Longint;

BEGIN
    Clrscr;
    Write('Eingabe...: ');readln(zeile);

    Mem_Vor_Get_Mem := MemAvail;
    Writeln('Verfügbarer Heap für Variable vor Get_Mem  :',Mem_Vor_Get_Mem);
    GetMem(Zeile_Dynamisch,Length(Zeile)+1);
    Zeile_Dynamisch^ := Zeile;
    Writeln(Zeile_Dynamisch^);
    Mem_Nach_Get_Mem := MemAvail;
    Writeln('Verfügbarer Heap für Variable nach Get_Mem :',Mem_Nach_Get_Mem);
    writeln('Differenz = Länge des Strings + Längenbyte :'
            ,Mem_Vor_Get_Mem - Mem_Nach_Get_Mem);
    FreeMem(Zeile_Dynamisch,length(Zeile_Dynamisch^)+1);
    writeln('Verfügbarer Heap nach FreeMem..............:',MemAvail);
    Repeat Until Keypressed;
END.
```

```
Eingabe...: Hallo
Verfügbarer Heap für Variable vor Get_Mem  :65888
Hallo
Verfügbarer Heap für Variable nach Get_Mem :65882
Differenz = Länge des Strings + Längenbyte :6
Verfügbarer Heap nach FreeMem..............:65888
```

Heap-Zustand festhalten   **Mark**
Prozedur

Weist einer Zeigervariablen den momentanen Heap-Zeiger zu.

Mark(var *p* **: Pointer);**

▓ *p:* Zeigervariable beliebigen Typs, in der der Heap-Zeiger übergeben wird.

Anmerkung

▓ Ein Aufruf **Release** mit dem Argument *p* stellt den mit **Mark** festgehaltenen Zustand wieder her.

Heap zurücksetzen   **Release**
Prozedur

Setzt den Heap auf einen Zustand zurück, der zuvor mit **Mark** festgestellt worden ist.

Release(var *p* **: Pointer);**

▓ *p:* Zeigervariable beliebigen Typs, in der mit **Mark** der Heap-Zeiger gespeichert wurde.

Anmerkungen

▓ Bei gemeinsamer Benutzung von **Mark**/**Release** und **Dispose**/ **FreeMem** müssen ganz strikte Regeln eingehalten werden.

▓ Über **Release**(HeapOrg) kann der gesamte Heap freigegeben werden, da in dieser Zeigervariablen die Startadresse des Heaps gespeichert ist.

6.8

Beispiel zu Mark und Release

Das Programm *Dynamische_Variable* zeigt die Manipulation des Heaps durch **Mark** und **Release**.

```
PROGRAM Dynamische_Variable;

USES Crt;

TYPE
    T_Zeile    = string[255];
    P_Zeile    = ^T_Zeile;

VAR
    Zeile_Dynamisch   : P_Zeile;
    Zeile             : T_Zeile;
    Mem_Vor_Get_Mem,
    Mem_Nach_Get_Mem  : Longint;
    HeapTop           : ^Word;
    I                 : Byte;
```

```
      BEGIN
          Clrscr;
          Mark(HeapTop);
          Writeln('Verfügbarer Heap vor Belegung durch GetMem :',MemAvail);
          Writeln;
          For i := 1 to 5 DO BEGIN

              Write(i:2,'. Eingabe...: ');readln(zeile);

              Mem_Vor_Get_Mem := MemAvail;
              Write('Verfügbarer Heap vor Get_Mem  :',Mem_Vor_Get_Mem);
              GetMem(Zeile_Dynamisch,Length(Zeile)+1);
              Zeile_Dynamisch^ := Zeile;

              Mem_Nach_Get_Mem := MemAvail;
              Write(' nach Get_Mem :',Mem_Nach_Get_Mem);
              writeln(' Differenz : ',Mem_Vor_Get_Mem - Mem_Nach_Get_Mem:3);
          END;

          Release(HeapTop);
          Writeln;
          Writeln('Verfügbarer Heap für Variable nach Release :',MemAvail);
      END.
```

```
Verfügbarer Heap vor Belegung durch GetMem :11360

 1. Eingabe...: Hallo
Verfügbarer Heap vor Get_Mem  :11360 nach Get_Mem :11354 Differenz :   6
 2. Eingabe...: Guten Morgen
Verfügbarer Heap vor Get_Mem  :11354 nach Get_Mem :11341 Differenz :  13
 3. Eingabe...: jetzt reichts
Verfügbarer Heap vor Get_Mem  :11341 nach Get_Mem :11327 Differenz :  14
 4. Eingabe...: wie lange noch
Verfügbarer Heap vor Get_Mem  :11327 nach Get_Mem :11312 Differenz :  15
 5. Eingabe...:
Verfügbarer Heap vor Get_Mem  :11312 nach Get_Mem :11311 Differenz :   1

Verfügbarer Heap für Variable nach Release :11360
```

6.8

Anmerkungen zur Speicherverwaltung   V 5.5

▓ In der Unit SYSTEM sind typisierte Konstanten für die dynamische Speicherverwaltung vorhanden.

HeapError:Pointer = nil;

▓ HEAPERROR enthält einen Zeiger auf Behandlungsroutine für Fehler bei dynamischer Speicherverwaltung.

▓ Durch die Zuweisung

HeapError = @HeapFunc;

wird eine Routine

{$F+} FUNCTION HeapFunc(Size:Word):Integer; {$F-}

installiert. Diese ist in Turbo Pascal bereits eingebaut. Die Routine bekommt dabei im Fehlerfall die Größe des zu belegenden Bereichs als *Size* übergeben und kann folgende drei Ergebnisse liefern:

▶ 0 = erzeugt einen Laufzeitfehler und bricht das Programm ab.

▶ 1 = steht für einen Fehler, das Programm bricht jedoch nicht ab. NEW und GETMEM liefern den Zeigerwert NIL zurück.

▶ 2 = steht für eine Wiederholung von NEW und GETMEM, was jedoch einen erneuten Aufruf von HEAPERROR zur Folge haben kann.

▨ Die in Turbo Pascal eingebaute Funktion liefert nur den Wert 0 und bewirkt somit den Abbruch eines Programms.

FreePtr:Pointer = nil;

▨ Die globale Variable FreePtr ist als Zeiger deklariert und zeigt auf die Startadresse der Fragmentliste, die ihrerseits ein ARRAY aus RECORDS darstellt.

```
TYPE FreeRec  = RECORD
                  OrgPTr, EndPtr : Pointer;
                END;
     FreeList  = ARRAY[0..8190] of FreeRec;
     FreeListP = ^FreeList;
```

▨ In *OrgPtr* und *EndPtr* werden die Start- und Endadresse jedes Lochs auf dem Heap eingetragen. Die Anzahl besetzter Einträge in der Fragmentliste ergibt sich aus

$FreeCount := (8192 \pm Ofs(FreePtr^) \; DIV \; 8) \; MOD \; 8192);$

Wenn der Offset_Anteil den Wert 0 hat, ist die Liste leer. Maximal 8191 Einträge sind erlaubt.

FreeMin:Word = 0;

▨ Ist die Minimalgröße des freien Speicherbereichs zwischen *HeapPtr* und *FreePtr*.

▨ Der in *FreeMin* gespeicherte Wert hat die Einheit Byte, wobei ein Eintrag in der Fragmentliste 8 Byte belegt. Um sicherzustellen, daß 400 Einträge aufgenommen werden können, muß *FreeMin* mit dem Wert 3200 = 400 * 8 besetzt werden.

HeapPtr:Pointer = nil;

▨ Ist ein Zeiger auf die momentane Spitze des Heaps.

▨ Solange der Heap fragmentiert ist, versuchen NEW und GETMEM erst die Löcher zu füllen, bevor der *HeapPtr* erhöht wird.

HeapOrg:Pointer = nil;

▨ Ist ein Zeiger auf die Startadresse des regulären Heaps.

6.8

Anmerkungen zur Speicherverwaltung   *ab V 6.0*

▩ In der Speicherverwaltung bei Turbo Pascal 6.0 wird ein anderes Verfahren zur Verwaltung der unbelegten Speicherbereiche verwendet.

▩ Die Zuteilung von Speicher erfolgt grundsätzlich in Blöcken á 8 Byte. Die Fragmentierung ist hier nicht so ausgeprägt, was sich insbesondere bei der Verwendung von Objekten mit dynamischen Strukturen günstiger auswirkt.

▩ Die freien Speicherblöcke werden in einer verketteten Liste verwaltet. **FreeList** zeigt hierbei auf den ersten freien Block. Sind keine Blöcke in der Liste, ist **FreeList = HeapPtr**. Die Liste hat folgende Struktur:

```
TYPE    PFreeRec = ^TFreeRec;
        TFreeRec = Record
            Next : PFreePtr;
            Size : Pointer;
        END;
```

▩ *Next* zeigt auf den nächsten freien Block oder auf *HeapPtr*, wenn es sich um den letzten freien Block handelt. *Size* enthält die Größenangabe in Bytes. Es handelt sich hierbei um einen normalisierten Zeiger, bei dem das höherwertige Wort die Anzahl Paragraphen und das niederwertige Wort die Anzahl von Bytes, die der Block groß ist, enthält. Die Größe des Blocks kann mit folgender Funktion ermittelt werden:

```
FUNCTION BlockSize(Size:Pointer): LongInt;
TYPE   PtrRec = Record  Lo,Hi : Word  End;
BEGIN
    BlockSize:= LongInt(PtrRec(Size).Hi)*16 + PtrRec(Size).Lo);
END;
```

▩ Der Heap-Manager rundet Speicheranforderungen immer auf ein vielfaches von 8 Bytes auf.

▩ Sollen Fehler bei dynamischer Speicherreservierung abgefangen werden, kann eine **HeapError**-Routine nach folgendem Muster deklariert werden:

FUNCTION HeapFunc(*Size*:Word):Integer; FAR;

▩ Wird eine **HeapError**-Funktion installiert, muß dafür Sorge getragen werden, daß diese schnell wieder verlassen wird, wenn der Wert 0 übergeben wurde.

▩ Der Aufruf mit *Size*=0 zeigt an, daß *HeapPtr* erhöht wurde, um Platz für einen Speicherblock zu erhalten.

▩ Turbo-Vision verwendet den freien Speicherbereich zwischen *HeapPtr* und *HeapEnd* als Puffer für die Darstellung von View-Objekten. Hierfür ist ein eigener Puffer-Manager installiert, der vom Heap-Manager über einen Aufruf der *HeapError*-Routine von der Veränderung von *HeapPtr* in Kenntnis gesetzt wird.

6.8

6.9 Programmabbruch

Block beenden   *Exit*
Prozedur

Beendet den momentanen Block.

    Exit;

Anmerkungen

■ **Exit** innerhalb des Hauptprogramms beendet das gesamte Programm.

■ **Exit** innerhalb einer Prozedur oder Funktion geht zur aufrufenden Routine zurück.

Programm abbrechen   *Halt*
Prozedur

Bricht die Ausführung eines Programms ab und geht zu DOS oder zu dem Prozeß zurück, der das Programm aufgerufen hat.

    Halt [(*Exitcode* : Word)];

■ *Exitcode:* (Optional) Übergibt einen Exit-Code, der mit
    ▶ **DosExitCode** innerhalb des aufrufenden Programms oder mit
    ▶ **ERRORLEVEL** innerhalb einer Stapelverarbeitungsdatei ermittelt werden kann.
    ▶ Halt ohne Parameter entspricht *Halt(0)*.

6.9

Laufzeitfehler erzeugen   *RunError*
Prozedur

Erzeugt einen Laufzeitfehler, mit dem das Programm definiert abgebrochen werden kann.

    RunError [(*Fehlercode* : Word)];

■ *Fehlercode* : (Optional) Gibt die Fehlernummer an, die beim Abbruch ausgegeben werden soll.

Wurde kein Parameter angegeben, setzt der Compiler den Wert 0 ein.

Anmerkung

■ **RunError** entspricht **Halt** – zusätzlich wird eine Fehlermeldung ausgegeben.

EXIT-Prozedur

ExitProc

Über die globale Zeigervariable *ExitProc* findet ein Aufruf bei Programmende statt, unabhängig davon, wie das Programm beendet wurde.

Über eine explizite Zuweisung an *ExitProc* kann eine eigene EXIT-Routine installiert werden.

Anmerkungen

▓ Die Prozedur darf keine Parameter erwarten und muß als far {$F+} compiliert werden.

▓ Folgende Schritte müssen berücksichtigt werden:

1. Speichern des alten Wertes vor der Zuweisung zur neuen Prozedur.
2. Zurücksetzen auf den alten Wert innerhalb der eigenen Routine.
3. ErrorAddr muß auf NIL zurückgesetzt werden, um weitere Fehlermeldungen zu verhindern.

▓ Da Turbo Pascal zum Beenden eine ganze Prozedurkette anwendet, verlassen sich diese Routinen darauf, daß ihre eigene Exit-Prozedur beim Beenden aufgerufen wird, um Veränderungen rückgängig zu machen.

6.9 Vordefinierte Konstanten

ExitProc	=	Zeiger auf Original-Routine.
ExitCode	=	Speichert *ExitCode* des Programms.
ErrorAddr	=	Zeiger auf Adresse des Laufzeitfehlers.

6.10 Sonstige Prozeduren und Funktionen

Mengenoperation   Include
Prozedur

Fügt einer Menge ein Element hinzu.

Include (var : S set of T; i : T);

Anmerkung

▨ *S* ist eine Variable eines Mengen-Typs und *I* eine Variable, deren Typ kompatibel zu dem Mengen-Typ von *S* ist. Das durch *I* angegebene Element wird in die Menge *S* eingefügt.

Mengenoperation   Exclude
Prozedur

Entfernt ein Element aus einer Menge.

Exclude (var : S set of T; i : T);

Anmerkung

▨ *S* ist eine Variable eines Mengen-Typs und *I* eine Variable, deren Typ kompatibel zu dem Mengen-Typ von *S* ist. Das durch *I* angegebene Element wird in die Menge *S* entfernt.

6.10

6.10

Kapitel 7:

DOS-ZUGRIFFE, DATEIEN, VERZEICHNISSE

7

7.1 DOS-Umgebungsbereich

DOS-Versionsnummer — DosVersion
Funktion — *Unit Dos / Unit WinDos*

Liefert die DOS-Versionsnummer.

DosVersion : Word;

Anmerkung

▨ Das Ergebnis erscheint byte-weise in dem Word-Ergebnis:

Byte	Inhalt
höherwertige	Neben-Versionsnummer
niederwertige	Haupt-Versionsnummer

Version 3.20 ergibt $2003

Anzahl in Environment — EnvCount
Funktion — *Unit Dos (ab V5)*

Ermittelt die Anzahl der Einträge im DOS-Environment.

EnvCount : Integer;

Eintrag aus Environment — EnvStr
Funktion — *Unit Dos*

Liefert einen bestimmten Eintrag aus dem DOS-Environment.

EnvStr(*Index* **: Integer) : String;**

▨ *Index:* Gibt die Nummer des gewünschten Eintrags an. Ergibt einen leeren String, falls *Index* > **EnvCount** oder *Index* = 0.

Anmerkung

▨ **EnvStr** liefert den vollständigen Eintrag in der Form
Name=Text

Eintrag aus Environment — GetEnv
Funktion — *Unit Dos (V 5)*

Sucht nach einem String-Eintrag im Environment und übergibt den zugehörigen Text.

GetEnv(*EnvVar* **: String) : String;**

▨ *EnvVar:* Environment-Variable, deren Inhalt ermittelt wird.

7.1

Anmerkungen

▪ Eintrag:
```
PATH = C:\DOS;C:\TEXT
GetEnv('Path') liefert: C:\DOS;C:\TEXT
```
▪ Falls der gesuchte Eintrag nicht gefunden wird, ist das Ergebnis ein leerer String.

▪ In der Variablen *PrefixSeg* speichert Turbo Pascal die Segment-Adresse des Programmsegment-Präfix (PSP). Dieser Speicherbereich wird jedem Programm vorangestellt. Das PSP ist 256 Byte lang. Bei Byte 44 steht ein 2-Bytezeiger auf das zum Programm gehörende Environment.

▪ Sämtliche Environment-Funktionen liefern somit nicht den Inhalt des Original-Environments, sondern den Inhalt des dem Programm vorangestellten.

Zeiger auf Environment-Variable	*GetEnvVar*
Funktion	*Unit WinDos*

Liefert einen Zeiger auf den Wert der angegebenen Environment-Variable.

GetEnvVar (var Name :PChar) :PChar;

▪ Der Rückgabewert ist 0, wenn die Variable nicht existiert.

DOS-Abbruchstatus prüfen	*GetCBreak*
Prozedur	*Unit Dos / Unit WinDos*

Ermittelt, wie DOS auf die Tastenkombination [Strg]+[Untbr] reagiert. Falls dieser Status nicht mit **SetCBreak** geändert wurde, wird die Einstellung aus CONFIG.SYS genommen.

GetCBreak(var Break : Boolean);

▪ *Break:* Enthält nach dem Aufruf den Abbruchstatus.

Ergebnis

False DOS prüft nur bei Ein-/Ausgaben, ob [Strg]+[Untbr] betätigt wurde.
True   DOS prüft bei jedem Funktionsaufruf.

Break-Status setzen	*SetCBreak*
Prozedur	*Unit Dos / Unit WinDos*

Legt fest, wie DOS auf die Tastenkombination [Strg]+[Untbr] reagiert.

SetCBreak(Break : Boolean);

▪ *Break:* siehe **GetCBreak**.

7.1

DOS-Flag Verify ermitteln · GetVerify
Prozedur · *Unit Dos / Unit WinDos*

Ermittelt, ob Diskettensektoren nach dem Schreiben noch einmal zur Prüfung gelesen werden.

GetVerify(var *Verify* **: Boolean);**

- *Verify:* Enthält nach dem Aufruf den Verify-Status.

Ergebnis

True DOS liest nach jedem Schreiben eines Diskettensektors diese Daten noch einmal. Die Daten werden aber nicht mit dem Original verglichen.

False DOS führt keine Prüfung durch.

DOS-Flag Verify setzen · SetVerify
Prozedur · *Unit Dos / Unit WinDos*

Legt fest, ob Diskettensektoren nach dem Schreiben noch einmal zur Prüfung gelesen werden.

SetVerify(*Verify* **: Boolean);**

- *Verify:* siehe **GetVerify**.

7.1

7.2 DOS-Kommandozeilen-Parameter

Anzahl Kommandozeilen-Parameter	*GetArgCount*
Funktion	*Unit WinDos*

Liefert die Anzahl der Kommandozeilen-Parameter, die dem Programm übergeben wurden.

GetArgCount : Integer;

Kommandozeilen-Parameter	*GetArgStr*
Funktion	*Unit WinDos*

Ermittelt den durch *Idx* angegebenen Kommandozeilen-Parameter.

GetArgStr (Dest :PChar; Idx :Integer; MaxL:Word) :PChar;

Rückgabewert	**Parameter**
Idx <0	leerer String
Idx > GetArcCount	leerer String
Idx = 0	Dateiname des aktuellen Moduls

▓ *Dest* ist der gelieferte Wert.

Anzahl Kommandozeilen-Parameter	*ParamCount*
Funktion	*Unit Dos*

Liefert die Anzahl der Kommandozeilen-Parameter, die dem Programm übergeben wurden.

ParamCount : Word;

Kommandozeilen-Parameter	*ParamStr*
Funktion	*Unit Dos*

Liefert einen der übergebenen Kommandozeilen-Parameter.

ParamStr(*Index* : Word) : String;

▓ *Index:* Nummer des gewünschten Kommandozeilen-Parameters.

Anmerkungen

▓ Leerzeichen und Tabulatoren sind Trennzeichen zwischen den einzelnen Parametern.
▓ Falls *Index* größer als **ParamCount** ist, ergibt sich als Ergebnis ein leerer String.
▓ **ParamStr(0)** ergibt bei

| DOS 3.x | Suchpfad und Namen des laufenden Programms. |
| DOS 2.x | einen leeren String. |

7.2

7.3 Interrupt-Prozeduren

Adresse eines Interrupt-Vektors   **GetIntVec**
Prozedur   **Unit Dos / Unit WinDos**

Liefert den Inhalt eines Interrupt-Vektors.

GetIntVec(*IntNo* **: Byte; var** *vector* **: Pointer);**

▧ *IntNo:* Nummer des gewünschten Interrupt-Vektors.
Möglich sind 0...255.

▧ *vector:* Inhalt des Interrupt-Vektors *IntNo* wird in dieser Zeigervariablen gespeichert. Dieser Zeiger zeigt dann auf die Startadresse der Routine, die durch den Prozessorbefehl *INT IntNo* aufgerufen wird.

Interrupt-Vektor setzen   **SetIntVec**
Prozedur   **Unit Dos / Unit WinDos**

Setzt einen Interrupt-Vektor auf einen bestimmten Wert.

SetIntVec(*IntNo* **: Byte;** *vector* **: Pointer);**

▧ *IntNo:* Nummer des Vektors, der verändert werden soll.
▧ *vector:* Adresse, auf die der Vektor gesetzt werden soll.

Anmerkung

▧ Der Zeiger *vector* kann folgendermaßen erzeugt werden:
  ▷ über die Funktion **Addr**
  ▷ über den Adreß-Operator @
  ▷ über die Funktion **Ptr**

7.3

Software-Interrupt   **Intr**
Prozedur   **Unit Dos / Unit WinDos**

Führt einen Software-Interrupt aus.

Dos   : Intr(*IntNo* **: Byte; var** *Regs* **: Registers);**
WinDos : Intr(*IntNo* **: Byte; var** *Regs* **: TRegisters);**

▧ *Into::* Nummer des auszuführenden Interrupts. Möglich sind 0..255.
▧ *Regs:* Record-Variable, die die Registerbelegung für den Aufruf bestimmt und die Registerinhalte nach der Ausführung zurückgibt. Der Datentyp Register ist in der Unit Dos so definiert:

```
TYPE   Registers = RECORD
          CASE Integer of
          0 : (AX,BX,CX,DX,BP,SI,DI,DS,ES,Flags: Word);
          1 : (AL,AH,BL,BH,CL,CH,DL,DH: Byte);
       END;
```

▧ Der Datentyp TRegister entspricht dem Datentyp Register.

Anmerkung

■ Über **Intr** können keine Software-Interrupts ausgeführt werden, die bestimmte Werte der Register SS:SP voraussetzen oder diese verändern.

Beispiel

Das Programm INTR-Demo wartet auf eine Tastatureingabe und übergibt den Tastencode und Zeichenwert der gedrückten Taste.

```
PROGRAM INTR_Demo;
USES DOS;
VAR   regs   : Registers;

BEGIN
     regs.ah:=0;
     intr($16,regs);
     Writeln('Tasten-Code = ',regs.ah);
     Writeln('Zeichenwert = ',regs.al);
END.
```

Interrupt-Vektoren vertauschen	SwapVectors
Prozedur	Unit Dos

Vertauscht die vom System belegten Interrupt-Vektoren mit Variablen im Unit-System.

SwapVectors

Anmerkungen

■ Die Interrupt-Vektoren $00, $02,...$75 und $34...$3E werden mit den Inhalten der globalen Variablen *SaveInt00...SaveInt75* bzw. *SaveInt34...SaveInt3E* vertauscht.

■ Ablauf:

1. Aufruf	Die Vektoren werden auf die Werte zurückgesetzt, die sie vor dem Programmstart hatten.
2. Aufruf	Die Routinen der Laufzeitbibliothek werden wieder eingesetzt usw.

7.3

DOS-Funktionsaufruf	MsDos
Prozedur	Unit Dos / Unit WinDos

Führt einen DOS-Funktionsaufruf aus.

Dos : MsDos(var *Regs* : Registers);
WinDos : MsDos(var *Regs* : TRegisters);

■ *Regs:* Record-Variable, die die Registerbelegung für den Aufruf bestimmt und die Registerinhalte nach der Ausführung zurückgibt.

■ Der Datentyp Register ist in der Unit Dos so definiert:

```
TYPE   Registers = RECORD
               CASE Integer of
               0 : (AX,BX,CX,DX,BP,SI,DI,DS,ES,Flags: Word);
               1 : (AL,AH,BL,BH,CL,CH,DL,DH: Byte);
       END;
```

■ Der Datentyp TRegister entspricht dem Datentyp Register in der Unit Dos.

Anmerkungen

■ Dieser Aufruf führt dasselbe aus wie **Intr** mit *IntNo* = 21h.

■ In der Unit Dos sind zur Auswertung der einzelnen Flag-Register folgende Konstanten definiert:

FCarry =$0001	FZero =$0040	FAuxiliary =$0010
FParity =$0004	FSign =$0080	FOverflow =$0800

■ Die meisten DOS-Funktionen setzen das Carry-Flag, falls die Ausführung der Interrupt-Prozedur nicht erfolgreich war.

Beispiel

In dem Programm *MS_DOS_Aufrufen* wird der Interrupt 21h mit dem Funktionscode 56h aufgerufen. Es wird dabei der Dateieintrag verändert und die Datei umbenannt.

```
PROGRAM MS_DOS_Aufrufen;
USES DOS;
VAR  Reg                : Registers;
     Old_Name,New_Name : string[64];
BEGIN
  Old_Name := 'C:\TEMP\TEST.PAS'+ #00;   (* ASCII-Zero-Strings *)
  New_Name := 'C:\TEST\TEMP.PAS'+ #00;   (*          "         *)
  With Reg do BEGIN
    ah := $56;                    (* MS-DOS Funktions-Code    *)
    ds := Seg(Old_Name);          (* Pointer auf alten Namen  *)
    dx := Ofs(Old_Name)+1;        (* Stringlängenbyte berücksichtigen *)
    es := Seg(New_Name);          (* Pointer auf neuen Namen  *)
    di := Ofs(New_Name)+1;
    MsDos(Reg);
    IF Flags AND FCarry = 1 THEN BEGIN   (* Prüfen ob Carry-Flag gesetzt ist *)
      Writeln('Nicht durchgeführt');
      CASE Reg.AX OF                     (* Fehlernachricht ausgeben *)
          3 : BEGIN
                  Write  (' Einer der Pfadnamen ist ungültig');
                  Writeln(' oder nicht zugreifbar');
              END;
          5 : BEGIN
                  Write  (' Der erste Namen gibt ein Verzeichnis,');
                  Writeln(' der zweite eine Datei an.');
              END;
         17 : BEGIN
                  Write  (' Die Dateien befinden sich nicht');
                  Writeln(' auf demselben Laufwerk);
              END;
      END
    END ELSE Writeln('Durchgeführt');
  END;
END.
```

7.4 Datum und Zeit

Systemdatum holen	*GetDate*
Prozedur	**Unit Dos / Unit WinDos**

Liefert das momentane Systemdatum.

    GetDate(var *Jahr*, *Monat*, *Tag*, *Wochentag* : **Word);**

- *Jahr:* 1980..2099
- *Monat:* 1..12
- *Tag:* 1..31
- *Wochentag:* 0..6 (0 = Sonntag)

Systemdatum setzen	*SetDate*
Prozedur	**Unit Dos / Unit WinDos**

Setzt das Systemdatum.

    SetDate(*Jahr*, *Monat*, *Tag* : **Word);**

- *Jahr:* 1980..2099
- *Monat:* 1..12
- *Tag:* 1..31

Systemzeit holen	*GetTime*
Prozedur	**Unit Dos / Unit WinDos**

Liefert die momentane Systemzeit.

    GetTime(var *Stunde*, *Min*, *Sek*, *Sek100* : **Word);**

- *Stunde:* 0..23
- *Min:* 0..59
- *Sek:* 0..59
- *Sek100:* 0..99

7.4

Systemzeit setzen	*SetTime*
Prozedur	**Unit Dos / Unit WinDos**

Setzt die Systemzeit.

    SetTime(*Stunde*, *Min*, *Sek*, *Sek100* : **Word);**

- *Stunde:* 0..23
- *Min:* 0..59
- *Sek:* 0..59
- *Sek100:* 0..99

Fehler

Falls einer der Parameter außerhalb der Grenzen liegt, wird die Systemzeit nicht verändert.

Datum, Zeit einer Datei	**GetFTime**
Prozedur	*Unit Dos*

Liefert Datum und Zeit der letzten Veränderung einer Datei.

GetFTime(var f **;** *Zeit* **: LongInt);**

■ *f:* Dateivariable, die für eine externe und offene Diskettendatei steht (beliebiger Typ).

■ *Zeit:* Enthält Datum und Uhrzeit in gepacktem Format. Dieses Format kann mit **UnpackTime** entschlüsselt werden.

Fehler

DosError = 6: Ungültiges Handle/Datei nicht offen.

Datum, Zeit einer Datei setzen	**SetFTime**
Prozedur	*Unit Dos / Unit WinDos*

Setzt Datum und Zeit der letzten Veränderung einer Datei.

SetFTime(var f **;** *Zeit* **: LongInt);**

■ *f:* Dateivariable, die für eine externe und offene Diskettendatei steht (beliebiger Typ).

■ *Zeit:* Enthält Datum und Uhrzeit in gepacktem Format. Dieses Format kann mit **PackTime** erzeugt werden.

7.4

Zeitinfo konvertieren	**PackTime**
Prozedur	*Unit Dos / Unit WinDos*

Konvertiert und packt die Zeitinformation in einem Record *DateTime* in einen *LongInt*, so daß diese Information von **SetFTime** verwendet werden kann.

Dos: PackTime(var *DT* **:DateTime; var** *Zeit* **:LongInt);**
WinDos: PackTime(var *DT* **:TDateTime; var** *Zeit* **:LongInt);**

■ *DT:* Record vom Typ DateTime (TDateTime), der in der Unit Dos so definiert ist:
```
TYPE
  DateTime = RECORD
    Year, Month,      { Jahr 1980..2099, Monat 1..12 }
    Day, Hour,        { Tag 1..31, Stunde 0..23 }
    Min, Sec: Word;   { Minuten, Sekunden 0..59 }
  END;
```
■ *Zeit:* Gepackte Zeitinformation

Fehler

Es wird nicht geprüft, ob die einzelnen Felder zulässige Werte enthalten.

Zeitinfo konvertieren	UnpackTime
Prozedur	Unit Dos

Konvertiert die gepackte Zeitinformation von einem *LongInt* in einen Record des Typs *DateTime*.

Dos: UnpackTime(*Zeit* **:LongInt; var** *DT* **:DateTime);**
WinDos: UnpackTime(*Zeit* **:LongInt; var** *DT* **:TDateTime);**

▨ *Zeit:* Gepackte Zeitinformation.
▨ *DT:* Record vom Typ DateTime (TDateTime), der danach die Informationen enthält.

Anmerkung

▨ Gepackte Datums-Informationen werden von folgenden Routinen erzeugt:

- ▶ **GetFTime**   ▶ **FindNext**
- ▶ **FindFirst**   ▶ **PackTime**

7.4

7.5 Diskette/Festplatte

Freier Speicherplatz — DiskFree
Funktion — *Unit Dos / Unit WinDos*

Ermittelt den freien Speicherplatz eines Datenträgers in Byte.

DiskFree(*Laufwerk* **: Byte) : LongInt;**

▓ *Laufwerk:* Gibt das gewünschte Laufwerk an. Dabei gelten folgende Werte:
- 0 = momentanes Laufwerk
- 1 = Laufwerk A:
- 2 = Laufwerk B: usw.

Fehler

Funktionsergebnis = –1:
Laufwerk hat einen ungültigen Wert.

Größe eines Datenträgers — DiskSize
Funktion — *Unit Dos / Unit WinDos*

Ermittelt die Gesamtkapazität eines Laufwerks in Bytes.

DiskSize(*Laufwerk* **: Byte) : LongInt;**

▓ *Laufwerk:* Gibt das gewünschte Laufwerk an. Dabei gelten folgende Werte:
- 0 = momentanes Laufwerk
- 1 = Laufwerk A:
- 2 = Laufwerk B: usw.

7.5

Fehler

Funktionsergebnis = –1:
Laufwerk hat einen ungültigen Wert.

7.6 Dateibehandlung

Der Parameter Pfad

■ Bei den meisten der folgenden Routinen tritt der Parameter *Pfad* auf. Die Angaben für *Pfad* enthalten folgende Informationen:
  ▶ Laufwerksbezeichnung (dahinter ein Doppelpunkt)
  ▶ Verzeichnis\Unterverzeichnis
  ▶ achtstelliger Dateiname
  ▶ dreistellige Dateinamenserweiterung (davor ein Punkt)
■ Diese Angaben können vorhanden sein, müssen aber nicht.
■ Wichtig ist, daß ein Eintrag für *Pfad* auch nur den Dateinamen enthalten kann.
■ Beispiele für mögliche Pfadangaben:
```
\TP\BSP\DATEI.PAS
C:\AUTOEXEC.BAT
A:DATEI.PAS
BEISPIEL\BUCH.TXT
```

Dateiname mit Pfad erweitern   *FExpand / FileExpand*
Funktion   *Unit Dos / Unit WinDos*

Erweitert einen Dateinamen um den zugehörigen Pfad, so daß er als vollständige Pfadangabe vorhanden ist.

    FExpand(*Pfad* **: PathStr) : PathStr;**
    FileExpand (*Ziel, Pfad* **: PChar) : PChar;**

7.6

■ *Pfad:* Unvollständiger Dateiname, evtl. mit Pfadinformation.
■ *Ziel:* Vollständiger Dateiname mit Pfadinformation.

Anmerkungen

■ Der unvollständige Dateiname wird mit dem momentanen Verzeichnis und Laufwerk gekoppelt, so daß sich eine vollständige Pfadangabe ergibt.
■ Die Angaben »..« und ».« sowie Namensmuster werden richtig behandelt.
■ Die übergebene Information wird in Großbuchstaben umgewandelt.
■ Der Datentyp *PathStr* ist als string[79] deklariert. Die Pfadangabe darf also nicht länger als 80 Zeichen werden.

Vollst. Dateinamen zerlegen
Prozedur / Funktion

FSplit / FileSplit
Unit Dos / Unit WinDos

Zerlegt einen vollständigen Dateinamen in die Komponenten
»Suchweg«, »Name« und »Namenserweiterung«.

FSplit(_Pfad_ **: PathStr; var** _Dir_ **: DirStr;**
var _Name_ **: NameStr; var** _Ext_ **: ExtStr);**
FileSplit(_Pfad_, _Dir_, _Name_, _Ext_ **: PChar) : Word;**

- _Pfad:_ String-Ausdruck, der einen vollständigen Dateinamen angibt.
- _Dir:_ Enthält Laufwerksbezeichner und Pfadangabe (mit Doppelpunkt
und umgekehrten Schrägstrichen \).
- _Name:_ Enthält Dateinamen.
- _Ext:_ Enthält Dateinamenserweiterung (mit führendem Punkt).

Anmerkungen

- Die verwendeten Datentypen sind im Unit Dos so deklariert:
```
TYPE   PathStr = string[79];
       DirStr  = string[67];
       NameStr = string[8];
       ExtStr  = string[4];
```
- Die einzelnen Teile können danach wieder verbunden werden und
ergeben denselben String wie beim ersten Aufruf.
- Der gelieferte Wert ist eine Kombination der Bitmasken _fsDiretory_,
fsFileName und _fsExtension_ und gibt an, welche Komponenten im Pfad
vorhanden waren. Wenn der Name oder die Dateinamenserweiterung
Jokerzeichen enthalten (* oder ?), wird das Flag _fcWildcard_ im
Rückgabewert der Funktion gesetzt.

7.6

Datei suchen
Funktion

FSearch / FileSearch
Unit Dos / Unit WinDos

Sucht einen Dateieintrag in einer angegebenen Liste von Verzeichnissen.

FSearch(_Datei_ **: PathStr;** _DirListe_ **: String) : PathStr;**
FileSearch(_Ziel_, _Name_, _DirListe_ **: Pchar) : PChar;**

- _Datei:_ Dateiname der gesuchten Datei.
- _DirListe:_ Liste von Verzeichnissen. Die einzelnen Verzeichnisse
sind durch Semikola voneinander getrennt (wie bei dem DOS-Befehl
PATH).
- _Ziel:_ Falls vorhanden, ist Ziel gleich dem Dateinamen der gesuchten
Datei. Sonst ist Ziel der Wert #0 zugeordnet.

Anmerkungen

▒ Die Suche beginnt beim momentanen Verzeichnis. Falls hier die Datei nicht gefunden wird, werden weitere Verzeichnisse in der angegebenen Reihenfolge durchsucht.

▒ Falls die Datei nicht gefunden wird, ist das Funktionsergebnis ein leerer String.

▒ Die im DOS-Environment als Suchpfad gesetzten Verzeichnisse können durchsucht werden, indem als Verzeichnisliste das Ergebnis von **GetEnv('PATH')** verwendet wird.

Erste Datei suchen	**FindFirst**
Prozedur	**Unit Dos / Unit WinDos**

Sucht in einem Verzeichnis nach dem ersten Vorkommen eines Dateinamens.

```
Dos     : FindFirst( Pfad :String; Attr :Byte;
                  var S :SearchRec);
WinDos : FindFirst( Pfad :PChar; Attr :Word;
                  var S :TSearchRec);
```

Pfad: Gibt den zu suchenden Dateinamen (optional mit Pfadangabe) an. Auch Namensmuster sind möglich.

Attr: Gibt die Dateiattribute der gesuchten Datei an. Dazu sind in den Units Dos und WinDos folgende Konstanten definiert:

```
CONST DOS  ReadOnly  = $01;   WinDOS  faReadOnly  = $01
          Hidden    = $02;           faHidden    = $02
          SysFile   = $04;           faSysFile   = $04
          VolumeID  = $08;           faVolumeID  = $08
          Directory = $10;           faDirectory = $10
          Archive   = $20;           faArchive   = $20
          AnyFile   = $3F;           faAnyFile   = $3F
```

7.6

S: Enthält bei erfolgreicher Suche die Datei-Informationen. Der Record **SearchRec** ist in der Unit Dos so definiert:

```
TYPE  SearchRec = RECORD
                    Fill: array[1..21] of Byte;
                    Attr: Byte;
                    Time: Longint;
                    Size: Longint;
                    Name: string[12];
                  END;
```

▒ Der Record **TSearchRec** ist in der Unit WinDos so definiert:

```
TYPE  TSearchRec = RECORD
                     Fill: array[1..21] of Byte;
                     Attr: Byte;
                     Time: Longint;
                     Size: Longint;
                     Name: array [1..12] of char;
                   END;
```

Anmerkungen

■ Die Zeit-Information des Dateieintrags ist gepackt und kann mit **UnPackTime** in die einzelnen Komponenten zerlegt werden.

■ Bei der Angabe eines Attributes werden auch Dateien mit weniger einschränkenden Attributen gefunden. So werden z.B. bei Read only auch normale Dateien, jedoch keine Verzeichnisse gefunden.

Fehler

Fehler setzen die globale Variable DosError. Mögliche Fehlercodes sind DosError = ...
0: fehlerfrei
2: Verzeichnis nicht gefunden
18: keine weiteren Einträge

Nächste Datei suchen	**FindNext**
Prozedur	**Unit Dos / Unit WinDos**

Setzt die mit **FindFirst** begonnene Suche fort.

```
Dos     : FindNext(var S : SearchRec);
WinDos  : FindNext(var S : TSearchRec);
```

■ *S:* Enthält bei erfolgreicher Suche die Datei-Informationen. Diese Variable muß mit **FindFirst** initialisiert worden sein (siehe **FindFirst**).

Fehler

7.6

Fehler setzen die globale Variable DosError. Mögliche Fehlercodes sind DosError = ...
0: fehlerfrei
18: keine weiteren Einträge

Beispiel zu FindFirst und FindNext

Das Programm DIR_LIST sucht alle Verzeichniseinträge und gibt die einzelnen Namen in einer Liste aus.

```
PROGRAM DIR_LIST;
USES DOS;
VAR Dir_Record : SearchRec;

BEGIN
     FindFirst('*.*',Archive + ReadOnly,Dir_Record);
     While DosError <> 18 DO BEGIN
           Writeln(Dir_Record.Name);
           FindNext(Dir_Record);
     END;
END.
```

Dateiattribute holen GetFAttr
Prozedur Unit Dos / Unit WinDos

Ermittelt die Attribute einer angegebenen Datei.

GetFAttr(var f **; var** Attr **: Word);**

■ f: Datei-Variable beliebigen Typs, der mit **Assign** eine externe Datei zugewiesen ist. Die Datei darf nicht offen sein.

■ Attr: Erhält die Dateiattribute. Die einzelnen Attribute können mit AND-Operationen ermittelt werden. Für die Attribute sind in den Units Dos und WinDos folgende Konstanten definiert:

```
CONST DOS  ReadOnly  = $01;   WinDOS  faReadOnly  = $01
           Hidden    = $02;           faHidden    = $02
           SysFile   = $04;           faSysFile   = $04
           VolumeID  = $08;           faVolumeID  = $08
           Directory = $10;           faDirectory = $10
           Archive   = $20;           faArchive   = $20
           AnyFile   = $3F;           faAnyFile   = $3F
```

Fehler

Die durch f angegebene Datei darf nicht offen sein.
Ein aufgetretener Fehler verändert die globale Variable DosError. Mögliche Fehlercodes sind DosError = ...
2: Datei nicht gefunden
3: ungültiger Suchpfad
5: Dateizugriff verweigert

Dateiattribute setzen SetFAttr
Prozedur Unit Dos / Unit WinDos

7.6

Setzt Attribute einer Datei.

SetFAttr(var f **;** Attr **: Byte);**

■ f: Datei-Variable beliebigen Typs, der mit **Assign** eine externe Datei zugewiesen ist. Die Datei darf nicht offen sein.

■ Attr: Zu setzende Dateiattribute. Die einzelnen Attribute können durch Addition mehrerer Konstanten zusammengesetzt werden (Konstanten siehe **GetFAttr**).

Fehler

Die durch f angegebene Datei darf nicht offen sein.
Ein aufgetretener Fehler verändert die globale Variable DosError.
Mögliche Fehlercodes sind DosError = ...
3: ungültiger Suchpfad
5: Dateizugriff verweigert

Beispiel zu GetFAttr und SetFAttr

Das Programm *Attribut_Demo* liest das Attribut der Datei TEST.PAS und verändert es in den Wert $03 (= $01 + $02). Dies entspricht einer Addition der vordefinierten Konstanten *ReadOnly + Hidden*.

```
PROGRAM Attribut_Demo;
USES DOS;

VAR f    : file;
    attr : Word;

BEGIN
    assign(f,'TEST.PAS');
    GetFAttr(f,attr);
    Writeln(attr);
    SetFAttr(f,ReadOnly + Hidden);
    GetFAttr(f,attr);
    Writeln(attr);
END.
```

Datei umbenennen   *Rename*
Prozedur

Benennt eine Diskettendatei mit einem neuen Namen und setzt den Dateieintrag bei Bedarf in ein anderes Verzeichnis ein.

Rename(var *f* ; *Neuname***)**;

■ *f:* Datei-Variable beliebigen Typs, der mit **Assign** eine externe Datei zugewiesen ist. Die Datei darf nicht offen sein.

■ *Neuname:* Neuer Dateiname. *Neuname* ist ein String-Ausdruck (oder vom Typ PChar, wenn die erweiterte Syntax eingeschaltet ist). Dieser Name kann eine Pfadangabe enthalten.

7.6

Anmerkungen

■ Falls die Pfadangabe ein anderes Verzeichnis angibt als das, in dem die Datei momentan gespeichert ist, wird der Dateieintrag in dieses neue Verzeichnis gespeichert.

■ Damit kann **Rename** – im Gegensatz zum DOS-Befehl RENAME – Dateien auch zwischen Verzeichnissen bewegen. Hierbei wird aber nicht der Dateiinhalt bewegt, sondern nur der Verzeichniseintrag.

Fehler

Die durch f angegebene Datei darf nicht offen sein.
Mögliche Fehlercodes können im Modus {$I-} über **I/O Result** *abgefragt werden.*

Datei löschen   *Erase*
Prozedur

Löscht die angegebene Datei.

   Erase(var *f* **);**

▨ *f:* Datei-Variable beliebigen Typs, der mit **Assign** eine externe Datei zugewiesen ist. Die Datei darf nicht offen sein.

Fehler

Die durch f angegebene Datei darf nicht offen sein.
Mögliche Fehlercodes können im Modus {$I-} über **I/O Result** *abgefragt werden.*

7.6

7.7 Verzeichnisbehandlung

Verzeichnis erzeugen	*MkDir / CreateDir*
Prozedur	*Unit Dos / WinDos*

Erstellt ein neues Verzeichnis mit einem angegebenen Namen.

MkDir(*s* : String);
CreateDir (*s* : PChar)

▧ *s:* Gibt den Namen des zu erstellenden Verzeichnisses an und kann zusätzlich Laufwerks- und Pfadangaben enthalten.

Anmerkungen

▧ Verzeichnisname beginnt
  ▶ mit umgekehrtem Schrägstrich:
  Verzeichnis wird unter dem Stammverzeichnis angelegt.
  ▶ nicht mit umgekehrtem Schrägstrich:
  Verzeichnis wird unter dem momentanen Verzeichnis angelegt.

Fehler

*MkDir : Eine Datei oder ein Verzeichnis mit dem angegebenen Namen darf noch nicht existieren. Mögliche Fehlercodes können im Modus {$I-} über **I/O Result** abgefragt werden.*
CreateDir : Mögliche Fehlercodes werden in der Variablen DosError angegeben.

7.7

Verzeichnis entfernen	*RmDir / RemoveDir*
Prozedur	*Unit DOS / Unit WinDos*

Löscht ein leeres Unterverzeichnis.

RmDir(*s* : String);
RemoveDir (*s* : PChar)

▧ *s:* Gibt den Namen des zu löschenden Verzeichnisses an und kann zusätzlich Laufwerks- und Pfadangaben enthalten.

Anmerkung

▧ Verzeichnisname wie bei **MkDir/CreateDir**.

Fehler

*RmDir : Mögliche Fehlercodes können im Modus {$I-} über **I/O Result** abgefragt werden.*

RemoveDir : Mögliche Fehlercodes werden in der Variablen DosError angegeben.

Standardverzeichnis wechseln   ChDir / SetCurDir
Prozedur   **Unit Dos / Unit WinDos**

Wechselt das momentane Standardverzeichnis.

ChDir(s : String);
SetCurDir (s : PChar);

▨   *s:* Gibt den Namen des Verzeichnisses an, das als neues Standardverzeichnis eingestellt werden soll. Kann zusätzlich Laufwerks- und Pfadangaben enthalten.

Fehler

ChDir : Mögliche Fehlercodes können im Modus {$I-} über **I/O Result** *abgefragt werden.*
SetCurDir : Mögliche Fehlercodes werden in der Variablen DosError angegeben.

Standardverzeichnis feststellen   GetDir
Prozedur   **Unit Dos**

Ermittelt das momentane Standardverzeichnis eines Laufwerks.

GetDir(Laufwerk : Byte; var s : String);

▨   *Laufwerk:* Laufwerk, dessen Standardverzeichnis ermittelt werden soll. Dabei gelten folgende Werte:
0 = momentanes Laufwerk
1 = Laufwerk A
2 = Laufwerk B: usw.
▨   *s:* Standardverzeichnis dieses Laufwerks.

7.7

Fehler

Mögliche Fehlercodes können im Modus {$I-} über **I/O Result** *abgefragt werden.*

Standardverzeichnis feststellen   *GetCurDir*
Funktion   *Unit WinDos*

Ermittelt das momentane Standardverzeichnis eines Laufwerks.

GetCurDir(*s* **: PChar ;** *Laufwerk* **: Byte) : PChar;**

▨ *Laufwerk:* Laufwerk, dessen Standardverzeichnis ermittelt werden soll. Dabei gelten folgende Werte:

0 = momentanes Laufwerk
1 = Laufwerk A:
2 = Laufwerk B: usw.

▨ *s:* Standardverzeichnis dieses Laufwerks.

Fehler

Mögliche Fehlercodes werden in der Variablen DosError angegeben.

7.7

7.8 DOS-Prozesse

Programm starten	**_Exec_**
Prozedur	**_Unit Dos_**

Führt ein Programm als Unterprozeß aus und übergibt zusätzlich Kommandozeilen-Parameter.

Exec(_Pfad_, _Kmdozeile_ **: String);**

▓ _Pfad:_ Name des auszuführenden Programms, kann Laufwerks- und Pfadangaben enthalten.
▓ _Kmdozeile:_ (Optional) Kommandozeilen-Parameter für aufgerufenes Programm.
▓ Die Dateiart (.EXE, .COM, .BAT) wird nicht automatisch festgestellt. Die Namenserweiterung muß mit angegeben werden.
▓ Mit **Halt** kann ein Exit-Code beim Beenden des Unterprozesses gesetzt werden.
▓ Der Exit-Code kann nach Beendigung mit **DosExitCode** festgestellt werden (siehe auch 6.9).
▓ Bei internen Befehlen (DIR, COPY) muß der Kommandointerpreter COMMAND.COM als Pfad mitangegeben werden. Parameter werden mit /C eingeleitet.

Exec('C:\COMMAND.COM',' /C DIR');

▓ Vor Aufruf von Exec muß mit {$M} eine Maximalgröße des Heaps festgelegt werden, da Pascal standardmäßig den gesamten Speicher beansprucht.
▓ Da Turbo Pascal eine Reihe von Interrupt-Vektoren verändert, sollte aus Sicherheitsgründen vor und nach dem Aufruf von **EXEC** die Prozedur **SwapVectors** ausgeführt werden.

7.8

Fehler

Mögliche Fehlercodes sind DOSError = ...
 2: Datei nicht gefunden.
 8: Speicherplatz nicht ausreichend [kann mit {$M} eingestellt werden (siehe 3.4)].
11: ungültiges Befehlsformat.

Exit-Code ermitteln
Funktion

DosExitCode
Unit Dos

Liefert den Exit-Code eines Programms, das als Unterprozeß gestartet wurde.

DosExitCode : Word

Ergebnis

■ Das *niederwertige Byte* ist der Exit-Code des Programms:
| 0 | normales Ende |
| andere | Ende über **Halt** usw. |

■ Das *höherwertige Byte* kann folgende Werte haben:
0	normales Ende
1	Abbruch mit Strg+C oder Strg+Untbr
2	Abbruch durch Gerätefehler
3	Ende durch die Prozedur **Keep**

Anmerkung

■ Der Exit-Code läßt sich nur einmal lesen. Wird er mehrmals benötigt, muß er in eine Variable zwischengespeichert werden.

Programm beenden, speicherresident
Prozedur

Keep
Unit Dos

Beendet ein Programm und macht es speicherresident.

Keep(*Exitcode* **: Word);**

7.8

■ *Exitcode:* Exit-Code, der an DOS oder das aufrufende Programm zurückgegeben wird.

Anmerkungen

■ Das Programm bleibt nach der Beendigung im Speicher.
■ Das gesamte Programm wird speicherresident gemacht – einschl. Daten-Segment, Stack und Heap-Bereich. Bei der Compilierung muß die Obergrenze des Heap ({$M...}) festgelegt werden. Ansonsten betrachtet DOS den gesamten Hauptspeicher als belegt, und das System stürzt ab.

7.9 Overlay-Verwaltung

Die Unit *Overlay* ist für die Overlay-Verwaltung von Turbo Pascal
zuständig. Der Overlay-Puffer ist wie ein Ringpuffer organisiert. Overlays werden immer am Anfang des Puffers geladen, geladene Overlays
in Richtung Ende des Puffers verschoben. Ist der Puffer voll, werden die
Overlays am Ende des Puffers gelöscht.

Übersicht der Routinen

OvrInit	startet die Overlay-Verwaltung (Voraussetzung für alle folgenden Aufrufe).
OvrInitEMS	kopiert die Overlay-Datei in den EMS-Speicher (falls vorhanden).
OvrClearBuf	löscht den Overlay-Puffer.
OvGetBuf	ermittelt die momentane Größe des Overlay-Puffers.
OvrSetBuf	setzt die Größe des Overlay-Puffers.
OvrSetRetry	Legt die Größe des Bewährungsbereichs fest.
OvrGetRetry	Ermittelt die Größe des Bewährungsbereichs.

Variablen in der Unit-Overlay

OvrResult: Integer; übergibt den Status der Overlay-Routinen. Dafür
sind folgende Konstanten deklariert:

OvrOk	= 0	Kein Fehler
OvrError	= –1	Allg. Fehler
OvrNotFound	= –2	Overlay-Datei nicht gefunden
OvrNoMemory	= –3	Kein Platz für größeren Puffer
OvrIOError	= –4	I/O-Fehler beim Zugriff auf OVR-Datei
OvrNoEMSDriver	= –5	EMS-Treiber nicht installiert
OvrNoEMSMemory	= –6	Nicht genügend EMS-Speicher

■ Die Variable **OvrResult** wird bei Zugriffen nicht automatisch
zurückgesetzt.

    OvrTrapCount : Word;
    ▶ Zähler für abgefangene Overlay-Routinen durch die Overlay-
Verwaltung.
    OvrLoadCount : Word;
    ▶ Zähler für geladene Overlays.
    OvrFileMode : Byte;
    ▶ Zugriffsmodus für MS-DOS zum Öffnen von Overlays.
Standardmäßig wird der Wert 0 verwendet. Über einen

7.9

entsprechenden Wert kann gemeinsamer Zugriff im Netzwerk realisiert werden.

OvrReadBuf : OvrReadFunc;

▶ Über die Prozedurvariable kann man in den Ladevorgang eingreifen, um eine eigene Fehlerbehandlung zu installieren. Ist das Ergebnis 0, wurde der Ladevorgang erfolgreich abgeschlossen. Ist das Ergebnis ungleich 0, wird der Laufzeitfehler 209 erzeugt.

```
TYPE OvrReadFunc = function(OvrSeg:Word):Integer;
VAR  OvrReadBuf : OvrReadFunc;
```

Konstanten in der Unit-System

OvrCodeList:Word	= 0;	Codesegment-Liste der Overlay-Verwaltung
OvrHeapSize:Word	= 0;	Standardgröße des Overlay-Puffers
OvrDebugPtr:Pointer	= nil;	Einhängepunkt für Debugger
OvrHeapOrg:Word	= 0;	Startadresse des Overlay-Puffers
OvrHeapPtr:Word	= 0;	Momentane Spitze des Puffers
OvrHeapEnd:Word	= 0;	Obergrenze des Puffers
OvrLoadList:Word	= 0;	Liste der geladenen Segmente
OvrDosHandle:Word	= 0;	DOS-Handle für die Overlay-Datei
OvrEmsHandle:Word	= 0;	DOS-Handle für OvrInitEms

7.9

Overlay-Verwaltung initialisieren   **OvrInit**
Prozedur   **Unit Overlay**

Initialisiert die Overlay-Verwaltung und öffnet die .OVR-Datei des Programms.

OvrInit(*Dateiname* **: String);**

■ *Dateiname:* Datei, in der die Overlay-Units des Programms gespeichert sind. Normalerweise ist dies der Programm-Dateiname mit der Namenserweiterung .OVR.

Anmerkungen

■ **OvrInit** muß unbedingt aufgerufen werden – alle nachfolgenden Overlay-Routinen setzen die Initialisierung voraus.

■ Falls kein Suchpfad angegeben wird, wird die Datei im momentanen Verzeichnis gesucht, dann in dem Verzeichnis mit der EXE-Datei

(DOS 3.x) und dann in allen DOS-Suchverzeichnissen, die mit PATH angegeben sind.

▓ Nachdem der benötigte Speicher für die größte Overlay-Unit ermittelt wurde, wird der Heap-Beginn verschoben und Platz für den Overlay-Puffer geschaffen.

Fehler

Bei einem Fehler wird die Overlay-Verwaltung nicht installiert. Nachfolgende Aufrufe von Overlay-Routinen ergeben Fehler 208.

Overlay-Datei in EMS *Prozedur*	*OvrInitEMS* *Unit Overlay*

Kopiert die Overlay-Datei des Programms in den EMS-Speicher.

OvrInitEMS;

Anmerkungen

▓ **OvrInitEMS** prüft, ob ein EMS-Speicher verfügbar ist, der genügend Platz für die Overlay-Datei bietet. Wenn dies so ist, wird die gesamte Datei in diesen Speicher geladen – die Overlay-Verwaltung muß dann nicht mehr auf Diskette/Festplatte zugreifen.

▓ Falls der Speicher nicht ausreicht, arbeitet die Overlay-Verwaltung normal weiter und holt die Dateien von Diskette bzw. Festplatte.

▓ Dieser Vorgang hat nur Auswirkung auf Diskettenzugriffe beim Nachladen – die Programme werden weiterhin im normalen Arbeitsspeicher ausgeführt.

▓ **OvrInitEMS** benötigt mindestens die Version 3.2 des EMS-Treibers.

7.9

Größe des Overlay-Puffers *Funktion*	*OvrGetBuf* *Unit Overlay*

Liefert die momentane Größe des Overlay-Puffers in Byte.

OvrGetBuf : LongInt;

Anmerkungen

▓ Der Puffer ist standardmäßig so groß, daß die größte vom Programm verwendete Overlay-Unit genau hineinpaßt.

▓ Mit **OverSetBuf** kann die Puffergröße direkt verändert werden.

Größe des Overlay-Puffers setzen
Prozedur

OvrSetBuf
Unit Overlay

Legt die Größe des Overlay-Puffers fest.

OvrSetBuf(*Groeße* **: LongInt);**

▨ *Größe:* Gibt die Größe des Overlay-Puffers in Byte an.

Anmerkungen

▨ Je größer der Puffer ist, desto mehr Overlay-Units können gleichzeitig im Speicher stehen.
▨ Puffergrenzen:
   ▶ Minimum: Größe des umfangreichsten Overlays des Programms.
   ▶ Maximum: Größe des momentanen Puffers plus freier Platz auf dem Heap (**MemAvail**, **MaxAvail**).

Fehler

Da der Heap-Bereich durch diesen Vorgang verschoben wird, dürfen beim Aufruf von **OvrSetBuf** keine dynamischen Variablen belegt sein. Falls doch, endet die Routine mit dem Fehlercode *ovrError* und läßt den Puffer unverändert.

Falls die Größe nicht in den möglichen Grenzen liegt, ergibt sich der Fehlercode *ovrError* oder *ovrNoMemory*.

Durch einen Fehler ergeben sich keine negativen Seiteneffekte – die Overlay-Verwaltung arbeitet normal weiter.

7.9

Overlay-Puffer löschen
Prozedur

OvrClearBuf
Unit Overlay

Löscht den Overlay-Puffer.

OvrClearBuf;

Anmerkungen

▨ **OvrClearBuf** entfernt alle momentanen Overlay-Units aus dem Speicher und erzwingt so das Nachladen der entsprechenden Codesegmente aus der OVR-Datei bzw. dem EMS-Speicher für folgende Overlay-Aufrufe.
▨ Diese Prozedur ist im Normalbetrieb nicht notwendig – nur für spezielle Anwendungen, um den Puffer neu zu ordnen oder für andere Zwecke freizugeben.

Größe des Bewährungsbereichs festlegen
Prozedur

OvrSetRetry

Unit Overlay

Die Prozedur legt die Größe des Bewährungsbereichs im Overlay-Puffer fest.

OvrSetRetry(_Größe_ **: LongInt);**

■ _Größe:_ Gibt die Puffergröße des Bewährungsbereichs in Byte an.

Anmerkungen

■ Wenn ein Overlay an das Ende des Puffers rückt, erhält es eine »Bewährung«. Erfolgt in dieser Phase ein Aufruf einer Prozedur oder Funktion in dem Overlay, wird es wieder an den Anfang des Puffers gelegt. Erfolgt kein Aufruf in dieser Bewährungszeit, wird das Overlay ausgelagert, wenn es an das Ende des Puffers kommt.

■ Der gesamte freie Speicherplatz des Overlay-Puffers wird als Bewährungsbereich betrachtet.

■ Den besten Zugriff auf Overlays erhält man, wenn der Bewährungsbereich von einem Drittel bis zur Hälfte des Overlay-Puffers reicht.

Größe des Bewährungsbereichs ermitteln
Funktion

OvrGetRetry

Unit Overlay

Die Funktion ermittelt die Größe des Bewährungsbereichs. Es wird der Wert zurückgegeben, der mit OvrSetRetry gesetzt wurde.

7.9

OvrGetRetry:LongInt;

Overlays in .EXE-Dateien

Mit Turbo Pascal können Overlays an das Ende der .EXE-Datei angehängt werden. Die .OVR-Dateien werden dann nicht mehr benötigt. Hierfür wird der MS-DOS-Befehl COPY verwendet.

COPY /B PROG.EXE + PROG1.OVR NEUPROG.EXE

■ Die .EXE-Datei darf keine Debuginformationen mehr enthalten (siehe 3.3).

■ Um Overlays aus der EXE-Datei zu lesen, wird der Name der .EXE-Datei beim Aufruf von OvrInit angegeben.

■ Ab Dos 3.x kann hierfür folgender Aufruf verwendet werden:

```
OvrInit(Paramstr(0));
```

Anmerkungen

■ Sämtliche Routinen, die als Overlay ausgeführt werden sollen, müssen far kodiert sein. Hierfür wird der Schalter {$F+} am Anfang des Programms oder Units gesetzt.

■ In den Units, die als Overlay ausgeführt werden sollen, muß der Schalter {$O+} gesetzt werden.

■ Im Hauptprogramm müssen die Units in der USES-Anweisung vor allen anderen Units aufgeführt werden. Der Compiler-Befehl {$O Unitname} legt fest, welche Units als Overlay eingebunden werden.

■ Die Initialisierung der Routinen muß vor der Belegung durch dynamische Variablen erfolgen, da **OvrInit** Platz zwischen Stack und Heap belegt.

■ **OvrInit** erwartet die Unit als Datei auf Diskette. *Compiler/Ausgabeziel* muß auf *Festplatte* gesetzt sein.

■ Wahlweise können die Overlay-Dateien wie oben beschrieben in die .EXE-Datei aufgenommen werden. Eine Ausführung des Programms innerhalb der integrierten Entwicklungsumgebung ist hierbei nicht möglich.

■ Die Overlays sollten aus den genannten Gründen erst dann zum Programm kopiert werden, wenn dieses fehlerfrei läuft.

■ Units, die Interrupt-Behandlungsroutinen enthalten, dürfen nicht in ein Overlay verlagert werden, da sich die Adresse der Routine nicht festlegen läßt und evtl. ins Leere »zeigt«, wenn die Routine durch die Overlay-Verwaltung verschoben wird.

■ Overlay-Units sollten keine Initialisierungsteile enthalten. Dies erzeugt einen Laufzeitfehler 208, da der Initialisierungsteil mangels Verwaltung noch nicht zur Verfügung steht.

■ Werden Assembler-Programme verwendet, müssen diese **far** kodiert sein.

7.9

Kapitel 8:

EIN-/AUSGABE, BILDSCHIRM- UND DATEIBEHANDLUNG

8

8.1 Ein- und Ausgabe an Bildschirm und Tastatur

Allgemeines

█ Die Ein-/Ausgabe an Bildschirm und Tastatur wird mit denselben Routinen vorgenommen wie beim Arbeiten mit Dateien – hier wird einfach die Datei-Variable weggelassen, der Compiler setzt an solche Stellen automatisch *Input* und *Output* ein.

█ Turbo Pascal stellt jedem Programm über die Unit-System automatisch die globalen Datei-Variablen *Input* und *Output* zur Verfügung.

█ Der Initialisierungsteil von *System* ordnet der Variablen *Input* die Tastatur zu und öffnet sie für Leseaktionen; *Output* bekommt den Bildschirm zugeordnet und wird für Schreibaktionen geöffnet.

DOS-Geräteeinheiten

Peripheriegeräte des Systems werden programmiertechnisch wie Dateien behandelt. DOS-Geräteeinheiten sind reservierte Dateinamen und dürfen nicht für andere Zwecke verwendet werden.

█ Der wesentliche Unterschied zwischen Datei und Gerät besteht darin, daß ein Gerät auf einer bestimmten Hardware beruht und im Gegensatz zu einer Datei nicht beliebig angelegt oder gelöscht werden kann.

█ Die Gemeinsamkeit besteht darin, daß Gerätenamen und Dateinamen logische Namen sind, über die auf die Funktionen (bei Geräten) bzw. Informationen (bei Dateien) zugegriffen werden kann.

█ Ein-/Ausgaben auf Geräte sind zeichenorientiert, auf Dateien blockorientiert.

8.1

Geräteeinheit CON

CON bezeichnet das Gerät »CONSOLE«. Für Standard-Eingaben ist dies die Tastatur, für Standard-Ausgaben der Bildschirm. Die vorgegebenen Dateivariablen *Input* und *Output* beziehen sich auf CON, solange die Ein-/Ausgaben nicht umgeleitet werden (siehe 8.8).

Geräteeinheiten LPT1, LPT2, LPT3 und PRN

Die Geräteeinheiten bezeichnen die parallelen Schnittstellen zu angeschlossenen Druckern. Die Standardausgabeeinheit kann auch über PRN angesprochen werden und entspricht LPT1. Drucker sind reine Ausgabeeinheiten. Die Anwendung von RESET und ein nachfolgender Leseversuch liefern das Ergebnis EOF=True.

Geräteeinheiten COM1, COM2 und AUX

Die Geräteeinheiten bezeichnen die seriellen Schnittstellen. Die Standardausgabeeinheit für serielle Schnittstellen kann auch über AUX angesprochen werden und entspricht COM1.

Geräteeinheit NUL

Die Geräteeinheit NUL ignoriert sämtliche Ausgaben. Bei Leseversuchen wird EOF=True zurückgeliefert. Die Einheit kann sehr gut für Testzwecke verwendet werden.

Anmerkung

▨ Sämtliche DOS-Geräteeinheiten müssen über **ASSIGN** einer Dateivariablen zugeordnet werden. Im Gegensatz zur Anwendung bei DOS-Befehlen darf hier kein abschließender Doppelpunkt angegeben werden.

```
VAR Ausgabe : Text;
BEGIN
    Readln(Ausgabe);
    Assign(Ausgabe,'LPT1'); Rewrite(Ausgabe);
    Writeln(Ausgabe,'Text auf den Drucker');
END.
```

Bildschirmeingabe zeilenweise   Readln
Prozedur

Liest eine Anzahl Werte in die angegebenen Variablen (führt also **Read** aus) und setzt den Cursor dann auf den Anfang der nächsten Zeile.

Readln(var *v1* [, *v2*, ..., *vn*]**);**

▨ *v1 ... vn:* Variablen, in die eingelesen werden soll. Die Anzahl gibt an, wieviele Werte eingelesen werden sollen. Hier sind die Typen Char, String sowie sämtliche Integer- und Real-Typen zulässig. Mehrere Typen können in einem Aufruf gemischt werden.

Bildschirmeingabe   Read
Prozedur

Liest eine Anzahl Werte in die angegebenen Variablen.

Read(var *v1* [, *v2*, ..., *vn*]**);**

▨ *v1 ... vn:* Variablen, in die eingelesen werden soll. Die Anzahl gibt an, wieviele Werte eingelesen werden sollen. Hier sind die Typen Char, String sowie sämtliche Integer- und Real-Typen zulässig. Mehrere Typen können in einem Aufruf gemischt werden.

8.1

Bildschirmausgabe zeilenweise   Writeln
Prozedur

Führt **Write** aus und schließt die Ausgabe mit Zeilenvorschub (CR+LF) ab.

Writeln(*v1* [, *v2*, ..., *vn*]**);**

▪ *v1 ... vn:* Variablen, die geschrieben werden sollen. Jede Angabe *v* steht für einen Ausdruck, dem noch weitere Angaben als Integer-Ausdrücke folgen können (siehe **Write**).

Bildschirmausgabe   Write
Prozedur

Schreibt Daten in den Bildschirm ohne Zeilenvorschub.

Write(*v1* [, *v2*, ..., *vn*]**);**

▪ *v1 ... vn:* Variablen, die geschrieben werden sollen. Jede Angabe *v* steht für einen Ausdruck, dem noch weitere Angaben als Integer-Ausdrücke folgen können:

Ausdruck [: *MinBreite* [: *DezStellen*]];

▪ *Ausdruck:* Ausdruck, der geschrieben werden soll.
▪ *MinBreite:* Mindestbreite des Ausgabefeldes (muß > 0 sein). Mindestens diese Anzahl Zeichen werden geschrieben. Falls die Ausgabe kürzer ist, werden Leerzeichen davorgestellt. Falls die Ausgabe länger ist, wird sie nicht abgeschnitten.
▪ *DezStellen:* Nur bei Real-Ausdrücken und wenn *MinBreite* auch angegeben. Anzahl der Dezimalstellen in Fixkomma-Darstellung (muß >=0 sein). Wenn DezStellen=0, wird nur der ganzzahlige Teil ausgegeben.
▪ Wenn DezStellen nicht angegeben ist, wird der Wert in Exponentialdarstellung ausgegeben.

Anmerkung

▪ Bei Verwendung eines Coprozessors geben *Write* und *Writeln* 4 Ziffern für den Exponenten aus, da im Format *Extended* gearbeitet und damit dem erweiterten Rechenbereich gerecht wird.

Beispiel

8.1

Ausgabe der Zahl PI unter Verwendung unterschiedlicher Ausgabeformate.

```
PROGRAM Read_Write;
VAR  Zahl : Real;
BEGIN
    Zahl := Pi;
    Writeln(Zahl);
    Writeln(Zahl:3);
    Writeln(Zahl:3:5);
    Writeln(Zahl:3:10);
END.
```

```
3.1415926536+00
 3.1E+00
3.14159
3.1415926536
```

8.2 Bildschirmbehandlung für Textausgabe

Bildschirmvariable zuordnen   **AssignCrt**
Prozedur   Unit Crt

Weist dem Bildschirm »Crt« eine Textdatei zu.

AssignCrt(var *f* : Text);

■ *f:* Textdatei-Variable.

Anmerkungen

■ Die Funktionsweise ist wie bei **Assign** (siehe 8.8). Hier wird kein Dateiname angegeben, sondern die Datei-Variable wird automatisch mit dem Bildschirm verbunden.

■ Ausgaben über *Crt* sind wesentlich schneller als über die DOS-Standardausgabe *Output*.

■ Über die Variable *CheckSnow* wird die Bildschirmausgabe synchronisiert.

■ Über *DirectVideo* wird der direkte Zugriff auf den Bildschirmspeicher gesteuert.

Löschen Rest der Zeile   **ClrEol**
Prozedur   Unit Crt

Löscht alle Zeichen von der aktuellen Cursorposition bis zum Zeilenende.

ClrEol;

Anmerkungen

■ Zum Löschen werden die Stellen rechts der Cursorposition bis zum Zeilenende mit Leerzeichen beschrieben. Dazu wird das von **TextBackground** gesetzte Attribut verwendet.

■ Falls die Textfarbe gerade nicht auf Schwarz gesetzt ist, wird die Zeile mit der gesetzten Farbe beschrieben.

■ **ClrEol** arbeitet relativ zum gesetzten Textfenster.

■ **ClrEol** ändert nicht die aktuelle Cursorposition.

8.2

Löschen Fenster   **ClrScr**
Prozedur   Unit Crt

Löscht den Bildschirminhalt und setzt den Cursor in die linke obere Ecke.

ClrScr;

Anmerkungen

▨ Der Bildschirm wird mit Leerzeichen beschrieben. Dazu wird das von **TextBackground** gesetzte Attribut verwendet.

▨ Falls die Textfarbe gerade nicht auf Schwarz gesetzt ist, wird der Bildschirm mit der gesetzten Farbe beschrieben.

▨ **ClrScr** arbeitet relativ zum gesetzten Textfenster.

Löschen Zeile	***DelLine***
Prozedur	Unit Crt

Löscht die momentane Cursorzeile und schiebt die folgenden Zeilen des Bildschirms nach oben.

    DelLine;

Anmerkungen

▨ Die freiwerdende unterste Zeile wird gelöscht, wobei sie mit Leerzeichen gefüllt wird (siehe **ClrEol**).

▨ **DelLine** arbeitet relativ zum gesetzten Textfenster.

▨ Bildschirmteile außerhalb des momentanen Textfensters werden nicht gelöscht und nicht vom Verschieben der Zeilen beeinflußt.

Einfügen Zeile	***InsLine***
Prozedur	Unit Crt

Fügt eine Leerzeile ab der momentanen Cursorzeile ein.

    InsLine;

Anmerkungen

▨ Dazu werden alle Zeilen zwischen der Cursorzeile und der letzten Zeile nach unten geschoben. Die letzte Zeile verschwindet.

▨ Die freiwerdende Zeile wird mit Leerzeichen gefüllt (siehe **ClrEol**).

▨ **InsLine** arbeitet relativ zum gesetzten Textfenster.

8.2

Cursor setzen	***GotoXY***
Prozedur	Unit Crt

Setzt den Cursor im Textbildschirm bzw. Textfenster an eine angegebene Stelle.

    GotoXY(*X*, *Y* : Byte);

▨ *X, Y:* Spalte und Zeile der gewünschten Position. Die Position *1,1* gibt die linke obere Ecke des Bildschirms bzw. Textfensters an.

Fehler

Falls einer der beiden Parameter ungültig ist, wird die Cursorposition nicht verändert.

Cursorspalte feststellen	**WhereX**
Cursorzeile feststellen	**WhereY**
Funktion	**Unit Crt**

Ermittelt die momentane Cursorspalte (**WhereX**) bzw. -zeile (**WhereY**) im momentanen Textfenster.

   WhereX : Byte;
   WhereY : Byte;

Anmerkung

   Die Zählung für Spalten und Zeilen beginnt immer bei 1. Zeile 1 ist also die oberste Bildschirmzeile, Spalte 1 die erste Stelle in der Zeile.

Textfenster definieren	**Window**
Prozedur	**Unit Crt**

Definiert einen bestimmten Teil des Bildschirms als Textfenster.

   Window(x1, y1, x2, y2 : Byte);

   x1, y1: Spalte, Zeile der oberen linken Ecke des Fensters.
   x2, y2: Spalte, Zeile der unteren rechten Ecke des Fensters.

Anmerkungen

   Nach der Ausführung steht der Cursor in der linken oberen Ecke des neuen Fensters.

   Window speichert die Grenzen des momentan gesetzten Fensters in den Word-Variablen *WindMin* (=linke obere Ecke) und *WindMax* (=rechte untere Ecke):

   ▶ Im Low-Byte steht die x-Koordinate.
   ▶ Im High-Byte steht die y-Koordinate.

   WindMin und *WindMax* speichern die Koordinaten der BIOS-Routinen, beginnend mit *0,0*.

   Das Fenster muß mind. 1 Spalte und 1 Zeile umfassen.

   Voreingestellte Standardwerte sind:

Videomodus	Werte
Normal	(0,0,79,24)
EGA	(0,0,79,42)
VGA	(0,0,79,49)

8.2

Beispiel
```
PROGRAM Window_Koordinaten;
USES Crt;
BEGIN
   Textbackground(3);
   ClrScr;
   Window(3,6,50,20);
   Textbackground(5);
   ClrScr;
   Writeln(Lo(WindMin));
   Writeln(Hi(WindMin));
   Writeln(Lo(WindMax));
   Writeln(Hi(WindMax));
END.
```
Das Ergebnis sind die Koordinaten 2,5,49,19.

Fehler

Prozedur wird nicht ausgeführt:
Einer der Parameter ist außerhalb der erlaubten Grenzen. Die Koordinaten der beiden Ecken wurden vertauscht.

Zeichen hervorheben · HighVideo
Prozedur · *Unit Crt*

Stellt für die nachfolgenden Zeichenausgaben hohe Intensität ein.

   HighVideo;

Anmerkung

■ **HighVideo** setzt in der Variablen *TextAttr* das höchste Bit für die Vordergrundfarbe, so daß anstelle der Farben 0..7 die Farben 8..15 erscheinen.

8.2

Zeichen halbe Intensität · LowVideo
Prozedur · *Unit Crt*

Stellt für die nachfolgenden Zeichenausgaben halbe Intensität ein.

   LowVideo;

Anmerkung

■ **LowVideo** löscht in der Variablen *TextAttr* das höchste Bit für die Vordergrundfarbe, so daß anstelle der Farben 8..15 die Farben 0..7 erscheinen.

Zeichen normal — NormVideo
Prozedur — Unit Crt

Stellt die Zeichenausgabe so ein, wie sie beim Programmstart war, also auf die Zeichen- und Hintergrundfarben, die zu Anfang des Programms aktiv waren.

NormVideo;

Zeichenfarbe für Textausgaben — TextColor
Prozedur — Unit Crt

Stellt die Zeichenfarbe für folgende Textausgaben ein.

TextColor(_Farbe_ : Byte);

■ _Farbe:_ gibt die Farbe an. Dazu sind in der Unit Crt folgende Farb-Konstanten definiert.

Für Vorder- und Hintergrund

Black	=	0	Schwarz
Blue	=	1	Blau
Green	=	2	Grün
Cyan	=	3	Türkis
Red	=	4	Rot
Magenta	=	5	Fuchsinrot
Brown	=	6	Braun
LightGray	=	7	Hellgrau

Nur für Vordergrundfarben

DarkGray	=	8	Dunkelgrau
LightBlue	=	9	Hellblau
LightGreen	=	10	Hellgrün
LightCyan	=	11	Helles Türkis
LightRed	=	12	Hellrot
LightMagenta	=	13	Helles Fuchsinrot
Yellow	=	14	Gelb
White	=	15	Weiß
Blink	=	128	Blinkend

8.2

Anmerkungen

■ In der Unit Crt ist die globale Variable _TextAttr_ vereinbart, die das verwendete Zeichenattribut enthält. **TextColor** setzt die Bits 0–3 in dieser Variablen.

■ Durch Addition von _Blink_ erscheint die Zeichenausgabe zusätzlich blinkend.

Hintergrundfarbe für Textausgaben
Prozedur

TextBackground
Unit Crt

Stellt die Hintergrundfarbe für folgende Textausgaben ein.

TextBackground(*Farbe* : Byte);

▨ *Farbe*: gibt die Hintergrundfarbe an. Dazu sind in der Unit Crt folgende Farb-Konstanten definiert.

Für Vorder- und Hintergrund

Black	= 0	Schwarz
Blue	= 1	Blau
Green	= 2	Grün
Cyan	= 3	Türkis
Red	= 4	Rot
Magenta	= 5	Fuchsienrot
Brown	= 6	Braun
LightGray	= 7	Hellgrau

Anmerkungen

▨ In der Unit Crt ist die globale Variable *TextAttr* vereinbart, die das verwendete Zeichenattribut enthält. **TextBackground** setzt die Bits 4–6 in dieser Variablen.

▨ Folgende Bit-Codierung wird in *TextAttr* verwendet:

```
Bit-Nr: 7 6 5 4 3 2 1 0
        B H H H V V V V
```

B	= Blinken	Werte 0 oder 1
H	= Hintergrundfarbe	Werte 0 bis 7
V	= Vordergrundfarbe	Werte 0 bis 15

8.2

▨ Bei Veränderung der vordefinierten Konstanten *TextAttr* muß die Hintergrundfarbe mit 16 multipliziert werden, um die korrekte Bit-Position zu erreichen.

8.3 Bildschirmmodus einstellen

Textmodus setzen	**TextMode**
Prozedur	Unit Crt

Stellt einen Textmodus ein.

TextMode(*Modus* **: Integer);**

▓ *Modus:* gibt den zu setzenden Textmodus an. Dazu sind in der Unit Crt folgende Konstanten definiert:

BW40	=	0	40 * 25 schwarzweiß, CGA
CO40	=	1	40 * 25 farbig, CGA
C40	=	1	wie CO40 (wegen V. 3)
BW80	=	2	80 * 25 schwarzweiß, CGA
CO80	=	3	80 * 25 farbig, CGA
C80	=	3	wie CO80 (wegen V. 3)
Mono	=	7	80 * 25 schwarzweiß, Monochrom-Adapter
Font8x8	=	256	für 43/50 Zeilen EGA/VGA

Anmerkungen

▓ Für alle Werte, die nicht in der Konstantenliste zu finden sind, wird *CO80* gesetzt.

▓ Durch Addition von *Font8x8* können 43 Textzeilen (EGA) bzw. 50 Textzeilen (VGA) gesetzt werden.

▓ **TextMode(LastMode)** setzt wieder den Textmodus, der vor der letzten Grafikumschaltung bzw. vor dem letzten **TextMode**-Aufruf aktiv war.

▓ **TextMode** führt folgende Einstellungen aus:
  ▶ Textfenster auf volle Bildschirmgröße
  ▶ *DirectVideo* auf True
  ▶ *CheckSnow* auf True
  ▶ Textattribut für folgende Textausgaben auf normal

8.3

8.4 Tastatureingabe

<table>
<tr><td>Taste gedrückt</td><td align="right">KeyPressed</td></tr>
<tr><td>Funktion</td><td align="right">Unit Crt</td></tr>
</table>

Prüft, ob eine Taste gedrückt wurde, also noch Zeichen im Tastaturpuffer liegen.

KeyPressed : Boolean;

Anmerkungen

▨ Falls noch Zeichen im Tastaturpuffer sind, die noch nicht abgeholt wurden, ergibt sich *True*. Dies gilt nur für Tasten, die lesbare Zeichen erzeugen.

▨ **KeyPressed** nimmt kein Zeichen aus dem Tastaturpuffer. Dies muß mit **ReadKey** erfolgen.

<table>
<tr><td>Zeichen von Tastatur lesen</td><td align="right">ReadKey</td></tr>
<tr><td>Funktion</td><td align="right">Unit Crt</td></tr>
</table>

Liest ein Zeichen von der Tastatur.

ReadKey : Char;

Anmerkungen

▨ Falls ein oder mehrere Zeichen im Tastaturpuffer liegen (**KeyPressed** = True), wird das Zeichen sofort zurückgeliefert.

▨ Falls kein Zeichen im Tastaturpuffer vorhanden ist, wird die Programmausführung bis zu einer Tastenbetätigung angehalten.

▨ $\boxed{\text{Strg}}$+$\boxed{\text{Untbr}}$ ergibt folgende Reaktionen, falls CheckBreak =
True   Programm bricht ab
False   **ReadKey** liefert das Zeichen chr(3) (=^C).

▨ Funktions- und Cursortasten sowie Kombinationen mit $\boxed{\text{Alt}}$ liefern erweiterte Tastaturcodes. Der erste Aufruf **ReadKey** liefert chr(0), der zweite Aufruf liefert den Scancode des Zeichens.

8.4

Beispiel
Das nachfolgende Programm ermittelt den Zeichenwert und ScanCode
einer gedrückten Taste.

```
PROGRAM Scan_Code;

USES Crt;

VAR Regs  : Registers;
    Scan  : Char;
    F_Taste: Boolean;

PROCEDURE Inkey(Var ch:Char; VAR fk:Boolean);
BEGIN
   Fk := False;
   Ch := ReadKey;              { Erster Aufruf             }
   IF CH = #0 THEN BEGIN       { Feststellen ob Funktionstaste }
      Fk := True;
      Ch := ReadKey;           { ScanCode ermitteln *)
   END;
END;

BEGIN
  Repeat
    Inkey(Scan,F_Taste);
    Writeln('Zeichen = ',Scan,' ScanCode = ',ord(Scan),' F-Taste =
',F_Taste);
  Until ord(Scan) = 27;        { Aufhören wenn ESC gedrückt wird }
END.
```

8.4

8.5 Tonausgabe

Ton mit Lautsprecher   **Sound**
Prozedur   *Unit Crt*

Schaltet am eingebauten Lautsprecher einen Ton ein.

Sound(*Hz* : Word);

▪ *Hz:* Frequenz des erzeugten Tons.

Anmerkungen

▪ Der Ton wird solange erzeugt, bis er wieder mit **NoSound**
abgeschaltet wird.
▪ Die Dauer des Tons kann über die Delay-Prozedur beeinflußt werden (siehe 8.6).

Lautsprecher aus   **NoSound**
Prozedur   *Unit Crt*

Schaltet den eingebauten Lautsprecher aus, beendet also einen Ton,
der mit **Sound** erzeugt wurde.

NoSound;

Beispiel

```
PROGRAM Sound_Demo;
USES Crt;
VAR i: Word;
BEGIN
    FOR I := 100 TO 1000 DO BEGIN
        Sound(i); Writeln(i);
    END;
    NoSound;
END.
```

8.5

8.6 Programmausführung verzögern

Programm für Zeit anhalten   *Delay*
Prozedur   *Unit Crt*

Hält die Programmausführung für eine bestimmte Zeit an.

Delay(_ms_ **: Word);**

- _ms:_ Anzahl Millisekunden für die Verzögerung.

Anmerkung

- **Delay** arbeitet mit der eingebauten Uhr und ist deshalb unabhängig vom verwendeten Computermodell.

8.6

8.7 Dateibehandlung – Allgemeines

Dateitypen

■ Turbo Pascal unterscheidet drei Dateitypen:
  ▶ Textdateien
  ▶ Typisierte Dateien
  ▶ Untypisierte Dateien

■ Diese unterschiedlichen Dateitypen bestimmen die Zugriffsart von Turbo Pascal auf die Daten in einer Datei.

■ Physikalisch werden Dateien auf der Diskette/Festplatte immer in derselben Form gespeichert – als eine Folge von einzelnen Bytes.

■ Deshalb kann eine gespeicherte Datei später als ein anderer Typ wieder geöffnet und gelesen oder verändert werden (zum Beispiel eine Textdatei als File of Byte).

Textdateien (siehe 8.9)

  ▶ Eine Textdatei ist eine Folge von *Zeilen*; die einzelnen Zeilen bestehen aus einer beliebigen *Anzahl von Zeichen*, auf die ein *Zeilenende* (ASCII 13) folgt.

  ▶ Die Zeilen sind normalerweise unterschiedlich lang, wodurch berechnete Positionierungen nicht möglich sind.

  ▶ Textdateien werden von vorne nach hinten geschrieben bzw. gelesen. Beim Schreiben gibt es noch die Möglichkeit, nach dem bisherigen Ende weitere Zeilen anzuhängen.

  ▶ Die globalen Datei-Variablen *Input* und *Output* sind als Textdatei-Variablen deklariert.

Typisierte Dateien (siehe 8.10)

  ▶ Diese Dateien bestehen aus einer Folge von Komponenten gleichen Typs. Die Datei-Variable wird hier auch immer als

  VAR   FILE OF *Komponententyp*

deklariert. *Komponententyp* steht hier für eine beliebige Struktur außer einem Dateityp oder einem Objekttyp.

  ▶ Jede Komponente hat denselben Platzbedarf, deshalb sind berechnete Positionierungen in der Datei möglich.

  ▶ Alle Operationen haben den Komponententyp als Grundlage, Plazierungen gehen zu einer bestimmten Komponente, der Dateiumfang wird in Anzahl Komponenten angegeben usw.

  ▶ Bei typisierten Dateien können nach dem Eröffnen *Schreib- und Lesezugriffe* ausgeführt werden.

8.7

Untypisierte Dateien (siehe 8.11)
▶ Bei diesem Dateityp gibt es keine Aussage über die Art und Organisation der gespeicherten Daten.
▶ Lese- und Schreiboperationen sind nur blockweise möglich, wobei die Größe des Blocks beeinflußt werden kann.

Übersicht: Die Beschreibung der Routinen

Die Beschreibung der Prozeduren und Funktionen zur Dateibehandlung ist in vier Kapitel aufgeteilt. Einige Prozeduren sind mehrfach vorhanden, wobei jeweils die Besonderheiten zu dem entsprechenden Dateityp beschrieben sind.

Prozeduren und Funktionen für alle Dateien

Assign	Einer Datei-Variablen eine externe Datei zuordnen.
IOResult	Fehlerstatus bei Ein-/Ausgabeoperationen prüfen.
Close	Datei schließen.
Eof	Dateiende prüfen.

Textdateien

ReWrite	Datei erstellen und öffnen zum Schreiben.
Reset	Datei öffnen zum Lesen.
Append	Datei öffnen zum Schreiben ab Dateiende (Erweitern).
Readln	Zeile lesen.
Read	Lesen.
Writeln	Zeile schreiben.
Write	Schreiben.
Eoln	Prüfen auf Zeilenende.
SeekEof	Prüfen, ob noch Daten bis zum Dateiende stehen.
SeekEoln	Prüfen, ob noch Daten bis zum Zeilenende stehen.
SetTextBuf	Puffer zuweisen.
Flush	Pufferinhalt in Datei schreiben.

8.7

Typisierte Dateien

ReWrite	Neue Datei erstellen und öffnen zum Lesen und Schreiben.
Reset	Vorhandene Datei öffnen zum Lesen und Schreiben.
FileSize	Dateigröße feststellen.
Seek	Dateizeiger positionieren.
FilePos	Dateizeiger-Position feststellen.
Truncate	Datei abschneiden.
Read	Datensatz lesen.
Write	Datensatz schreiben.

Untypisierte Dateien

ReWrite	Datei erstellen und öffnen zum Lesen und Schreiben.
Reset	Datei öffnen zum Lesen und Schreiben.
BlockRead	Block lesen.
BlockWrite	Block schreiben.

Anmerkung

■ In der Unit **SYSTEM** ist die Variable *FileMode* deklariert, über die der Modus festgelegt wird, wie typisierte und untypisierte Dateien durch **RESET** geöffnet werden. FileMode kann ab DOS 2.x drei verschiedene Werte zugewiesen werden:

0 = Öffnen zum Lesen

1 = Öffnen nur zum Schreiben

2 = Öffnen zum Lesen und Schreiben.

Die Standardvorgabe ist 2. **REWRITE** öffnet grundsätzlich mit 2. Ab DOS 3.x werden für den Netzwerkbetrieb weitere Modi definiert.

8.7

8.8 Prozeduren und Funktionen für alle Dateien

Datei-Variablen eine Datei zuweisen   Assign
Prozedur

Ordnet einer Datei-Variablen eine externe Datei zu.

> **Assign(var** *f* **;** *Pfad* **);**

▨ *f:* Datei-Variable.

▨ *Pfad:* Pfad ist vom Typ String oder PChar (Erweiterte Syntax vorausgesetzt). *Pfad* steht für den Dateinamen der Datei, die *f* zugeordnet wird. Er kann Laufwerksbezeichnung und Verzeichnisangaben enthalten. Am Ende muß der Dateiname stehen. Die maximale Länge ist 79 Zeichen.

Anmerkungen

▨ Die nachfolgenden Operationen mit *f* beziehen sich solange auf die zugeordnete Datei, bis *f* mit einem weiteren **Assign** eine andere Datei zugeordnet wird.

▨ Falls *Name* ein leerer String ist, geht ein nachfolgendes
> ▶ **Reset** dieser Datei-Variablen zur Standard-Eingabe.
> ▶ **ReWrite** dieser Datei-Variablen zur Standard-Ausgabe.

▨ Beispiele siehe 8.9, 8.10, 8.11.

▨ Wenn *f* ein leerer String zugewiesen wird, sind Umleitungen der Ein-/Ausgabe über DOS möglich. Hierfür werden die vorgegebenen Datei-Variablen *INPUT* und *OUTPUT* aus der Unit SYSTEM verwendet.
`ASSIGN(f,'');`

▨ Assign darf nie auf eine offene Datei angewandt werden.

Fehlerstatus einer Ein-/Ausgabe   IOResult
Funktion

Liefert den Fehlerstatus der letzten Ein-/Ausgabeoperation.

> **IOResult : Integer;**

Anmerkungen

▨ Ausführung je nach Compiler-Einstellung:
   {$I+}   Programm bricht bei Fehler ab.
   {$I–}   Kein Abbruch bei Fehler. Das Programm muß mögliche
            Fehler selbst prüfen.

▨ **Wichtig**: Nach einem Fehler werden weitere Ein- und Ausgabebefehle solange ignoriert, bis **IOResult** aufgerufen wurde.

8.8

▪ Der Wert **IOResult** = 0 bedeutet keinen Fehler.

▪ Mit einem Aufruf **IOResult** wird der intern gespeicherte Fehlercode wieder zurückgesetzt. Falls er noch mal benötigt wird, muß er in einer Variablen zwischengespeichert werden.

▪ Die von **IOResult** zurückgegebenen Werte entsprechen den DOS-Fehlercodes. Eine Liste der DOS-Fehlermeldungen siehe 10.8.

▪ Beispiel siehe 8.9.

Datei schließen   **Close**
Prozedur

Schließt eine Datei.

   Close(var *f* **);**

▪ *f:* Datei-Variable, der vorher mit **Assign** eine Datei zugeordnet wurde.

Anmerkungen

▪ Falls sich noch Daten im internen Puffer befinden, werden diese erst noch in die Datei geschrieben, bevor sie geschlossen wird.

▪ Die Verbindung zwischen Datei-Variable und Dateiname wird nicht aufgehoben.

Fehler

Ab Version 4.0 wird der Laufzeitfehler 103 erzeugt, falls f keine offene Datei bezeichnet.

Dateiende prüfen   **Eof**
Funktion

Prüft, ob das Ende einer Datei erreicht ist.
   Für typisierte und untypisierte Dateien:

   Eof(var *f* **) : Boolean;**

   Für Textdateien:

   Eof[(var *f* **: Text)] : Boolean;**

▪ *f:* Datei-Variable, der vorher mit **Assign** eine Datei zugeordnet wurde.

Anmerkungen

Eof ist True, wenn

▪ der Positionszeiger in der Datei hinter dem letzten Eintrag steht.

▪ die Datei einen Umfang 0 (keinen Inhalt) hat.

▪ die Datei nur für Schreibaktionen eröffnet ist.

▪ es sich um ein DOS-Gerät handelt, bei dem keine Leseoperationen möglich sind (z.B. Bildschirm).

8.8

8.9 Textdateien

Übersicht: Textdatei erstellen und schreiben

f : Text	Die Datei-Variable muß den Typ Text haben.
Assign	Weist der Datei-Variablen eine externe Datei zu.
ReWrite	Öffnet die zugewiesene Textdatei zum Schreiben.
Writeln	Schreibt zeilenweise Daten in die Datei.
Close	Schließt die Datei.

Übersicht: Textdatei erweitern

f : Text	Die Datei-Variable muß den Typ Text haben.
Assign	Weist der Datei-Variablen eine externe Datei zu.
Append	Öffnet die zugewiesene Textdatei und setzt den Dateizeiger auf das Ende.
Writeln	Schreibt zeilenweise Daten in die Datei.
Close	Schließt die Datei.

Übersicht: Textdatei lesen

f : Text	Deklariert eine Datei-Variable mit dem Typ Text.
Assign	Weist der Datei-Variablen eine externe Datei zu.
Reset	Öffnet die zugewiesene Textdatei zum Lesen.
Readln	Liest zeilenweise Daten aus der Datei.
Close	Schließt die Datei.

Textdatei-Gerätetreiber

In Turbo Pascal können eigene Gerätetreiber für Textdateien geschrieben werden. Dieser ist dann die Schnittstelle zwischen Programm und externem Gerät. Der Gerätetreiber besteht aus vier Funktionen, über die sämtliche I/O-Operationen abgewickelt werden.

Open	Öffnen der Textdatei
InOut	Abwicklung der Ein-/Ausgabe
Flush	Schreiben des Pufferinhalts
Close	Schliessen der Textdatei

Alle vier Funktionen werden wie folgt definiert:

FUNCTION <*name*>(VAR *F: TextRec*): Integer; FAR;

Der *name* der Routine kann beliebig gewählt werden. Es muß eine eigene Assign-Prozedur (Name ist beliebig) erstellt werden, und sie muß folgende Schritte ausführen:

8.9

░   Setzen der vier Zeiger in der Datei-Variablen mit den Adressen der eigenen Funktionen.
░   Setzen des Feldes *Mode* mit der Konstanten *fmClosed*.
░   Löschen des Eintrags im Feld *Name*.
░   Speicherung der Grösse und der Adresse des vordefinierten Puffers über die Felder *BufSize* und *BufPtr*.

Beispiel:

```
PROCEDURE MyAssign(VAR F: Text);
BEGIN
  WITH TextRec(F) DO
    BEGIN
      Mode      := fmClosed;
      BufSize   := SizeOf(Buffer);
      BufPtr    := @Buffer;
      OpenFunc  := @MyOpen;
      InOutFunc := @MyInOut;
      FlushFunc := @MyFlush;
      CloseFunc := @MyClose;
      Name[0]   := #0;
    END;
END;
```

Open-Funktion

Wird von den Prozeduren *Reset, Rewrite* und *Append* aufgerufen. Vor der Ausführung wird das Feld *Mode* auf einen der drei Werte *fmInput, fmOutput* oder *fmInOut* gesetzt. Dadurch wird angezeigt, wie die Datei geöffnet wurde. **Open** muß grundsätzlich vor allen anderen Prozeduren ausgeführt werden.

InOut-Funktion

Wird von den Prozeduren *Read, Readln, Write, Writeln, Page, Eof, Eoln, SeekEof, SeekEoln* und *Close* aufgerufen. Sie übernimmt den gesamten Datentransfer zwischen dem Programm und der Datei. Die Arbeitsweise wird über *Mode* bestimmt.

8.9

Flush-Funktion

Wird nach jedem *Read, Readln, Write, Writeln* oder über *Flush* aufgerufen. Die Arbeitsweise wird über *Mode* bestimmt.

Ist die Prozedur nur als »Dummy«-Prozedur definiert, werden Ausgaben erst dann physikalisch geschrieben, wenn der Puffer voll ist oder die Datei geschlossen wird.

Close-Funktion

Wird über die Prozedur *Close* aufgerufen und schließt die Datei. Hat *Mode* den Wert *fmOutPut*, wird zuerst *InOut* aufgerufen, um Daten, die sich noch im Puffer befinden, in die Datei zu schreiben.

Neue Datei öffnen   ReWrite
Prozedur

Erstellt eine neue Datei und öffnet sie zum Schreiben (bei Textdateien).

ReWrite(var *f* **: Text);**

■ *f:* Datei-Variable, der vorher mit **Assign** eine Datei zugeordnet wurde.

Anmerkungen

■ **ReWrite** erstellt eine Datei mit dem angegebenen Namen (**Assign**).
■ Eine Datei wird gelöscht und neu erstellt, falls
   ▶ schon eine Datei mit diesem Namen vorhanden ist.
   ▶ schon eine Datei mit diesem Namen geöffnet ist.
■ Falls der mit **Assign** zugeordnete Name ein leerer String ist, bezieht sich *f* nach **ReWrite** auf die Standard-Ausgabe.
■ Bei Textdateien wird die Datei ausschließlich für Schreiboperationen geöffnet.

Bestehende Datei öffnen   Reset
Prozedur

Öffnet eine vorhandene Datei (hier eine Textdatei) zum Lesen.

Reset(var *f* **: Text);**

■ *f:* Datei-Variable, der vorher mit **Assign** eine Datei zugeordnet wurde.

Anmerkungen

■ **Reset** öffnet eine Datei mit dem angegebenen Namen (**Assign**). Falls die Datei nicht vorhanden ist, ergibt sich ein Laufzeitfehler.
■ Falls der mit **Assign** zugeordnete Name ein leerer String ist, bezieht sich *f* nach **Reset** auf die Standard-Eingabe.
■ Bei Textdateien wird die Datei ausschließlich für Leseoperationen geöffnet.
■ Falls die Textdatei leer ist, liefert **Eof(f)** sofort *True*, sonst *False*.

8.9

Datei öffnen für Anhängen
Prozedur
Append

Öffnet eine vorhandene Textdatei zum Anhängen von weiteren Daten. Nur Schreiboperationen sind möglich.

Append(var f **: Text);**

■ f: Datei-Variable, der vorher mit **Assign** eine Datei zugeordnet wurde.

Anmerkungen

■ **Append** öffnet die angegebene Datei. Falls die Datei nicht vorhanden ist, ergibt sich ein Laufzeitfehler.

■ Die momentane Position innerhalb der Datei wird auf das Ende gesetzt. Nachfolgende Schreiboperationen hängen neue Daten an die Datei an.

■ Falls die Datei bereits offen war, wird sie zuerst geschlossen und wieder neu geöffnet.

■ Falls der letzte Block der Datei (128 Byte) ein DOS-Dateiendezeichen (^Z, Code 26) enthält, wird die momentane Position innerhalb der Datei so gesetzt, daß die nächste Schreiboperation dieses Zeichen überschreibt.

Daten zeilenweise lesen
Prozedur
Readln

Liest eine Anzahl Werte aus einer Textdatei in die angegebenen Variablen (führt also **Read** aus) und geht dann zum Anfang der nächsten Zeile in der angegebenen Datei.

Readln([var f **: Text;] var** v1 [, v2, ..., vn]**);**

■ f: (Optional) Falls angegeben: Textdatei-Variable. Falls nicht angegeben: **Readln** liest von der Standard-Eingabe *(Input)*.

■ v1 ... vn: Variablen, in die eingelesen werden soll. Die Anzahl gibt an, wieviele Werte eingelesen werden sollen. Hier sind die Typen Char, String sowie sämtliche Integer- und Real-Typen zulässig. Mehrere Typen können in einem Aufruf gemischt werden.

8.9

Anmerkungen

■ **Readln** ist eine Erweiterung von **Read** für Textdateien, um ganze Zeilen zu lesen.

■ Falls keine Variablen v1 ... vn angegeben werden, geht **Readln** zum nächsten Zeilenende und ignoriert die dabei gelesenen Zeichen.

Wichtiger Unterschied zu Read

▶ **Readln** erwartet unabhängig von der Anzahl der angegebenen Variablen *einen* Zeilenvorschub am Ende der Leseaktion.

▶ **Readln** liest also immer bis zum Zeilenende. Falls in der Zeile mehr Elemente stehen als Variablen angegeben sind, werden die restlichen ignoriert.

▶ Falls mehr Variablen angegeben sind als Elemente in der Zeile stehen, bleiben die restlichen Variablen leer bzw. erhalten den Wert 0.

▶ Die nächste Leseoperation beginnt dann immer bei der nächsten Zeile.

▧ Behandlung der einzelnen Datentypen siehe bei **Read**.

Daten aus Datei lesen — Read
Prozedur

Liest eine Anzahl Werte aus einer Textdatei in die angegebenen Variablen.

Read([var *f* **: Text;] var** *v1* **[,** *v2***, ...,** *vn* **]);**

▧ *f:* (Optional) Falls angegeben: Textdatei-Variable. Falls nicht angegeben: **Read** liest von der Standard-Eingabe *(Input)*.

▧ *v1 ... vn:* Variablen, in die eingelesen werden soll. Die Anzahl gibt an, wieviele Werte eingelesen werden sollen. Hier sind die Typen Char, String sowie sämtliche Integer- und Real-Typen zulässig. Mehrere Typen können in einem Aufruf gemischt werden.

Behandlung der Datentypen

Char-Typ
▶ Ein Zeichen wird aus der Datei gelesen. Der Positionszeiger wird um ein Zeichen weitergesetzt.

▶ Nachfolgende Aufrufe lesen die Datei zeichenweise.

▶ Falls vor dem **Read**-Aufruf:

Eof(f)=True eingelesenes Zeichen chr(26) = Strg + Z (Dateiendezeichen)

Eoln(f)=True eingelesenes Zeichen chr(13) (Zeilenendezeichen)

Integer-Typ
▶ **Read** erwartet eine Folge von numerischen Zeichen. Führende Leerzeichen, Tabs und Zeilenvorschübe werden übergangen.

▶ Das erste nichtnumerische Zeichen oder ein Dateiende bricht den Lesevorgang ab.

▶ Falls die eingelesene Zeichenfolge einen Wert im erwarteten Format ergibt, wird dieser der Variablen zugewiesen.

▶ Falls sich kein Wert im erwarteten Format ergibt, wird ein Laufzeitfehler erzeugt.

8.9

▷ Falls vor dem Lesen eines numerischen Wertes das Dateiende erreicht wird, ergibt sich der Wert 0.

▷ Der Positionszeiger steht nach dem Aufruf auf dem Zeichen, das die Leseaktion abgebrochen hat.

Real-Typ

▷ **Read** erwartet eine Folge von numerischen Zeichen (wie bei Integer-Variablen). Zusätzlich sind auch Dezimalpunkt und »E« für Exponentialwert möglich. Hexadezimale Ziffern sind nicht erlaubt.

▷ Falls vor dem Lesen eines numerischen Wertes das Dateiende erreicht wird, ergibt sich der Wert 0.

▷ Rest wie bei Integer-Variablen.

String-Typ

▷ **Read** liest Zeichen bis zum Erreichen eines Zeilenendes (**Eoln**(f)=True). Diese Zeichen außer dem Zeilenende selbst werden der String-Variablen zugeordnet.

▷ Falls die Zeile länger als 255 Zeichen ist, werden die ersten 255 Zeichen der String-Variablen zugeordnet, und der Rest wird ignoriert.

▷ Der Positionszeiger wird auf das Zeilenende gesetzt. Das Zeilenende-Zeichen selbst wird nicht gelesen. Das nächste **Read** würde dieses Zeichen lesen (deshalb besser **Readln** verwenden).

▷ Aufeinanderfolgende Leseaktionen mit String-Variablen liefern nach dem zweiten Aufruf immer einen leeren String zurück, da sie immer am selben Zeilenende abbrechen (deshalb besser **Readln** verwenden).

Daten zeilenweise schreiben   Writeln
Prozedur

8.9

Führt **Write** aus und schließt die Ausgabe mit einem Zeilenvorschub (CR+LF) ab.

    Writeln([var f **: Text;]** v1 **[,** v2, ..., vn **]);**

▪ f: (Optional) Falls angegeben: Textdatei-Variable. Falls angegeben: **Writeln** schreibt in die Standard-Ausgabe *(Output)*.

▪ v1 ... vn: Variablen, die geschrieben werden sollen. Jede Angabe v steht für einen Ausdruck, dem noch weitere Angaben als Integer-Ausdrücke folgen können (siehe **Write**).

Anmerkungen

▪ **Writeln** ist eine Erweiterung von **Write** für Textdateien und nur auf Textdateien anwendbar.

▪ **Writeln(f)** schreibt nur einen Zeilenvorschub in die Datei.

▓ **Writeln** (ohne Parameter) erzeugt einen Zeilenvorschub auf dem Bildschirm.
▓ Behandlung der einzelnen Datentypen siehe bei **Write**.

Daten in Datei schreiben   Write
Prozedur

Schreibt Daten in eine angegebene Datei.

Write([var f **: Text;]** v1 **[,** v2, ..., vn **]);**

▓ f: (Optional) Falls angegeben: Textdatei-Variable. Falls nicht angegeben: **Write** schreibt in die Standard-Ausgabe *(Output)*.
▓ v1 ... vn: Variablen, die geschrieben werden sollen. Jede Angabe v steht für einen Ausdruck, dem noch weitere Angaben als Integer-Ausdrücke folgen können:

Ausdruck [: *MinBreite* [: *DezStellen*]];

▓ *Ausdruck:* Ausdruck, der geschrieben werden soll.
▓ *MinBreite:* Mindestbreite des Ausgabefeldes (muß > 0 sein). Mindestens diese Anzahl Zeichen werden geschrieben. Falls die Ausgabe kürzer ist, werden Leerzeichen davorgestellt. Falls die Ausgabe länger ist, wird sie nicht abgeschnitten.
▓ *DezStellen:* Nur bei Real-Ausdrücken und wenn *MinBreite* auch angegeben. Anzahl der Dezimalstellen in Fixkomma-Darstellung (muß >=0 sein).

Behandlung der Datentypen

Char-Typ
  ▷ Das Zeichen wird in die Datei geschrieben.
  ▷ Falls *MinBreite* angegeben ist, werden *(MinBreite–1)* Leerzeichen davorgestellt.

Integer-Typ
  ▷ Die Dezimaldarstellung ohne führendes Leerzeichen wird in die Datei geschrieben.
  ▷ Falls *MinBreite* angegeben ist, wird die entsprechende Anzahl Leerzeichen vorangestellt.

Real-Typ
  ▷ Die Dezimaldarstellung ohne führendes Leerzeichen wird in die Datei geschrieben. Das Format wird über *DezStellen* bestimmt.
  ▷ Falls *DezStellen* nicht angegeben ist, wird die Fließkomma-Notation benutzt.
  ▷ Falls *MinBreite* nicht angegeben ist, wird der Standardwert 10 genommen. Möglich sind 10..80, andere Werte ergeben 10.

8.9

▶ Format der Dezimaldarstellung, falls *DezStellen* nicht angegeben ist:

```
- Ziffer . Nachstellen e +/- Exponent
                              │          │  └─ Exponent
                              │          └──── Vorzeichen des Exponenten
                              │               e -> Exponent folgt dahinter
                              │               MinBreite-9 bzw. 7Ziffern
                              └──────────────── Dezimalpunkt
                                             └─ Einzelne Ziffer; 0, falls Ausdruck = 0
                                             └─ -, wenn negativ, sonst keine Angabe
```

▓ Format der Dezimaldarstellung, falls *DezStellen* angegeben ist:

```
Leerzeichen - Ziffern . Nachstellen
                      │         └── Nachkommastellen, falls DezStellen > 0
                      └──────────── Dezimalpunkt, falls DezStellen > 0
                                 └─ Mindestens eine Ziffer, keine Nullen davor
                                 └─ -, wenn negativ, sonst keine Angabe
                                 └─ Leerzeichen für Anpassung von MinBreite
```

String-Typ
▶ Der String-Wert wird in die Datei geschrieben.
▶ Falls *MinBreite* angegeben ist, wird die entsprechende Anzahl Leerzeichen davorgestellt.

Boolean-Typ
▶ Der Wert wird durch die Zeichenfolge *True* oder *False* bezeichnet. Diese wird wie ein String geschrieben.

Beispiel zu Write und Writeln

```
Zahl := 123456789.123456789;
Writeln(Zahl);
Writeln(Zahl:4);
Writeln(Zahl:10);
Writeln(Zahl:10:0);
Writeln(Zahl:12:6);
Writeln(Zahl:20);
Writeln(Zahl:40:20);
```

8.9

Ausgabe mit Coprozessor bzw. Emulator {$N+,E+}

```
         1         2         3         4         5
12345678901234567890123456789012345678901234567890
 1.23456789123413E+0008
 1.2E+0008
 1.2E+0008
 123456789
123456789.123413
 1.23456789123E+0008
           123456789.123413086000000000
```

Ausgabe ohne Coprozessor bzw. Emulator {$N-,E+}

```
        1         2         3         4         5
12345678901234567890123456789012345678901234567890
  1.2345678912E+08
  1.2E+08
  1.235E+08
  123456789
123456789.120000
    1.2345678912E+08
                123456789.12000000000
```

Wird über Output oder eine andere Datei, die CRT zugeordnet ist,
geschrieben, haben bestimmte Zeichen eine andere Funktion.

Zeichen	Funktion
#7 (Bel)	erzeugt einen Piepston.
#8 (BS)	bewegt den Cursor ein Zeichen nach links.
#10 (LF)	bewegt den Cursor ein Zeichen nach unten.
#13 (CR)	bewegt den Cursor in der gleichen Zeile zum Zeilenanfang.

Prüfen auf Daten bis Dateiende   SeekEof
Funktion

Prüft, ob zwischen der momentanen Dateiposition und dem Dateiende
noch lesbare Daten vorhanden sind.

SeekEof[(var *f* : Text)] : Boolean;

■ *f:* Datei-Variable.

Anmerkungen

■ **SeekEof** liest solange Zeichen aus der Datei, bis ein »lesbares«
Zeichen kommt oder das Dateiende erreicht ist. Dann wird die Prüfung
ausgeführt und das Ergebnis zurückgeliefert.

■ Ein »lesbares« Zeichen ist ein Zeichen, das kein Leerzeichen, Tab
oder Zeilenvorschub ist.

■ Somit verschiebt **SeekEof** den Dateizeiger bis zum nächsten lesba-
ren Zeichen (Ergebnis *True*) oder zum Dateiende (Ergebnis *False*).

■ **SeekEof** ist nur für Textdateien zulässig.

8.9

Prüfen auf Daten bis Zeilenende   SeekEoln
Funktion

Prüft, ob zwischen der momentanen Dateiposition und dem Zeilenende
noch lesbare Daten vorhanden sind.

SeekEoln[(var *f* : Text)] : Boolean;

■ *f:* Datei-Variable.

Anmerkungen

■   **SeekEoln** liest solange Zeichen aus der Datei, bis ein »lesbares«
Zeichen kommt oder das Zeilenende erreicht ist. Dann wird die Prüfung
ausgeführt und das Ergebnis zurückgeliefert.

■   Ein »lesbares« Zeichen ist ein Zeichen, das kein Leerzeichen oder
Tab ist.

■   Somit verschiebt **SeekEoln** den Dateizeiger bis zum nächsten les-
baren Zeichen (Ergebnis *True*) oder zum Zeilenende (Ergebnis *False*).

■   **SeekEoln** ist nur für Textdateien zulässig.

Zeilenende prüfen   Eoln
Funktion

Prüft, ob die momentane Position in einer Datei auf einem Zeilenende
steht.

Eoln[(var *f* : Text)] : Boolean;

■   *f*: Datei-Variable der zu prüfenden Datei.

Anmerkungen

■   **Eoln** liefert True, falls
  ▸   der Positionszeiger auf einem Zeilenende steht
  ▸   das Dateiende erreicht ist (**Eof**=True)

■   Falls f nicht angegeben wird, prüft **Eoln** die Standard-Eingabe.

Textdatei-Variable Puffer zuweisen   SetTextBuf
Prozedur

Weist einer Textdatei-Variablen einen Puffer zu, der dann anstelle des
Standard-Puffers von 128 Byte verwendet wird.

SetTextBuf(var *f* : Text; var *Puffer* [; *Groeße* : Word]);

■   *f*: gewünschte Textdatei-Variable.

■   *Puffer*: Puffer-Variable (beliebiger Typ). Diese Variable wird zur
Zwischenspeicherung von eingelesenen oder zu schreibenden Daten
verwendet.

■   *Groeße*: Anzahl Byte, die aus der Puffer-Variablen verwendet werden sollen. Wenn nicht angegeben, wird die Größe von *Puffer* verwendet.

8.9

Anmerkungen

▨ Falls aufwendige Dateioperationen ausgeführt werden, sollte ein Datenpuffer von einigen Kilobyte eingerichtet werden, der dann anstelle der 128-Byte-Standardgröße verwendet wird. Dadurch werden Dateioperationen sehr viel schneller durchgeführt.

▨ Da nur 64 KByte Datenbereich für globale Variable zur Verfügung steht, sollte der Puffer auf dem Heap angelegt werden, insbesondere wenn mehrere Dateien geöffnet werden.

▨ Bedingt durch die Datenorganisation auf der Festplatte, sollte der Puffer immer ein Vielfaches der Cluster-Größe des Speichermediums sein. In der Regel ist dies ein Vielfaches von 1024 Byte.

▨ Die Datei-Variable verwendet *Puffer* so lange, bis sie mit **Assign** neu zugeordnet (also initialisiert) wird.

Wichtig:

▨ Die Puffer-Variable muß während der gesamten Laufzeit diesen Zweck erfüllen können. Dies wird nicht von Turbo Pascal überprüft, sondern muß vom Programmierer gewährleistet werden. Deshalb darf die Puffervariable nicht innerhalb einer lokalen Routine deklariert werden, sondern als globale Variable am Programmanfang.

▨ Der Aufruf darf nie auf eine offene Datei angewandt werden, da sonst Daten verlorengehen können.

```
PROGRAM TextBuffer_auf_Heap;
USES Crt;
CONST Buffer_Groesse   : Word = 4096;
TYPE  Buffer           = Array[1..4096] OF Byte;
      Buffer_Pointer   = ^ Buffer;
VAR   IN_File, OUT_File : Text;
      I_Buffer,O_Buffer : Buffer_Pointer;
      I_Line            : String;
PROCEDURE Eingabe_Oeffnen;
BEGIN
   GetMem(I_Buffer,Buffer_Groesse);
   Assign(IN_File,Paramstr(1));
   SetTextBuf(IN_File,I_Buffer^);      { Puffer für Eingabe-Datei }
   Reset(IN_File);
END;

PROCEDURE Ausgabe_Oeffnen;
BEGIN
   GetMem(O_Buffer,Buffer_Groesse);
   Assign(OUT_File,Paramstr(2));
   SetTextBuf(OUT_File,O_Buffer^);     { Puffer für Ausgabe-Datei }
   Rewrite(OUT_File);
END;
```

8.9

```
BEGIN
    IF ParamCount < 2 THEN Halt(1);
    Eingabe_Oeffnen; Ausgabe_Oeffnen;
    WHILE not eof(IN_File) DO BEGIN
        Readln(IN_File,I_Line);
        Writeln(OUT_File,I_Line);
    END;
    Close(IN_File); Close(OUT_File);
END.
```

Dateipuffer schreiben	Flush
Prozedur	

Erzwingt, daß der Inhalt des Dateipuffers einer Textdatei geschrieben
wird.

Flush(var *f* **: Text);**

■   *f:* Textdatei-Variable.

Anmerkungen

■   Schreibaktionen in eine Textdatei gehen immer zuerst in den Puffer
für diese Datei. Der Pufferinhalt wird erst geschrieben, wenn er voll ist.
Flush erzwingt das sofortige Schreiben auf die Diskette/Festplatte.
■   Bei Dateien, die wichtige Daten enthalten, sollte der **Flush**-Befehl
während des Programmlaufs häufiger ausgeführt werden.
■   Bei Dateien, die mit **Reset** nur zum Lesen eröffnet wurden, hat
Flush keine Wirkung.
■   **Flush** wird automatisch von **Close** aufgerufen.

Beispiel für Textdateien

8.9

Dieses Beispiel zeigt die Abläufe bei den einzelnen Funktionen zur
Behandlung von Textdateien. Hat *Mode* den Wert *fmOutput*, stellt **Flush**
sicher, daß alle Zeichen ohne Verzögerung ausgegeben werden.

```
PROGRAM TextDatei;          { Schreiben und Lesen einer Textdatei }
USES Crt;

VAR
  f   : text;               { Standarddateityp für Textdateien }
  n   : string[12];
  txt : string;
  i   : integer;
```

```pascal
BEGIN
  ClrScr;
  n := 'Testdat.txt';              { Dateiname in String n          }
  {$I-}
  Assign(f,n);                     { Datei zuweisen und zum         }
  ReWrite(f);                      { zum Schreiben öffnen           }
  {$I+}
  IF IOResult = 0 THEN BEGIN       { Lesen nur wenn Prüfung OK      }
    Writeln('In Datei Schreiben : ');
    FOR i:= 1 TO 10 DO BEGIN
      txt := 'Zeile : ';
      Writeln(f,txt,i);            { In Datei schreiben Zeilenende CR + LF }
      Writeln(txt,i);
    END;
  END;

  Writeln('Aus Datei lesen : ');
  {$I-}
  Reset(f);                        { Datei zum Lesen öffnen         }
  {$I+}
  IF IOResult = 0 THEN BEGIN       { Schreiben nur wenn Prüfung OK }
    WHILE NOT Eof(f) DO BEGIN      { Schleife bis Dateiende erreicht }
      Readln(f,txt);              { Aus Datei lesen                }
      Writeln(txt);
    END;
  END;

  Close(f);                        { Datei danach wieder schließen }

END.
```

8.9

8.10 Typisierte Dateien

Übersicht: Typisierte Datei erstellen/öffnen

DatTyp = Typbezeichner f : file of DatTyp
Deklariert einen Typ für die Dateikomponenten. Deklariert eine
Datei-Variable mit dem Komponenten-Typ

Assign
Weist der Datei-Variablen eine externe Datei zu.

ReWrite
Erstellt eine neue Datei und öffnet sie zum Schreiben und Lesen.
oder

Reset
Öffnet eine vorhandene Datei zum Schreiben und Lesen.

Nun können
▪ Datensätze nacheinander geschrieben werden oder
▪ nach Verändern des Dateizeigers schon geschriebene Datensätze
wieder gelesen und verändert werden.

Übersicht: Datensätze bearbeiten

Seek
Positioniert den Dateizeiger auf eine bestimmte Komponente.

Read
Liest die Daten aus dieser Komponente .

Write
Schreibt die Daten in diese Komponente.

8.10

Beispiel für typisierte Dateien

Dieses Beispiel zeigt die Abläufe bei den einzelnen Funktionen zur
Behandlung von typisierten Dateien.

```
PROGRAM TypDatei;
{$I-}                           { Kein Abbruch bei Fehler          }
USES Crt;

                                { Typisierte Datei bearbeiten      }
TYPE                            { Record Type für Datei und Variable }
   DatTyp = RECORD
               Titel : string[20];
               Autor : string[20];
               Menge : LongInt;
            END;

VAR
```

```
    f         : File of DatTyp;      { Dateityp zuweisen              }
    DatEin    : DatTyp;              { Variable vom gleichen Typ      }
    i,fs,rec  : LongInt;
    txt       : String;
PROCEDURE Inhalt_Ausgeben;
VAR i : LongInt;
BEGIN
    i := 0;
    Seek(f,0);                       { Dateibeginn }
    WHILE NOT Eof(f) DO BEGIN        { Bis Dateiende ausdrucken       }
      Inc(i);
      Read(f,DatEin);
      WITH DatEin DO Writeln(i:5,': ',titel,' / ',autor,' / ',menge);
    END;
END;
PROCEDURE Datei_Anlegen;
BEGIN
   Writeln('Datei wird erzeugt und beschrieben');
                                     { evtl. vorh. Datei wird geloescht }
   If IOResult <> 0 then             { Fehler aufgetreten?            }
   BEGIN
     Writeln('Fehler bei Dateizugriff !');
     Halt(1);
   END;
   FOR i := 1 TO 5 DO BEGIN
      WITH DatEin DO BEGIN           { Variable mit Text belegen      }
           Write('Titel..: ');Readln(Titel);
           Write('Autor..: ');Readln(Autor);
           Write('Menge..: ');Readln(Menge);
      END;
      Write(f,DatEin);               { Schreiben eines Records –      }
                                     { ohne Zeilenvorschub            }
   END;
END;
PROCEDURE Satz_Aendern(R:LongInt);
VAR Rec : LongInt;
BEGIN
   Rec := R - 1;                     { Genaue Satznummer berechnen    }
   Seek(f,Rec);                      { Positionszeiger auf Record     }
   read(f,DatEin);                   { Record lesen – Positionszeiger }
                                     { wird automatisch erhöht,       }
   Seek(f,Rec);                      { deswegen wieder zurück         }
   With DatEin DO BEGIN
      Writeln('Satz ',R,' wird geändert');
      Write('Titel..: ');Readln(Titel);
      Write('Autor..: ');Readln(Autor);
      Write('Menge..: ');Readln(Menge);
   END;
   Write(f,DatEin);                  { wieder zurückschreiben         }
END;
BEGIN
   Assign(f,'TYPDATEI.DAT');         { Datei zuordnen                 }
```

8.10

```
      Reset(f);
      IF IOResult = 2 THEN Rewrite(f); { Datei neu anlegen falls nicht vorhanden}
      IF FileSize(f) = 0 THEN Datei_Anlegen;{ Neue Sätze aufnehmen           }
      IF FileSize(f) > 0 THEN Inhalt_Ausgeben; { Falls Sätze vorhanden
                                                 dann ausgeben }
      Satz_Aendern(3);                  { Satz Nr. 3 Ändern                  }
      Inhalt_Ausgeben;
      Close(f);
   END.
```

Neue Datei öffnen   ReWrite
Prozedur

Erstellt eine neue Datei und öffnet sie.

   ReWrite(var *f* **);**

■ *f:* Datei-Variable, der vorher mit **Assign** eine Datei zugeordnet
wurde.

Anmerkungen

■ **ReWrite** erstellt eine Datei mit dem angegebenen Namen (**Assign**).
■ Eine Datei wird gelöscht und neu erstellt, falls
   ▸ schon eine Datei mit diesem Namen vorhanden ist.
   ▸ schon eine Datei mit diesem Namen geöffnet ist.
■ Falls der mit **Assign** zugeordnete Name ein leerer String ist, bezieht sich *f* nach **ReWrite** auf die Standard-Ausgabe.
■ Bei typisierten Dateien wird die Datei für Lese- und Schreiboperationen geöffnet.

Bestehende Datei öffnen   Reset
Prozedur

Öffnet eine vorhandene Datei.

8.10

   Reset(*f* **);**

■ *f:* Datei-Variable, der vorher mit **Assign** eine Datei zugeordnet
wurde.

Anmerkungen

■ **Reset** öffnet eine Datei mit dem angegebenen Namen (**Assign**).
Falls die Datei nicht vorhanden ist, ergibt sich ein Laufzeitfehler.
■ Falls der mit **Assign** zugeordnete Name ein leerer String ist,
bezieht sich *f* nach **Reset** auf die Standard-Eingabe.
■ Bei typisierten Dateien wird die Datei für Lese- und Schreiboperatio-
nen geöffnet.

Dateigröße feststellen   FileSize
Funktion

Liefert die Anzahl Komponenten, die in einer Datei gespeichert sind
(nicht für Textdateien).

   FileSize(var *f* **) : LongInt;**

■ *f:* Datei-Variable.

Anmerkung

■ Wird die Datei *f* mit Record-Größe 1 geöffnet (=File of Byte), gibt
FileSize die Dateigröße in Byte wieder.

Positionszeiger in Datei setzen   Seek
Prozedur

Setzt den Positionszeiger in einer Datei auf eine bestimmte Komponente.

   Seek(var *f* **;** *n* **: LongInt);**

■ *f:* Datei-Variable (beliebiger Typ, außer Textdatei).
■ *n:* Nummer der Komponente in der Datei, auf die der Dateizeiger
gesetzt werden soll. Die Zählung beginnt bei 0.

Anmerkung

■ **Seek(f,FileSize(f))** setzt den Zeiger hinter die letzte Komponente in
der Datei. Damit wird die Datei vergrößert.

Position in Datei feststellen   FilePos
Funktion

Liefert die momentane Position des Dateizeigers.

   FilePos(var *f* **) : LongInt;**

■ *f:* Datei-Variable (beliebiger Typ, außer Textdatei).

8.10

Anmerkungen

■ **FilePos** gibt die Komponente an, an der der Positionszeiger gerade
steht.
■ Falls der Dateizeiger
  ▶ am Anfang der Datei steht, ergibt sich der Wert 0.
  ▶ am Ende der Datei steht (Eof(f)=True), ergibt sich derselbe Wert
wie bei **FileSize(f)**.

Datei abschneiden   *Truncate*
Prozedur

Schneidet eine Datei an der momentanen Position ab.

Truncate(var *f* **);**

▣ *f:* Datei-Variable (beliebiger Typ, außer Textdatei).

Anmerkungen

▣ Die Datei wird an der Stelle abgeschnitten, an der der Positionszeiger beim Aufruf von **Truncate** steht. Die dahinterstehenden Daten werden gelöscht.

▣ **Eof(f)** ist nach einem Aufruf von **Truncate** *True*.

Daten aus Datei lesen   *Read*
Prozedur

Liest eine oder mehrere Komponenten aus der typisierten Datei in die angegebenen Variablen.

Read(var *f*, *v1* [, *v2*, ..., *vn*]**);**

▣ *f:* Datei-Variable beliebigen Typs (außer Text).
▣ *v1 ... vn:* Jede der angegebenen Variablen hat denselben Typ wie die Komponenten der Datei.

Anmerkungen

▣ Jede Leseaktion liest eine Komponente ein.
▣ Der Positionszeiger innerhalb der Datei wird dadurch um eine Komponente in Richtung auf das Dateiende bewegt.

Fehler

8.10

Laufzeitfehler, falls versucht wird, über das Dateiende hinauszulesen (**Eof**(*f*) = *True*).

Daten in Datei schreiben   *Write*
Prozedur

Schreibt Daten in eine angegebene Datei.

Write(var *f*, *v1* [, *v2*, ..., *vn*]**);**

▣ *f:* Datei-Variable beliebigen Typs (außer Text).
▣ *v1 ... vn:* Jede der angegebenen Variablen hat denselben Typ wie die Komponenten der Datei.

Anmerkungen

■ Jede Schreibaktion schreibt eine Komponente in die Datei.

■ Der Positionszeiger innerhalb der Datei wird dadurch um eine Komponente in Richtung auf das Dateiende bewegt.

■ Wenn der Positionszeiger vor einer Schreibaktion auf dem Dateiende steht (**Eof**(f) = True), wird die Datei durch die Schreibaktion erweitert. Danach ist **Eof**(f) weiterhin True, da die Position wieder hinter der neu geschriebenen Komponente steht.

8.10

8.11 Untypisierte Dateien

Die Benutzung untypisierter Dateien wird in der Regel dann vorgezogen, wenn die Datenstruktur nicht bekannt ist, keine Datenstruktur benötigt wird (z.B. Kopierprogramm) oder die Struktur der Daten in einer Form vorliegt, die sich mit einer typisierten Datei nicht verarbeiten läßt (z.B. dBase-Dateien).

Beispiel für untypisierte Dateien

```
PROGRAM Untypisiert;              { ein einfaches Kopierprogramm für Dateien}
   { Name Quelldatei: 1. Kommzeilenparameter}
   { Name Zieldatei : 2. Kommzeilenparameter}
VAR   Quelle, Ziel          : File;
      R_gelesen, R_geschrieben : Word;
      Puffer : Array[1..2048] OF Byte;

BEGIN
   Assign(Quelle, ParamStr(1));              { Quelldatei }
   Reset(Quelle,1);
   Assign(Ziel, ParamStr(2));                { Zieldatei }
   Rewrite(Ziel,1);
   Writeln(FileSize(Quelle),' Bytes werden kopiert...');

   REPEAT
      BlockRead(Quelle, Puffer, SizeOf(Puffer), R_gelesen);
      BlockWrite(Ziel, Puffer, R_gelesen, R_geschrieben);
   UNTIL (R_gelesen = 0) or (R_gelesen <> R_geschrieben);

   Close(Quelle); Close(Ziel);
END.
```

Neue Datei öffnen   **ReWrite**
Prozedur

8.11

Erstellt eine neue Datei und öffnet sie zum Schreiben und Lesen (bei untypisierten Dateien).

ReWrite(var *f* [**: file;** *recgroeße* **: Word])**;

▨ *f:* Datei-Variable, der vorher mit **Assign** eine Datei zugeordnet wurde.

▨ *recgroeße:* (Optional) Recordgröße bei untypisierten Dateien. Falls nicht angegeben, erhalten solche Dateien eine Recordgröße von 128.

Anmerkungen

■ **ReWrite** erstellt eine Datei mit dem angegebenen Namen (**Assign**).
■ Eine Datei wird gelöscht und neu erstellt, falls
  ▶ schon eine Datei mit diesem Namen vorhanden ist.
  ▶ schon eine Datei mit diesem Namen geöffnet ist.

Bestehende Datei öffnen   Reset
Prozedur

Öffnet eine vorhandene Datei zum Schreiben und Lesen (bei untypisierten Dateien).

   Reset(_f_ [: **file;** _recgroeße_ : **Word**]**);**

■ _f:_ Datei-Variable, der vorher mit **Assign** eine Datei zugeordnet
wurde.
■ _recgroeße_: (Optional) Recordgröße bei untypisierten Dateien. Falls
nicht angegeben, erhalten solche Dateien eine Recordgröße von 128.

Anmerkungen

■ **Reset** öffnet eine Datei mit dem angegebenen Namen (**Assign**).
Falls die Datei nicht vorhanden ist, ergibt sich ein Laufzeitfehler.
■ Falls der mit **Assign** zugeordnete Name ein leerer String ist,
bezieht sich _f_ nach **Reset** auf die Standard-Eingabe.

Records in Puffervariable lesen   BlockRead
Prozedur

Liest eine Anzahl von Records aus einer Datei in eine Puffervariable.

BlockRead(var _f_ : **File; var** _Puffer_ ; _Anzahl_ : **Word** [; _Ergebnis_ : **Word**]**);**

■ _f:_ Untypisierte Datei-Variable.
■ _Puffer:_ Puffervariable (beliebiger Typ). Meistens ein Byte- oder
Char-Array. In diese Variable wird der Dateiinhalt eingelesen. Die
Größe des Puffers ist so festzulegen, daß bei nachfolgenden
BlockRead-Anweisungen die Anzahl der gelesenen und in den Puffer
zu schreibenden Daten aufgenommen werden kann, eine Systemüberwachung erfolgt dabei nicht.
■ _Anzahl:_ Anzahl Blöcke, die eingelesen werden sollen. Die Länge
eines Blockes ergibt sich aus der Festlegung von _recgroeße_ in den
Anweisungen Rewrite und Reset.
■ _Ergebnis:_ (Optional) Ergebnis des Lesevorgangs, falls ein Dateiende erreicht wird (siehe Anmerkungen).

8.11

Anmerkungen

▧ Falls der Parameter *Ergebnis*

vorhanden: Wenn Dateiende erreicht wird, ist *Ergebnis* die Anzahl der vollständig gelesenen Blöcke. Teilweise gelesene Blöcke werden nicht angegeben. Keine Fehlermeldung.

nicht vorh.: Wenn Dateiende erreicht wird, ergibt sich ein Laufzeitfehler.

▧ Maximal können mit einem **BlockRead** 64 Kbyte (65535 Byte) eingelesen werden.

▧ Die Dateiposition wird um die eingelesene Anzahl Blöcke nach hinten verschoben.

Puffervariable in Datei schreiben   *BlockWrite* Prozedur

Schreibt eine Anzahl von Records aus einer Puffervariablen in eine Datei.

BlockWrite(var *f* **: File; var** *Puffer* ; *Anzahl* **: Word [;** *Ergebnis* **: Word]);**

▧ *f:* untypisierte Datei-Variable.

▧ *Puffer:* Puffervariable (beliebiger Typ). Meistens ein Byte- oder Char-Array. Daten werden ab der Startadresse dieser Variablen in die Datei geschrieben.

▧ *Anzahl:* Anzahl Blöcke, die geschrieben werden sollen.

▧ *Ergebnis:* (Optional) Ergebnis des Schreibvorgangs, falls nicht vollständig in die Datei geschrieben werden kann (siehe Anmerkungen).

Anmerkungen

8.11

▧ Falls der Parameter *Ergebnis*

vorhanden: Wenn die Anzahl Blöcke nicht vollständig geschrieben werden kann (zum Beispiel Diskette voll), ist *Ergebnis* die Anzahl der vollständig geschriebenen Blöcke. Es wird keine Fehlermeldung geliefert.

nicht vorh.: Wenn nicht vollständig geschrieben werden kann, ergibt sich ein Laufzeitfehler.

▧ Maximal können mit einem **BlockWrite** 64 Kbyte (65535 Byte) geschrieben werden.

▧ Die Dateiposition wird um die geschriebene Anzahl Blöcke nach hinten verschoben.

Kapitel 9:

GRAFIK

9.1 Allgemeines und Übersicht

Die Grafikroutinen sind in der Unit *Graph* zu einem kompletten Grafik-paket zusammengefaßt.

Grafiktreiber und Initialisierung

In der Unit *Graph* sind Treiber für folgende Grafikadapter vorhanden:

- CGA
- MCGA
- EGA
- VGA
- Hercules
- AT&T
- 3270 PC
- IBM 8514

InitGraph prüft die vorhandene Hardware, lädt den entsprechenden Grafiktreiber in den Heap und schaltet in den Grafikmodus um.

GetDriverName bestimmt, welcher Treiber geladen wurde.

GetModeName ermittelt den gesetzten Grafikmodus.

CloseGraph stellt den ursprünglichen Videomodus wieder her und entfernt den Treiber aus dem Speicher.

Grafik-Cursor und Koordinatensystem

Der *Grafik-Cursor* bestimmt die Position der nächsten Ausgabe. Er ist nicht sichtbar, seine Position kann aber durch Funktionen festgestellt werden.

Der Grafik-Cursor bleibt immer auf dem letzten Punkt der Ausgabe stehen und wird nicht automatisch auf die nächste Position gesetzt (im Gegensatz zum Text-Cursor).

Durch Abschneiden von Linien (»Clipping«) beim Überschreiten von Fenstergrenzen wird der Grafik-Cursor nicht beeinflußt. Er zeigt immer auf den letzten angesprochenen Punkt – unabhängig davon, ob er gezeichnet wurde oder nicht.

Das Koordinatensystem hat seinen Ursprung (0,0) in der oberen linken Ecke des Bildschirms.

9.1

9.2 Hardwareprüfung, Initialisierung

Grafikpaket initialisieren	*InitGraph*
Prozedur	*Unit Graph*

Initialisiert das Grafikpaket und stellt einen Grafikmodus ein.

InitGraph(var *GraphDriver* **: Integer;**
var *Grafikmodus* **: Integer;** *Treiberpfad* **: String);**

▧ *GraphDriver:* Übergibt die Nummer des gewünschten Grafiktreibers an **InitGraph** und gibt die Nummer des geladenen Treibers zurück. Falls ...

▸ *GraphDriver* = 0 (Konstante *Detect*) ist, wird **DetectGraph** aufgerufen, das einen entsprechenden Treiber auswählt und einen passenden Grafikmodus festsetzt.

▸ *GraphDriver* ungleich 0 ist, gibt er die Nummer des zu ladenden Grafiktreibers an. In diesem Fall muß ein Grafikmodus initialisiert sein. **DetectGraph** wird nicht aufgerufen.

▧ *Grafikmodus:* Ein Grafikmodus, der vom Grafiktreiber unterstützt wird.

▧ *Treiberpfad:* Suchweg für die Grafiktreiber (.BGI-Dateien). Falls hier ein leerer String angegeben ist, sucht **InitGraph** im momentanen Verzeichnis.

Anmerkungen

▧ **InitGraph** setzt sämtliche Parameter des Grafikpakets auf Standardwerte (siehe **GraphDefaults**).
Für *GraphDriver* **sind in der Unit Graph folgende Konstanten definiert:**

Detect	= 0;	{ automatische Erkennung }
CGA	= 1;	
MCGA	= 2;	
EGA	= 3;	
EGA64	= 4;	
EGAMono	= 5;	
IBM 8514	= 6;	
HercMono	= 7;	
ATT400	= 8;	
VGA	= 9;	
PC3270	= 10;	

9.2

Für *Grafikmodus* **sind folgende Konstanten definiert:**

CGAC0	= 0	320x200, Palette 0, 1 Seite
CGAC1	= 1	320x200, Palette 1, 1 Seite
CGAC2	= 2	320x200, Palette 2, 1 Seite
CGAC3	= 3	320x200, Palette 3, 1 Seite
CGAHi	= 4	640x200, 1 Seite
MCGAC0	= 0	320x200, Palette 0, 1 Seite
MCGAC1	= 1	320x200, Palette 1, 1 Seite
MCGAC2	= 2	320x200, Palette 2, 1 Seite
MCGAC3	= 3	320x200, Palette 3, 1 Seite
MCGAMed	= 4	640x200, 1 Seite
MCGAHi	= 5	640x480, 2 Farben, 1 Seite
EGALo	= 0	640x200, 4 Seiten
EGAHi	= 1	640x350, 16 Farben, 2 Seiten
EGA64Lo	= 0	640x200, 16 Farben, 1 Seite
EGA64Hi	= 1	640x350, 4 Farben, 1 Seite
EGAMonoHi	= 3	640x350, 1 Seite mit 64 Kbyte, 4 Seiten mit 256 Kbyte
HercMonoHi	= 0	720x348, 2 Seiten
ATT400C0	= 0	320x200, Palette 0, 1 Seite
ATT400C1	= 1	320x200, Palette 1, 1 Seite
ATT400C2	= 2	320x200, Palette 2, 1 Seite
ATT400C3	= 3	320x200, Palette 3, 1 Seite
ATT400Med	= 4	640x200, 1 Seite
ATT400Hi	= 5	640x400, 1 Seite
VGALo	= 0	640x200, 16 Farben, 4 Seiten
VGAMed	= 1	640x350, 16 Farben, 2 Seiten
VGAHi	= 2	640x480, 16 Farben, 1 Seite
IBM8514Lo	– 0	640x480, 256 Farben
IBM8514Hio	= 1	1024x768, 256 Farben
PC3270Hi	= 0	720x350, 1 Seite

Dynamische Speicherverwaltung

In der Unit Graph sind zwei Prozeduren definiert, über die Speicherplatz angefordert und wieder freigegeben werden kann.

PROCEDURE GraphGetMem(Var *P***:Pointer;***Size***:Word);**
PROCEDURE GraphFreeMem(Var *P***:Pointer;***Size***:Word);**

9.2

Sämtliche Aufrufe der beiden Routinen werden über zwei Zeigervariablen vorgenommen, die global definiert sind.

GraphGetMemPtr : Pointer;
GraphFreeMemPtr: Pointer;

▨ Beide Zeiger werden über den Initialisierungsteil der Unit gesetzt. In der Regel reicht der von den beiden Routinen verwaltete Speicher aus. Werden jedoch eigene Vektorzeichensätze verwendet, kann eine eigene Verwaltungsroutine erforderlich werden.

Fehler

Wenn bei der Initialisierung ein Fehler auftritt, enthält GraphDriver einen Wert, den auch GraphResult liefern würde:
– 2: Keinen grafikfähigen Video-Adapter gefunden.
– 3: Grafiktreiber-Datei (.BGI) nicht gefunden.
– 4: Grafiktreiber ungültig/Datei zerstört.
– 5: Nicht genug Speicherplatz zum Laden des Treibers.
–10: Grafikmodus für gewählten Treiber nicht definiert.

### Grafikhardware prüfen	**DetectGraph**
Prozedur	Unit Graph

Prüft die verwendete Hardware und bestimmt den zu verwendenden Grafiktreiber und den Grafikmodus.

DetectGraph(var *GraphDriver* **,** *Grafikmodus* **: Integer);**

▨ *GraphDriver:* Übergibt den Grafiktreiber. Die Nummern der möglichen Grafiktreiber siehe bei **InitGraph**.
▨ *Grafikmodus:* Übergibt den Grafikmodus.

Anmerkungen

▨ **DetectGraph** wird normalerweise von **InitGraph** aufgerufen, der dann den entsprechenden Treiber lädt.
▨ Ein direkter Aufruf hat nur dann einen Sinn, wenn man absichtlich einen bestimmten Modus setzen möchte.

### Grafiktreiber ermitteln	**GetDriverName**
Funktion	Unit Graph

Ermittelt den Namen des aktiven Grafiktreibers, der durch **InitGraph** initialisiert wurde, als Zeichenfolge.

GetDriverName : String;

9.2

Anmerkung

▨ Vor einem Aufruf von **GetDriverName** muß ein Grafikmodus gesetzt worden sein.

Mögliche Grafikmodi
Prozedur

GetModeRange
Unit Graph

Ermittelt den niedrigsten *(LoMode)* und höchsten *(HiMode)* Grafikmodus, der für den angegebenen Grafiktreiber verwendbar ist.

GetModeRange(*GraphDriver* **: Integer;**
         var *LoMode***,** *HiMode* **: Integer);**

▨ *GraphDriver:* Gewünschter Grafiktreiber.
▨ *LoMode:* Niedrigster verwendbarer Grafikmodus.
▨ *HiMode:* Höchster verwendbarer Grafikmodus. Liegt *GraphDriver* außerhalb des erlaubten Bereichs, werden *LoMode* und *Himode* auf –1 gesetzt.

Ladbarer Grafiktreiber
Funktion

RegisterBGIDriver
Unit Graph

Registriert einen Grafiktreiber, der als .OBJ-Datei eingebunden wurde. Der Treiber wird nach einer Prüfung in die interne Tabelle eingetragen.

RegisterBGIDriver(*Treiber* **: Pointer) : Integer;**

▨ *Treiber:* Adresse des als .OBJ-Datei eingebundenen Grafiktreibers.

Anmerkungen

▨ Treiber, die so registriert sind, werden von **InitGraph** und **SetGraphMode** nicht mehr aus einer .BGI-Datei in den Heap geladen, sondern direkt verwendet.
▨ **RegisterBGIDriver** muß vor dem Aufruf von **InitGraph** vorgenommen werden.
▨ Die erforderliche driver.OBJ-Datei wird mit {$L dateiname} eingebunden (siehe 3.4).

Fehler

Fehlerfreie Ausführung:
RegisterBGIDriver liefert die positive Kennziffer des Grafiktreibers.
Fehler bei der Ausführung:
RegisterBGIDriver liefert Wert < 0.
Invalid driver:
GraphResult liefert den Status –4 (siehe 9.11).

9.2

Grafiktreiber installieren
Funktion

InstallUserDriver
Unit Graph

Installiert einen Grafiktreiber, der nicht mit Turbo Pascal mitgeliefert wurde.

InstallUserDriver(*Name* **: String;** *AutoDetectPtr* **: Pointer) : Integer;**

■ *Name*: Name und Dateiname des Grafiktreibers, der installiert werden soll. Der Dateiname wird automatisch mit der Namenserweiterung ».BGI« erweitert.
■ *AutoDetectPtr:* Zeiger auf eine Pascal-Routine oder der Wert **nil**.

Anmerkungen

■ Falls *AutoDetectPtr* einen Wert <> nil hat, bindet das Grafikpaket die über diesen Zeiger angegebene Routine in die automatischen Prüfungen von **InitGraph** ein. Damit kann beim Initialisieren des Grafikpakets automatisch geprüft werden, ob eine solche Grafikkarte vorhanden ist und der entsprechende Grafikmodus eingestellt wurde.
■ Mit **InstallUserDriver** können maximal 10 zusätzliche Grafiktreiber installiert werden. InitGraph ruft deren »Prüf-Routinen« in der Reihenfolge der Installation und vor den eingebauten Prüfroutinen auf.

Ladbarer Zeichensatz
Funktion

RegisterBGIFont
Unit Graph

Registriert einen Vektor-Zeichensatz, der als .OBJ-Datei eingebunden wurde. Der Zeichensatz wird nach einer Prüfung in eine interne Tabelle eingetragen.

RegisterBGIFont(*Font* **: Pointer) : Integer;**

■ *Font:* Adresse des als .OBJ-Datei in das Programm eingebundenen Vektor-Zeichensatzes.

Anmerkungen

■ Zeichensätze, die so registriert sind, werden von **InitGraph** und **SetGraphMode** nicht mehr aus einer .CHR-Datei in den Heap geladen, sondern direkt verwendet.
■ Register BGIFont muß vor dem Aufruf von InitGraph aufgerufen werden. Der Suchpfad für die erforderlichen font.OBJ-Dateien wird mit {$L dateiname} vereinbart (siehe 3.4).

9.2

Fehler

Fehlerfreie Ausführung:
RegisterBGIFont liefert die positive Kennziffer des Grafiktreibers.

Fehler bei der Ausführung:
RegisterBGIDriver liefert Wert < 0. Fehlermöglichkeiten:

Konstante	Wert	Beschreibung
grError	= −11	Kein Platz in der Zeichensatz-Tabelle (das Grafikpaket bietet Platz für 10 verschiedene Zeichensätze).
grInvalidFont	= −13	Zeichensatz-Kopfinformation ungültig.
grInvalidFontNum	= −14	Zeichensatz-Nummer in der Kopfinformation unbekannt.

Puffergröße für Flächenfüllungen   SetGraphBufSize
Prozedur   **Unit Graph**

Setzt die Puffergröße für Flächenfüllungen mit **FillPoly** und **FloodFill**.

SetGraphBufSize(*Puffergröße* : Word);

■ *Puffergröße* ist die Puffergröße in Byte (Standard 4 Kbyte).

Anmerkungen

■ Die Standardeinstellung reicht für Polygone mit maximal 630 Eckpunkten aus.
■ **SetGraphBufSize** muß vor dem Start des Grafikpakets aufgerufen werden; spätere Aufrufe werden ignoriert.

Zeichensatz installieren   InstallUserFont
Funktion   **Unit Graph**

Installiert einen Vektor-Zeichensatz, der nicht mit Turbo Pascal angeboten wird. So installierte Zeichensätze können wie die Standard-Zeichensätze mit **SetTextStyle** aktiviert werden.

InstallUserFont(*Fontdatei* : String) : Integer;

■ *Fontdatei:* Name des Zeichensatzes, der in der Datei *Fontdatei*.CHR gespeichert ist.

9.2

Anmerkungen

■ **InstallUserFont** prüft die angegebene Datei und liefert einen Integer-Ergebniswert, der von **SetTextStyle** als Kennziffer für diesen Zeichensatz verwendet werden kann.
■ Maximal können 20 zusätzliche Zeichensätze in einem Programm installiert werden.

Fehler

Ergebnis ist Defaultfont (=0) und nachfolgender Aufruf von GraphResult = grError:
Die Zeichensatz-Tabelle kann keinen zusätzlichen Eintrag mehr aufnehmen.

Parameter auf Standardwerte   GraphDefaults
Prozedur   Unit Graph

Setzt die Grafikparameter auf ihre Standardwerte.

GraphDefaults;

Beschreibung

- Setzt den Grafik-Cursor auf die Koordinaten 0,0.
- Setzt folgende Parameter auf Standardwerte:
  - ▶ Zeichenfenster (gesamter Bildschirm)
  - ▶ Farb-Palette
  - ▶ Zeichenfarbe höchste Farbnummer
  - ▶ Hintergrundfarbe niedrigste Farbnummer
  - ▶ Linienart durchgezogen
  - ▶ Linienbreite normal (0)
  - ▶ Füllmuster Solid
  - ▶ Farbe höchste Farbnummer
  - ▶ Benutzerdefiniertes Füllmuster ($FF, $FF, ..)
  - ▶ Zeichensatz (8*8)
  - ▶ Textrichtung horizontal
  - ▶ Justierung linksbündig
  - ▶ UserCharSize 0

Grafikmodus setzen   SetGraphMode
Prozedur   Unit Graph

Schaltet in einen angegebenen Grafikmodus um und setzt sämtliche Parameter des Grafikpakets auf Standardwerte (siehe **DefaultGraph**).

SetGraphMode(_Modus_ **: Integer);**

- _Modus:_ Grafikmodus, der eingestellt werden soll.

9.2

Anmerkungen

- Eine Liste der möglichen Grafikmodi siehe bei **InitGraph**.
- Hiermit kann ein anderer als der von InitGraph vorgegebene Grafik- modus eingestellt oder zwischen Text- und Grafikdarstellung umgeschaltet werden.

■ Vor dem Aufruf muß das Grafikpaket mit **InitGraph** initialisiert worden sein.

Fehler

GraphResult = –10
Der angegebene Modus ist für den momentan benutzten Treiber nicht definiert.

Grafikmodus feststellen	GetGraphMode
Funktion	*Unit Graph*

Ermittelt den momentan gesetzten Grafikmodus.

GetGraphMode : Integer

Anmerkungen

■ Das Funktionsergebnis liegt im Bereich von 0 bis 5; der damit gekennzeichnete Grafikmodus hängt vom verwendeten Treiber ab.
■ Eine Liste der möglichen Grafikmodi siehe bei **InitGraph**.
■ Vor dem Aufruf muß ein Grafikmodus gesetzt sein.

Name eines Grafikmodus	GetModeName
Funktion	*Unit Graph (V 5)*

Ermittelt den Namen eines Grafikmodus als String aus seiner Nummer.

GetModeName(*ModusNr* : Integer) : String;

■ *ModusNr:* Nummer des zu ermittelnden Grafikmodus.

Anmerkungen

■ Die Namen der Grafikmodi sind Bestandteil des jeweiligen Treibers. Deshalb hängt das Ergebnis von GetModeName davon ab, welcher Grafiktreiber beim Aufruf aktiv ist.
■ Vor dem Aufruf muß ein Grafikmodus gesetzt sein. Die angegebene Nummer muß allerdings nicht die des gesetzten Grafikmodus sein.

9.2

Höchsten Grafikmodus ermitteln	GetMaxMode
Funktion	*Unit Graph*

Ermittelt die Nummer des höchsten Grafikmodus für den momentan aktiven Grafiktreiber.

GetMaxMode : Word

Anmerkungen

■ Der maximal mögliche Wert für den Grafikmodus ist meistens der mit der höchsten Auflösung.

■ Diese Funktion ist auch für Grafiktreiber verwendbar, die nicht von Borland geliefert werden (im Gegensatz zu **GetModeRange**).

■ Vor dem Aufruf muß ein Grafikmodus gesetzt sein.

Videomodus zurücksetzen	*RestoreCrtMode*
Prozedur	*Unit Graph*

Setzt wieder den Videomodus, der vor dem Start des Grafikpakets aktiv war.

RestoreCrtMode;

Anmerkungen

■ Vor dem Aufruf muß das Grafikpaket mit InitGraph gestartet worden sein, sonst ist der vorherige Grafikmodus undefiniert.

■ Hiermit sind Umschaltungen zwischen Text- und Grafikdarstellung möglich. Ablauf:

InitGraph	stellt einen Grafikmodus ein.
Modus := GetGraphModus	ermittelt den aktiven Grafikmodus.
RestoreCrtMode	schaltet in Textdarstellung um.
SetGraphMode(Modus)	schaltet wieder in Grafikdarstellung zurück.

Grafikpaket beenden	*CloseGraph*
Prozedur	*Unit Graph*

Beendet das Grafikpaket, entfernt den Grafiktreiber aus dem Speicher und setzt wieder den vorher aktiven Textmodus.

CloseGraph;

Beispiel

Ermittlung verschiedener gesetzter Grafikparameter

9.2

```
PROGRAM graph_ini;
USES Graph,Crt;
VAR  GraphMode, GraphDriver : Integer;
     Err                    : Integer;
     Txt                    : String;
     Hi_Mode, Lo_Mode       : Integer;
BEGIN
  GraphDriver := Detect;          { Automatische Erkennung     }
  InitGraph(GraphDriver, GraphMode, '');
  Err :=  GraphResult;            { Fehler ? }
```

```
        IF Err <> grOk THEN BEGIN    { grOk = 0 ; Konstante in Graph }
          Writeln('Fehler in Grafik : ', GraphErrorMsg(Err));
                                      { Ausgabe der Fehlermeldung     }
          Halt(1);                    { Programm beenden              }
        END;

        Txt := 'Treibername   : ' + GetDriverName;
        OutTextXY(0,10,Txt);          { Name des Grafiktreibers       }

        Str(GraphDriver,Txt);
        Txt := 'Treibernummer : ' + Txt;
        OutTextXY(0,30,Txt);          { Konstante des Grafiktreibers  }

        Str(GetGraphMode,Txt);
        Txt := 'Modusnummer   : '+ Txt;
        OutTextXY(0,50,Txt);          { Gesetzter Modus               }

        Txt := 'Modusname     : '+ GetModeName(GetGraphMode);
        OutTextXY(0,70,Txt);

        Str(GetMaxMode,Txt);
        Txt := 'Höchste Auflösung : ' + Txt;
        OutTextXY(0,90,Txt);

        GetModeRange(GraphDriver,Lo_Mode, Hi_Mode);
        Str(Lo_Mode,Txt);
        Txt := 'Niedrigste Auflösung : ' + Txt;
        OutTextXY(0,110,Txt);
        Str(Hi_Mode,Txt);
        Txt := 'Höchste Auflösung : ' + Txt;
        OutTextXY(0,120,Txt);

        Readln;
        CloseGraph
      END.
```

9.2

9.3 Bildschirm, Fenster, Speicherseiten

Standardwerte setzen	*ClearDevice*
Prozedur	*Unit Graph*

Löscht den Bildschirm und setzt den Grafik-Cursor auf den
Koordinatenursprung (0,0) innerhalb des Zeichenfensters.

ClearDevice;

Anmerkung

▨ Der Bildschirm wird auch außerhalb des Zeichenfensters gelöscht.

Grafikfenster setzen	*SetViewPort*
Prozedur	*Unit Graph*

Setzt ein Zeichenfenster für nachfolgende Grafikoperationen und
bestimmt, ob Zeichenaktionen außerhalb des Fensters abgeschnitten
werden.

SetViewPort(*x1, y1, x2, y2* **: Integer;** *Clip* **: Boolean);**

▨ *x1, y1*: Obere linke Ecke des Zeichenfensters.
▨ *x2, y2*: Untere rechte Ecke des Zeichenfensters.
▨ *Clip*: Gibt an, ob Zeichenaktionen außerhalb des Fensters
abgeschnitten werden oder nicht.

Anmerkungen

▨ Mögliche Werte für die Koordinaten sind:
   $0 <= x1 < x2 <= GetMaxX$
   $0 <= y1 < y2 <= GetMaxY$
▨ **SetViewPort** arbeitet mit absoluten Koordinaten und ist unabhängig
von vorherigen Grafikoperationen.
▨ **InitGraph**, **GraphDefaults** und **SetGraphMode** setzen das
Zeichenfenster beim Aufruf auf den gesamten Bildschirm.
▨ **GetViewSettings** ermittelt die Parameter des aktuellen Grafikfen-
sters und liefert sie über einen Record des Typs ViewPortType zurück.

9.3

Zeichenaktionen begrenzen mit Clip

Für den Parameter *Clip* sind folgende Konstanten definiert:
   ▶ ClipOn = True
   ▶ ClipOff = False

■ Falls *Clip* = ClipOn ist, werden nur Zeichenoperationen innerhalb des Fensters ausgeführt.

■ Der Grafik-Cursor wird vom »Clipping« nicht betroffen; er kann nach einer Zeichenaktion (zum Beispiel mit LineTo) auch außerhalb des Zeichenfensters stehen.

Grafikfenster löschen — ClearViewPort
Prozedur — *Unit Graph*

Löscht den Inhalt des momentanen Zeichenfensters.

ClearViewPort;

Anmerkung

■ Das Löschen erfolgt, indem das Zeichenfenster mit der durch Palette(0) gesetzten Farbe gefüllt wird.

Grafikfensterparameter feststellen — GetViewSettings
Prozedur — *Unit Graph*

Liefert die Einstellungen des momentan gesetzten Grafikfensters.

GetViewSettings(var *ViewPort* **: ViewPortType);**

■ *ViewPort*: übergibt die Grenzen des Zeichenfensters und die Clip-Einstellung. ViewPort ist ein Record vom Typ ViewPortType und ist wie folgt definiert:

```
TYPE  ViewPortType = RECORD
          x1, y1, x2, y2 : Integer;
          Clip           : Boolean;
      END;
```

Bildschirmseite setzen — SetActivePage
Prozedur — *Unit Graph*

Legt die Grafikseite fest, auf der nachfolgende Zeichenaktionen ausgeführt werden sollen.

9.3

SetActivePage(*Seite* **: Word);**

■ *Seite*: Die Grafikseite, auf der Grafikbefehle arbeiten sollen.

Anmerkungen

▨ EGA-, VGA- und Hercules-Grafikkarten unterstützen mehrere Grafikseiten.

▨ Bei Verwendung einer solchen Grafikkarte kann eine Grafikseite am Bildschirm mit **SetVisualPage** gezeigt werden, während auf einer anderen (verborgenen) gezeichnet wird.

Grafikseite auf Bildschirm	*SetVisualPage*
Prozedur	*Unit Graph*

Bestimmt die Grafikseite, deren Inhalt am Bildschirm gezeigt werden soll.

SetVisualPage(*Seite* **: Word);**

▨ *Seite*: Die Grafikseite, die am Bildschirm gezeigt werden soll.

Anmerkungen

▨ EGA-, VGA- und Hercules-Grafikkarten unterstützen mehrere Grafikseiten.

▨ Die hier angegebene Seite wird am Bildschirm angezeigt; gleichzeitig kann mit **SetActivePage** eine Seite ausgewählt werden, auf der Zeichenbefehle (verborgen) arbeiten.

9.3

9.4 Pixel- und pixelweise Ausschnitte

Punkt zeichnen — PutPixel
Prozedur — *Unit Graph*

Zeichnet einen Punkt auf die angegebenen Koordinaten in einer bestimmten Farbe.

PutPixel(*X*, *Y* : Integer; *Pixel* : Word);

▦ *X, Y:* Koordinaten für den zu zeichnenden Punkt.
▦ *Pixel:* Farbe des zu zeichnenden Punktes.

Anmerkung

▦ Bei der Farbe wird eine Farbnummer aus der Farb-Palette angegeben. In welcher Farbe der Punkt wirklich erscheint, hängt von der Einstellung in der Palette ab.

Pixelfarbe ermitteln — GetPixel
Funktion — *Unit Graph*

Ermittelt die Farbe eines Punktes an bestimmten Koordinaten.

GetPixel(*X*, *Y* : Integer) : Word;

▦ *X, Y*: Koordinaten des Punktes, für den die Farbe festgestellt werden soll.

Anmerkung

▦ **GetPixel** übergibt die Farbnummer aus der Farbpalette. In welcher Farbe der Punkt wirklich erscheint, hängt vom entsprechenden Eintrag in der Farbpalette ab.

Bildschirmausschnitt in — GetImage
Variable speichern
9.4   *Prozedur* — *Unit Graph*

Speichert einen bestimmten Bildschirmausschnitt in einer Puffervariablen.

GetImage(*x1, y1, x2, y2* : Integer; var *BitMap*);

▦ *x1, y1*: Obere linke Ecke des Bildschirmausschnitts.
▦ *x2, y2*: Untere rechte Ecke des Bildschirmausschnitts.

■ *BitMap*: Startadresse des Speicherbereichs, in den die Bildschirm-daten kopiert werden sollen (untypisierter Parameter).

Anmerkungen

■ In den ersten 4 Byte des Speicherbereichs stehen Breite und Höhe des Bildschirmausschnitts als Word (16 Bit):

Breite: = x2 – x1 + 1

Höhe: = y2 – y1 + 1

■ Dadurch ist der Zielspeicher 4 Byte größer, als zur Speicherung der Daten benötigt wird.

■ **ImageSize** berücksichtigt diese 4 Byte bei der Feststellung der Größe.

Anzahl Byte für GetImage   ImageSize
Funktion   Unit Graph

Berechnet die Größe einer Puffervariablen zur Speicherung eines Bildschirmausschnitts.

ImageSize(*x1, y1, x2, y2* **: Integer) : Word;**

■ *x1, y1*:: Obere linke Ecke des Bildschirmausschnitts.

■ *x2, y2*:: Untere rechte Ecke des Bildschirmausschnitts.

Anmerkungen

■ ImageSize berücksichtigt auch die 4 Byte am Anfang der Puffervariablen, in denen Breite und Höhe des Bildschirmausschnitts angegeben sind.

■ Die benötigte Anzahl Byte hängt vom Grafikmodus ab:

Breite: = x2 – x1 + 1;

Hoehe: = y2 – y1 + 1;

Pixelzahl: = Breite * Hoehe;

Bytezahl: = (Pixelzahl * Bits_pro_Pixel) div 8;

■ Bits_pro_Pixel hängt vom Grafikmodus ab und hat z.B. folgende Werte:

CGAC1   2

Monochrom 1

EGA64   4

9.4

Variableninhalt in Bildschirmausschnitt
PutImage

Prozedur
Unit Graph

Kopiert den Inhalt einer Puffervariablen bitweise in einen rechteckigen Bildschirmausschnitt. Zusätzlich sind logische Verknüpfungen mit dem bestehenden Inhalt möglich.

PutImage(*X*, *Y* : **Integer**; **var** *BitMap* ; *BitBlt* : **Word**);

■ *X*, *Y:* Obere linke Ecke des Bildschirmausschnitts.
■ *BitMap:* Untypisierter Parameter, der die Startadresse des Speicherbereichs für die Variable angibt.
Die ersten 4 Byte müssen Breite und Höhe des Bildschirmausschnitts angeben (siehe **GetImage**).
■ *BitBlt:* (Bit-Block-Transfer) Gibt die logische Verknüpfung des Variableninhalts mit dem Bildschirmspeicher an.
■ Folgende Konstanten sind definiert:

NormalPut	= 0	Überschreiben
Copy Put	= 0	Überschreiben
XorPut	= 1	XOR-Operation mit Bildinhalt
OrPut	= 2	OR-Operation
AndPut	= 3	AND-Operation
NotPut	= 4	NOT-Operation, also Überschreiben mit invertierten Werten

Anmerkungen

■ Vor dem Aufruf muß ein Grafikmodus gesetzt worden sein.
■ Falls die Koordinaten (durch *X*, *Y* und *X* +*Breite* angegeben) nicht innerhalb des Bildschirms bzw. eines gesetzten Grafikfensters sind, bricht **PutImage** ohne Ausführung ab.
■ Clipping wird nur in vertikaler Richtung ausgeführt – die unteren Zeilen werden abgeschnitten.
■ Mit *XorPut* können bewegte Bilder erzeugt werden: Nach der ersten Kopie erscheint der Inhalt der Puffervariablen auf dem Bildschirm, nach der zweiten Kopie ist er wieder verschwunden.

9.4

Fehler

PutImage *bricht ohne Ausführung ab:*
Befinden sich die Koordinaten innerhalb des Bildschirms bzw. des festgelegten Grafikfensters?

9.5 Linien

Allgemeines

Möglichkeiten für Linien
- ▶ Linie vom Startpunkt zum Endpunkt mit **Line**.
- ▶ Linie vom momentanen Punkt zum Endpunkt mit **LineTo**.
- ▶ Linie vom momentanen Punkt zu einem Punkt, der um einen bestimmten Wert entfernt ist, mit **LineRel**.

Allgemeines für Linien
- ▶ Zum Zeichnen wird die durch den letzten Aufruf von **SetLineStyle** gesetzte Linienart und die durch **SetColor** gesetzte Farbe verwendet.
- ▶ Mit **SetWriteMode** wird festgelegt, wie Linien über den Hintergrund gezeichnet werden.
- ▶ Vor einem Aufruf zum Zeichnen einer Linie muß ein Grafikmodus gesetzt werden.

Linien-Zeichenmodus setzen	_SetWriteMode_
Prozedur	_Unit Graph_

Bestimmt, ob Linien-Zeichenoperationen den vorherigen Bildinhalt überschreiben oder in Form einer Verknüpfung ausführen sollen.

SetWriteMode(_WriteMode_ : **Integer**);

■ _WriteMode:_ Der Zeichenmodus, der eingestellt werden soll. Hierfür sind folgende Konstanten definiert:

NormalPut	= 0	Überschreiben des Bildinhaltes
CopyPut	= 0	Überschreiben des Bildinhaltes
XORPut	= 1	XOR-Verknüpfung mit Bildinhalt
OrPut	= 2	Oder-Verknüpfung mit Bildinhalt
AndPut	= 3	Und-Verknüpfung mit Bildinhalt
NotPut	= 4	Negierung des Bildinhalts

Anmerkungen

■ **SetWriteMode** legt die Art des Linienzeichnens für folgende Routinen fest:
- ▶ DrawPoly ▶ Line ▶ Rectangle
- ▶ LineRel ▶ LineTo

9.5

■ Bei der Einstellung XORPut können mit einem weiteren Zeichenbefehl im selben Modus die gezeichneten Linien ohne Veränderung des Hintergrundes wieder gelöscht werden.

■ Vor dem Aufruf muß ein Grafikmodus gesetzt sein.

Linie zeichnen — Line
Prozedur — Unit Graph

Line zeichnet eine Linie von einem Startpunkt zu einem Endpunkt.

Line(*x1*, *y1*, *x2*, *y2* : **Integer**);

■ *x1, y1:* Startpunkt der Linie.

■ *x2, y2:* Endpunkt der Linie.

Anmerkung

■ **Line** bewegt nicht den Grafik-Cursor (nur **LineTo** und **LineRel**).

Linie zu Koordinate zeichnen — LineTo
Prozedur — Unit Graph

LineTo zeichnet eine Linie von der momentanen Position des Grafik-Cursors zu einem Endpunkt.

LineTo(*X*, *Y* : **Integer**);

■ *X, Y:* Endpunkt der Linie.

Anmerkung

■ Nach der Ausführung steht der Grafik-Cursor auf den Koordinaten des Endpunktes.

Linie relativ zeichnen — LineRel
Prozedur — Unit Graph

LineRel zeichnet eine Linie von der momentanen Position des Grafik-Cursors zu einem Endpunkt, von dem die Entfernung zum momentanen Punkt angegeben wird.

9.5

LineRel(*Dx*, *Dy* : **Integer**);

■ *Dx, Dy:* Relative Entfernung des Linien-Endpunktes von der momentanen Position des Grafik-Cursors.

Anmerkung

■ Nach der Ausführung steht der Grafik-Cursor auf den Koordinaten des Endpunktes.

Linienparameter setzen   SetLineStyle
Prozedur   *Unit Graph*

Setzt die Linienart und -stärke für nachfolgende Zeichenoperationen.

   SetLineStyle(*Linienart*, *Muster*, *Stärke*: **Word)**;

■ *Linienart:* In der Unit Graph sind folgende Linienarten definiert:

SolidLn	= 0	durchgezogen
DottedLn	= 1	gepunktet
CenterLn	= 2	Punkt-Strich-Punkt
DashedLn	= 3	gestrichelt
UserBitLn	= 4	eigenes Muster

■ *Muster:* Wenn bei *Linienart* UserBitLn oder 4 angegeben ist, geben die einzelnen Bits das Punktmuster der Linie an. Das höchstwertige Bit gibt den jeweils ersten gezeichneten Punkt der Linie an.

■ *Stärke:* Linienstärke; in der Unit Graph sind folgende Stärken definiert:

NormWidth	= 1	normale Linie
ThickWidth	= 3	dicke Linie

Linienparameter feststellen   GetLineSettings
Prozedur   *Unit Graph*

Ermittelt die momentanen Linienparameter, die durch den letzten Aufruf von **SetLineStyle** gesetzt wurden.

   GetLineSettings(var *LineInfo* : **LineSettingsType)**;

■ *LineInfo:* Ist ein Record vom Typ LineSettingsType, der die Linienparameter enthält.

```
TYPE
  LineSettingsType = RECORD;
                       LineStyle: Word; { Linienart }
                       Pattern: Word; { Linienmuster }
                       Thickness: Word; { Linienstärke }
                     END;
```

Anmerkung

■ Eine Liste der Konstanten für Linienart und -stärke siehe bei **SetLineStyle**.

9.5

9.6 Polygone und Flächenfüllungen

Rechteck zeichnen   Rectangle
Prozedur   Unit Graph

Zeichnet ein Rechteck zwischen zwei angegebenen Koordinatenpunkten.

Rectangle(*x1, y1, x2, y2* : **Integer**);

- *x1, y1:* Obere linke Ecke des zu zeichnenden Rechtecks.
- *x2, y2:* Untere rechte Ecke des zu zeichnenden Rechtecks.

Anmerkungen

- Das Rechteck wird in der durch **SetLineStyle** gesetzten Linienart und Farbe gezeichnet.
- Mögliche Werte für die Koordinaten sind:
  $0 <= x1 < x2 <= $ GetMaxX
  $0 <= y1 < y2 <= $ GetMaxY
- Die Ecken links oben und rechts unten müssen wirklich die richtige Position haben. **Rectangle** dreht die Koordinaten nicht automatisch um.

Balken zeichnen   Bar
Prozedur   Unit Graph

Zeichnet ein gefülltes Rechteck, das auch als Balken angesehen werden kann.

Bar(*x1, y1, x2, y2* : **Integer**);

- *x1, y1:* Obere linke Ecke des zu zeichnenden Rechtecks.
- *x2, y2:* Untere rechte Ecke des zu zeichnenden Rechtecks.

Anmerkung

- Das Rechteck wird mit der momentan durch **SetColor** gesetzten Zeichenfarbe gezeichnet und mit dem momentan durch **SetFillStyle** bzw. **SetFillPattern** eingestellten Muster ausgefüllt.

9.6

Fehler

GraphResult = –6
Beim Ausfüllen ist ein Fehler aufgetreten.

Dreidim. Balken zeichnen   Bar3D
Prozedur   Unit Graph

Zeichnet einen dreidimensionalen Balken, also ein ausgefülltes
Rechteck, das mit räumlicher Tiefe dargestellt wird.

Bar3D(x1, y1, x2, y2 **: Integer;** Tiefe **: Word;** Top **: Boolean);**

■ x1, y1: Obere linke Ecke des vorderen ausgefüllten Rechtecks.
■ x2, y2: Untere rechte Ecke des vorderen ausgefüllten Rechtecks.
■ Tiefe: Räumliche Tiefe in Pixeln. Typisch könnten hier 25% der
Breite verwendet werden.
■ Top: Gibt an, ob ein oberer Abschluß gezeichnet werden soll. Falls
ein weiterer aufgesetzt wird, soll der obere Abschluß nicht gezeichnet
werden. In der Unit Graph sind zwei Konstanten definiert:
  ▶ TopOn = True: Abschluß wird gezeichnet.
  ▶ TopOff = False: Kein Abschluß.

Anmerkungen

■ Die Umrißlinien werden in der durch **SetColor** gesetzten Farbe und
der durch **SetLineStyle** gesetzten Linienart gezeichnet.
■ Das Rechteck wird mit der gesetzten Zeichenfarbe und mit dem
momentan durch **SetFillStyle** bzw. **SetFillPattern** eingestellten Muster
ausgefüllt.

Fehler

GraphResult = –6
Beim Ausfüllen ist ein Fehler aufgetreten.

Polygon zeichnen   DrawPoly
Prozedur   Unit Graph

Zeichnet den Umriß eines Polygons, das aus einer angegebenen
Anzahl von Eckpunkten besteht.

DrawPoly(AnzahlPunkte **: Word; var** PolyPunkte **);**

■ AnzahlPunkte: Anzahl der Koordinatenpaare, die in PolyPunkte
angegeben sind.

9.6

■ PolyPunkte: (Untypisierter Parameter) Enthält die Koordinatenpaare
der Eckpunkte des Polygons. Diese Paare sind als Datentyp PointType
definiert:

```
TYPE  PointType = RECORD
                      x, y : Word;
                  END;
```

Anmerkungen

▨ Die Linien werden in der momentan gesetzten Zeichenfarbe und der mit **SetLineStyle** gesetzten Linienart gezeichnet.
▨ Die Linien werden vom ersten angegebenen Punkt zum nächsten gezeichnet.
▨ Der Linienzug wird nicht automatisch geschlossen. Um einen geschlossenen Linienzug zu erhalten, muß der letzte angegebene Punkt wieder mit dem ersten identisch sein.
▨ Für ein Polygon mit *n* Eckpunkten müssen *n+1* Koordinatenpaare angegeben sein.

Ausgefülltes Polygon zeichnen	*FillPoly*
Prozedur	*Unit Graph*

Zeichnet ein ausgefülltes Polygon, das aus einer angegebenen Anzahl von Eckpunkten besteht.

FillPoly(*AnzahlPunkte* : **Word; var** *PolyPunkte*);

▨ *AnzahlPunkte:* Anzahl der Koordinatenpaare, die in PolyPunkte angegeben sind.
▨ *PolyPunkte:* (Untypisierter Parameter) Enthält die Koordinatenpaare der Eckpunkte des Polygons. Diese Paare sind als Datentyp PointType definiert:

```
TYPE  PointType = RECORD
                    x, y : Word;
                  END;
```

Anmerkungen

▨ Die Linien werden in der momentan gesetzten Zeichenfarbe und der mit **SetLineStyle** gesetzten Linienart gezeichnet.
▨ Falls die Zeichenfarbe auf die Hintergrundfarbe gesetzt wird, bleibt der Umriß unsichtbar.
▨ Die Linien werden vom ersten angegebenen Punkt zum nächsten gezeichnet.
▨ Der Linienzug wird automatisch geschlossen (im Gegensatz zu DrawPoly). Der erste und letzte Punkt muß also nicht denselben Punkt angeben.
▨ Für ein Polygon mit *n* Eckpunkten müssen *n* Koordinatenpaare angegeben sein.
▨ Das Polygon wird mit dem durch **SetFillStyle** bzw. **SetFillPattern** gesetzten Muster ausgefüllt.

9.6

Bereich mit Muster füllen | FloodFill
Prozedur | Unit Graph

Füllt einen durch eine bestimmte Farbe umschlossenen Bereich mit einem Muster.

FloodFill(X, Y : **Integer;** Rand : **Word);**

▨ X, Y: Koordinaten des Punktes, von dem das Ausfüllen ausgehen soll.

▨ Rand: Farbe des Randes, bei dessen Erreichen das Ausfüllen in der jeweiligen Richtung abbrechen soll.

Anmerkungen

▨ **FloodFill** füllt – im Gegensatz zu **FillPoly** – einen Bereich, der schon am Bildschirm gezeichnet ist, während **FillPoly** ein angegebenes Polygon zeichnet und ausfüllt – unabhängig vom momentanen Zustand des Bildschirms.

▨ Befindet sich der angegebene Punkt innerhalb der Fläche, wird die Fläche innen ausgefüllt.

▨ Befindet er sich außerhalb der Fläche, wird der restliche Bildschirm ausgefüllt.

▨ Befindet er sich genau auf dem Rand, ist die Richtung des Ausfüllens undefiniert.

Fehler

GraphResult = –7
Beim Ausfüllen ist ein Fehler aufgetreten.

Vordefiniertes Füllmuster setzen | SetFillStyle
Prozedur | Unit Graph

Stellt eines der vordefinierten Muster für Flächenfüllungen ein.

SetFillStyle(Muster : **Word;** Farbe : **Word);**

▨ Muster: Gibt das zu verwendende Muster an. Konstanten siehe bei Anmerkungen.

▨ Farbe: Ist die Farbe, mit der die Flächenfüllungen ausgeführt werden.

9.6

Anmerkungen

▨ Für das Muster sind folgende Konstanten definiert:

EmptyFill	=	0	Füllen mit Hintergrundfarbe
SolidFill	=	1	Füllen mit Vordergrundfarbe
LineFill	=	2	--- horizontale starke Linien

LtSlashFill	= 3	///
SlashFill	= 4	/// mit dicken Linien
BkSlashFill	= 5	\\\ mit dicken Linien
LtBkSlashFill	= 6	\\\
HatchFill	= 7	horiz./vertik. leicht schraffiert
XHatchFill	= 8	kreuzend leicht schraffiert
InterleaveFill	= 9	kreuzend eng schraffiert
WideDotFill	= 10	Punkte, weit auseinander
CloseDotFill	= 11	Punkte, dicht
UserFill	= 12	benutzerdefiniert/reserviert.

Alle Befehle, die Flächen ausfüllen, verwenden das durch
SetFillStyle oder **SetFillPattern** (nächste Prozedur) gesetzte Muster.
Dies sind:
> **FillPoly** ▸ **Bar** ▸ **PieSlice**
> **FloodFill** ▸ **Bar3D**

Immer nur ein Muster kann zu einem Zeitpunkt gesetzt sein. Es wird
entweder durch **SetFillStyle** (vorherige Prozedur) oder durch
SetFillPattern gesetzt; abhängig davon, welcher Befehl als letzter
ausgeführt wurde.

Füllmuster setzen   *SetFillPattern*
Prozedur   *Unit Graph*

Definiert ein eigenes Muster für Flächenfüllungen und stellt dieses für
nachfolgende Flächenfüllungen ein.

SetFillPattern(Muster : **FillPatternType;** Farbe : **Word);**

Muster: Gibt das Muster bitweise an. Muster hat den Typ
FillPatternType. Definition siehe unten.

Farbe: Ist die Farbe, in der das Muster gezeichnet wird.

FillPatternType

FillPatternType ist in der Unit Graph so definiert:
```
TYPE FillPatternType = array[1..8] of Byte;
```
Jedes Bit des Arrays steht für ein Pixel.

1   Der Punkt wird mit der durch *Farbe* angegebenen Farbe
gezeichnet.

0   Dieser Punkt bleibt leer.

Jedes Byte legt 8 Punkte nebeneinander fest, die Bytes selbst sind
untereinander angeordnet.

9.6

Ein gleichmäßiges Muster mit einer Graustufe von 50% kann so definiert sein:

Binär	Hex	
10101010	$AA	(1. Byte)
01010101	$55	(2. Byte)
10101010	$AA	(3. Byte)
01010101	$55	(4. Byte)
10101010	$AA	(5. Byte)
01010101	$55	(6. Byte)
10101010	$AA	(7. Byte)
01010101	$55	(8. Byte)

Anmerkungen

▨ Alle Befehle, die Flächen ausfüllen, verwenden das durch **SetFillStyle** (vorherige Prozedur) oder **SetFillPattern** gesetzte Muster. Dies sind:
- **FillPoly**   ▸ **Bar**   ▸ **PieSlice**
- **FloodFill** ▸ **Bar3D**

▨ Immer nur ein Muster kann zu einem Zeitpunkt gesetzt sein. Es wird entweder durch **SetFillStyle** (vorherige Prozedur) oder durch **SetFillPattern** gesetzt; abhängig davon, welcher Befehl als letzter ausgeführt wurde.

Füllparameter feststellen   GetFillSettings
Prozedur   *Unit Graph*

Liefert das Füllmuster und die Farbe, die durch den letzten Aufruf von SetFillStyle gesetzt worden sind.

   GetFillSettings(var *FuellInfo* : **FillSettingsType);**

▨ *FuellInfo:* Enthält die Füllparameter. *FuellInfo* ist vom Typ FillSettingsType, der so definiert ist:
```
TYPE  FillSettingsType = RECORD
                         Pattern : Word;
                         Color   : Word;
                      END;
```
▨ *FuellInfo.Pattern:* Enthält die Nummer des Musters (0..12).
▨ *FuellInfo.Color:* Enthält die gesetzte Farbe (0..15).

Anmerkung

▨ Falls das Muster durch einen Aufruf von **SetFillPattern** gesetzt wurde, enthält *Pattern* den Wert 12 (für benutzerdefiniertes Muster).

9.6

Füllmuster feststellen   GetFillPattern
Prozedur   Unit Graph

Liefert das Bit-Muster für Flächenfüllungen, das mit dem letzten Aufruf von **SetFillPattern** gesetzt wurde.

GetFillPattern(var *Fuellmuster* **: FillPatternType);**

▨ *Fuellmuster:* Enthält das gesetzte Füllmuster bitweise. *Fuellmuster* sind vom Typ FillPatternType, der so definiert ist:

```
TYPE  FillPatternType = array[1..8] of Byte;
```

Anmerkungen

▨ Falls vorher noch kein Aufruf von **SetFillPattern** erfolgt ist, enthält *Fuellmuster* nur die Werte $FF (voll ausgefüllt).

▨ Die momentane Farbe des Füllmusters kann mit **GetFillSettings** (vorherige Prozedur) ermittelt werden.

9.6

9.7 Kreise, Kreisausschnitte, Kurven

Kreisbogen zeichnen
Arc

Prozedur *Unit Graph*

Zeichnet einen Kreisbogen von einem Startwinkel zu einem Endwinkel um einen angegebenen Mittelpunkt.

Arc(X, Y : Integer; *Startwinkel, Endwinkel, Radius* **: Word);**

▦ *X, Y:* Mittelpunktskoordinaten des Kreisbogens.
▦ *Startwinkel:* Winkel, bei dem der Kreisbogen beginnt. Angabe in Grad (0..360). 0 Grad ist horizontal rechts von den Mittelpunktskoordinaten; die Zählung erfolgt gegen den Uhrzeigersinn.
▦ *Endwinkel:* Winkel, bei dem der Kreisbogen endet.
▦ *Radius:* Radius des Kreisbogens.

Anmerkungen

▦ Bei *Startwinkel* = 0 und *Endwinkel* = 360 wird ein voller Kreis gezeichnet.
▦ Der Kreisbogen wird in der momentan gesetzten Farbe und der mit **SetLineStyle** gesetzten Stärke gezeichnet.
▦ Jeder Grafiktreiber korrigiert die Höhen- und Seitenverhältnisse automatisch mit dem Wert von **AspectRatio**.

Koordinaten des letzten Kreisbogens
GetArcCoords

Prozedur *Unit Graph*

Ermittelt Koordinatendaten über den letzten Aufruf von **Arc**.

GetArcCoords(var *ArcKoordinaten* **: ArcCoordsType);**

▦ *ArcKoordinaten*: Enthält die Koordinatendaten des letzten Aufrufs von **Arc**. *ArcKoordinaten* sind vom Typ ArcCoordType, der so definiert ist:

9.7

```
TYPE
  ArcCoordsType = RECORD
          X, Y,                {Mittelpunkt}
          Xstart, Ystart,      {Startwinkel}
          Xend, Yend :Integer; {Endwinkel }
  END;
```

Anmerkungen

■ **GetArcCoords** wird verwendet, wenn an einen Kreisbogen eine Linie oder ein weiteres grafisches Element angesetzt werden soll.
■ Da alle wichtigen Punkte des Kreisbogens ermittelt werden, kann an einem beliebigen Endpunkt oder am Mittelpunkt angesetzt werden.

Fehler

Das Ergebnis von **GetArcCoords** *ist undefiniert, falls noch kein Aufruf von* **Arc** *erfolgt ist.*

Kreis zeichnen	Circle
Prozedur	Unit Graph

Zeichnet einen Kreis um einen Mittelpunkt mit einem angegebenen Radius.

Circle(*X*, *Y* **: Integer;** *Radius* **: Word);**

■ *X, Y:* Mittelpunktskoordinaten des Kreises.
■ *Radius:* Radius des Kreises.

Anmerkung

■ Der Kreis wird in der momentan gesetzten Farbe und der mit **SetLineStyle** gesetzten Stärke gezeichnet.

Kreisausschnitt zeichnen	PieSlice
Prozedur	Unit Graph

Zeichnet ein Kuchenstück, das mit dem gesetzten Muster ausgefüllt wird.

PieSlice(*X*, *Y* **: Integer;** *Startwinkel*, *Endwinkel*, *Radius* **: Word);**

■ *X, Y*: Mittelpunktskoordinaten des Kreisbogens.
■ *Startwinkel*: Winkel, bei dem der Kreisbogen beginnt. Angabe in Grad (0..360). 0 Grad ist horizontal rechts von den Mittelpunktskoordinaten; die Zählung erfolgt gegen den Uhrzeigersinn.
■ *Endwinkel*: Winkel, bei dem der Kreisbogen endet.
■ *Radius*: Radius des Kreisbogens.

9.7

Anmerkungen

■ Die Endpunkte des Kreisbogens werden mit dem Mittelpunkt verbunden, danach wird dieser Kreisausschnitt mit dem durch **SetFillStyle** bzw. **SetFillPattern** gesetzten Muster ausgefüllt.

▓ Bei *Startwinkel* = 0 und *Endwinkel* = 360 wird ein voller ausgefüllter Kreis gezeichnet.
▓ Der Umkreis wird in der momentan gesetzten Farbe und der mit **SetLineStyle** gesetzten Stärke gezeichnet.

Fehler

GraphResult = –6
Beim Ausfüllen ist ein Fehler aufgetreten.

Elliptischen Kreisbogen zeichnen   *Ellipse*
Prozedur   Unit Graph

Zeichnet einen elliptischen Kreisbogen von einem Startwinkel zu einem Endwinkel um einen angegebenen Mittelpunkt.

Ellipse(*X, Y* **: Integer;** *Startwinkel, Endwinkel* **: Word;** *XRadius, YRadius* **: Word);**

▓ *X, Y:* Mittelpunktskoordinaten des Ellipsenbogens.
▓ *Startwinkel:* Winkel, bei dem der Ellipsenbogen beginnt. Angabe in Grad (0..360). 0 Grad ist horizontal rechts von den Mittelpunktskoordinaten; die Zählung erfolgt gegen den Uhrzeigersinn.
▓ *Endwinkel:* Winkel, bei dem der Ellipsenbogen endet.
▓ *XRadius:* Horizontaler Radius.
▓ *YRadius:* Vertikaler Radius.

Anmerkungen

▓ Der Ellipsenbogen wird in der momentan gesetzten Farbe und der mit SetLineStyle gesetzten Stärke gezeichnet.
▓ Das Höhen- und Seitenverhältnis des Bildschirms (das von **AspectRatio** geliefert wird) wird automatisch berücksichtigt.

Ausgefülltes Kuchenstück   *Sector*
Prozedur   Unit Graph

Zeichnet einen ausgefüllten elliptischen Kreisbogen vom Startwinkel zum Endwinkel um einen angegebenen Mittelpunkt.

9.7

Sector(*X, Y* **: Integer;** *Startwinkel, Endwinkel, XRadius, YRadius* **: Word);**

▓ *X, Y:* Mittelpunktskoordinaten des Ellipsenbogens.
▓ *Startwinkel:* Winkel, bei dem der Ellipsenbogen beginnt. Angabe in Grad (0..360). 0 Grad ist horizontal rechts von den Mittelpunktskoordinaten; die Zählung erfolgt gegen den Uhrzeigersinn.
▓ *Endwinkel:* Winkel, bei dem der Ellipsenbogen endet.

■ *XRadius:* Horizontaler Radius.
■ *YRadius:* Vertikaler Radius.

Anmerkungen

■ Die Endpunkte des elliptischen Bogens werden mit dem Mittelpunkt verbunden, danach wird dieser Kreisausschnitt mit dem durch **SetFillStyle** bzw. **SetFillPattern** gesetzten Muster ausgefüllt.

■ Bei *Startwinkel* = 0 und *Endwinkel* = 360 wird eine volle ausgefüllte Ellipse gezeichnet (entspricht **FillEllipse**).

■ Der Ellipsenbogen wird in der momentan gesetzten Farbe und der mit **SetLineStyle** gesetzten Stärke gezeichnet.

■ Das Höhen- und Seitenverhältnis des Bildschirms (das von **AspectRatio** geliefert wird) wird automatisch berücksichtigt.

Fehler

GraphResult = –6
Beim Ausfüllen ist ein Fehler aufgetreten.

Ausgefüllte Ellipse	**FillEllipse**
Prozedur	Unit Graph

Zeichnet einen ausgefüllten elliptischen Kreis um einen Mittelpunkt mit zwei Radiusangaben.

FillEllipse(*X*, *Y* : **Integer;** *XRadius*, *YRadius* : **Word**);

■ *X, Y:* Mittelpunktskoordinaten der Ellipse.
■ *XRadius:* Horizontaler Radius der Ellipse.
■ *YRadius::* Vertikaler Radius der Ellipse.

Anmerkungen

■ Der Ellipsenbogen wird in der momentan gesetzten Farbe und mit der durch **SetLineStyle** gesetzten Linienart gezeichnet.

■ Nach dem Zeichnen der Ellipse wird sie mit dem durch **SetFillStyle** bzw. **SetFillPattern** gesetzten Muster ausgefüllt.

■ Der Korrekturfaktor für den Bildschirm wird nicht automatisch berücksichtigt (siehe **GetAspectRatio**).

9.7

Bildschirmdarstellungs-Verhältnis   GetAspectRatio
Prozedur   Unit Graph

Ermittelt das Höhen- und Seitenverhältnis des verwendeten Bild-schirms, das als Korrekturfaktor für Zeichenoperationen verwendet werden kann.

GetAspectRatio(var *XAspekt*, *YAspekt* **: Word);**

■ *XAspekt:* Korrekturfaktor horizontal entsprechend der Berechnung *XAspekt* / *YAspekt*.

■ *YAspekt:* Korrekturfaktor vertikal (dieser Wert ist immer 10000).

Anmerkungen

■ Entsprechend der Bildschirmauflösung und dem Höhen-/ Seitenverhältnis (3 : 4) ergibt sich für jeden Bildschirm und jede Darstel-lung ein bestimmtes Korrekturverhältnis.

■ Der Korrekturfaktor für das Darstellungsverhältnis wird nach der Formel *XAspekt* / *YAspekt* berechnet.

■ Bei Verwendung einer VGA-Karte und einer Darstellung von 640*480 Punkten ergibt sich der Korrekturfaktor 1.

■ Der Aspekt wird beim Zeichnen von Kreisen automatisch berücksichtigt. Um Ellipsen, Rechtecke oder Balken im richtigen Verhältnis zu zeichnen, muß eine Seitenlänge mit einem Korrekturfaktor beaufschlagt werden.

Korrekturfaktor für Bildschirm   SetAspectRatio
Prozedur   Unit Graph

Setzt den Korrekturfaktor für das Höhen- und Seitenverhältnis des Bild-schirms direkt.

SetAspectRatio(XAspekt**,** YAspekt **: Word);**

■ *XAspekt:* Korrekturfaktor horizontal entsprechend der Berechnung *XAspekt* / *YAspekt*.

■ *YAspekt::* Korrekturfaktor vertikal. Dieser ist wie bei **GetAspectRatio** immer 10000.

Anmerkungen

9.7

■ Bei üblichen Bildschirmen wird der Korrekturfaktor in jedem Grafiktreiber und Grafikmodus automatisch ermittelt und bei Kreisen automatisch berücksichtigt.

■ Falls ein unüblicher Bildschirm verwendet wird, kann für diesen der Korrekturfaktor direkt gesetzt werden. Dies ist zu empfehlen, falls sich der Bildschirm nicht nachstellen läßt.

9.8 Grafikcursor

Grafikcursor relativ bewegen   MoveRel
Prozedur   Unit Graph

Bewegt den Grafikcursor um einen bestimmten Betrag von seiner momentanen Position weg, ohne zu zeichnen.

MoveRel(Dx, Dy : Integer);

▣ Dx, Dy: Differenz, um die der Grafikcursor bewegt werden soll.

Grafikcursor bewegen   MoveTo
Prozedur   Unit Graph

Setzt den Grafikcursor auf eine bestimmte Koordinate.

MoveTo(X, Y : Integer);

▣ X, Y: Koordinaten des Punktes, auf den der Grafikcursor gesetzt werden soll.

Anmerkungen

▣ **MoveTo** und alle anderen Grafikprozeduren interpretieren Koordinaten relativ zu dem gesetzten Grafikfenster (mit SetViewPort).
▣ Auch bei eingeschalteter Clip Funktion kann der Grafikcursor außerhalb des momentanen Zeichenfensters gesetzt werden. Das Clipping beeinflußt nur Zeichenoperationen, nicht die Cursorbewegungen.

X-Position des Grafikcursors   GetX
Funktion   Unit Graph

Liefert die x-Koordinate der momentanen Position des Grafikcursors.

GetX : Integer;

Anmerkung

9.8

▣ Die gelieferten Werte für x- und y-Koordinate sind relativ zum momentan gesetzten Zeichenfenster.

Y-Position des Grafikcursors   GetY
Funktion   Unit Graph

Liefert die y-Koordinate der momentanen Position des Grafikcursors.

GetY : Integer;

Anmerkung

Die gelieferten Werte für x- und y-Koordinate sind relativ zum momentan gesetzten Zeichenfenster.

Max. x-Koordinate
Funktion

GetMaxX
Unit Graph

Ermittelt die maximal mögliche x-Koordinate des Bildschirms. Diese Koordinate entspricht dem rechten Bildschirmrand.

GetMaxX : Integer;

Anmerkung

GetMaxX und **GetMaxY** sollten grundsätzlich anstelle von Konstanten verwendet werden, um ein Programm unabhängig von der verwendeten Bildschirmausrüstung zu machen.

Max. y-Koordinate
Funktion

GetMaxY
Unit Graph

Ermittelt die maximal mögliche y-Koordinate des Bildschirms. Diese Koordinate entspricht dem unteren Bildschirmrand.

GetMaxY : Integer;

GetMaxX und **GetMaxY** sollten grundsätzlich anstelle von Konstanten verwendet werden, um ein Programm unabhängig von der verwendeten Bildschirmausrüstung zu machen.

9.8

9.9 Farben und Farbpaletten

Zeichenfarbe setzen
Prozedur

SetColor
Unit Graph

Stellt einen Paletteneintrag als Zeichenfarbe ein. In dieser Farbe erscheinen alle nachfolgenden Zeichenoperationen.

SetColor(*Farbe* : Word);

▓ *Farbe* : Nummer des Paletteneintrags, aus dem die zu verwendende Farbe genommen werden soll. Der Wert 0 entspricht dem ersten Eintrag.

Anmerkung

▓ **SetColor** gibt nur eine Stelle innerhalb einer Farbpalette an. Welche physikalische Farbe dabei erscheint, hängt von der eingestellten Farbpalette (also vom Grafikmodus) ab.

Zeichenfarbe feststellen
Funktion

GetColor
Unit Graph

Ermittelt die momentan gesetzte Zeichenfarbe als Nummer eines Eintrags in der Farb-Palette.

GetColor : Word;

Anmerkungen

▓ **GetColor** gibt die Nummer eines Eintrags in der Farbpalette an. Welche physikalische Farbe dabei erscheint, hängt von der eingestellten Farbpalette (also vom Grafikmodus) ab.
▓ Der erste Paletteneintrag hat die Nummer 0.
▓ Solange nicht mit **SetColor** ausdrücklich eine Farbe gesetzt worden ist, wird immer die höchste mögliche Farbe der Palette gesetzt.
▓ Möglich sind Werte im Bereich 0...15, abhängig vom verwendeten Grafiktreiber und -modus.

9.9

Größe der Farbpalette
Funktion

GetPaletteSize
Unit Graph

Ermittelt die Größe (Anzahl Einträge) der momentan verwendeten Farbpalette.

GetPaletteSize : Integer

Anmerkung

■ Hier ergeben sich zum Beispiel folgende Werte:
CGA-Karte   4 (in einem Farbmodus)
EGAHi   16

Farbpalette neu setzen	*SetAllPalette*
Prozedur	Unit Graph

Setzt sämtliche Einträge in einer Farb-Palette neu.

SetAllPalette(var *Palette* **);**

■ *Palette*: (untypisierter Parameter) Gibt die einzelnen Farbeinträge der Palette an. *Palette* hat folgende Struktur:

```
TYPE
   PaletteType = RECORD
      Size   : Byte { Anzahl folgender Einträge }
      Colors : array[0..MaxColors] of ShortInt;
   END;
```

Anmerkungen

■ Jedes Element des Arrays Colors ersetzt einen Eintrag in der Farbpalette; er kann Werte im Bereich –1...63 enthalten.

■ Der Wert –1 bedeutet, daß der entsprechende Eintrag in der Farbpalette unverändert bleibt. Dieser Wert ist unabhängig vom verwendeten Grafiktreiber und -modus.

■ In der Unit Graph sind folgende Konstanten und Datentypen für Farbpaletten definiert:

Black	= 0	Schwarz
Blue	= 1	Blau
Green	= 2	Grün
Cyan	= 3	Türkis
Red	= 4	Rot
Magenta	= 5	Fuchsinrot
Brown	= 6	Braun
LightGray	= 7	Hellgrau
DarkGray	= 8	Dunkelgrau
LightBlue	= 9	Hellblau
LightGreen	= 10	Hellgrün
LightCyan	= 11	helles Türkis
LightRed	= 12	Hellrot
LightMagenta	= 13	helles Fuchsinrot
Yellow	= 14	Gelb
White	= 15	Weiß
MaxColors	= 15	maximal 16 Paletten-Einträge

9.9

■ Veränderungen in der Farbpalette werden sofort am Bildschirm sichtbar. Das heißt, daß der Bildschirm sofort in die neue Farbendarstellung »umspringt«.

Standard-Farbpalette   GetDefaultPalette
Prozedur   Unit Graph

Ermittelt die Farbpalette, die bei der Initialisierung des Grafiktreibers gesetzt war.

GetDefaultPalette(var *Palette* : PaletteType);

■ *Palette*: Enthält die Werte der Standard-Palette. *Palette* ist ein Record vom Typ PaletteType und hat folgende Struktur:

```
CONST
  MaxColors = 15;

TYPE PaletteType = RECORD
       Size : Byte;
       Colors: array[0..MaxColors] of ShortInt;
     END;
```

Anmerkungen

■ Size enthält die tatsächlich verwendete Anzahl Farben (zum Beispiel bei CGA = 4).
■ Jeder Grafiktreiber enthält eine Standardpalette, die bei seinem Start gesetzt wird.
■ Nach Ändern von Einträgen in der momentanen Palette mit **SetPalette** oder **SetAllPalette** kann mit **GetDefaultPalette** wieder die Standardpalette ermittelt werden.

Eintrag in Farbpalette   SetPalette
Prozedur   Unit Graph

Ändert einen einzelnen Eintrag in der momentan gesetzten Farbpalette.

SetPalette(*FarbNr* : Word; *Farbe* : ShortInt);

■ *FarbNr:* Nummer des Eintrags in der Farbpalette, die geändert werden soll.
■ *Farbe:* Farbe, die für den angegebenen Eintrag gesetzt werden soll.

9.9

Anmerkungen

■ In der Unit Graph sind Konstanten und Datentypen für Farbpaletten definiert (siehe Liste bei **SetAllPalette**).
■ Veränderungen in der Farbpalette werden sofort am Bildschirm sichtbar. Das heißt, daß der Bildschirm sofort in die neue Farbdarstellung »umspringt«.

Farbpalette feststellen
Prozedur

GetPalette
Unit Graph

Ermittelt die Einträge in der momentan gesetzten Farbpalette.

GetPalette(var *Palette* **: PaletteType);**

▨ *Palette*: Enthält die Werte der momentan gesetzten Farbpalette.
Palette ist ein Record vom Typ PaletteType und hat folgende Struktur:

```
CONST
  MaxColors = 15;

TYPE
  PaletteType = RECORD
        Size : Byte;
        Colors: array[0..MaxColors] of ShortInt;
  END;
```

Anmerkung

▨ Size enthält die tatsächlich verwendete Anzahl Farben (zum Beispiel bei CGA in einem Farbmodus = 4).

Farbpalette ändern
für IBM 8514 und VGA
Prozedur

SetRGBPalette

Unit Graph

Ändert einen Eintrag in der momentan gesetzten Farbpalette für den IBM-Adapter 8514 und VGA-Grafikkarten.

SetRGBPalette(*FarbNr*, *Rot*, *Grün*, *Blau* **: Integer);**

▨ *FarbNr:* Nummer des zu ändernden Farbeintrags. Möglich sind 0...255. Der Eintrag setzt sich aus den drei auf *FarbNr* folgenden Farbkomponenten zusammen.
▨ Die folgenden Farbangaben werden als Integer-Zahlen angegeben, von denen jeweils die obersten sechs Bit der niederwertigen Byte ausgewertet werden. Mögliche Werte sind somit 0, 4, 8, 12, ..., 256.
▨ *Rot:* Farbanteil Rot
▨ *Grün:* Farbanteil Grün
▨ *Blau:* Farbanteil Blau

9.9

Anmerkungen

▨ Die Zahlendarstellung (Auswertung der obersten sechs Bit) ist auf die Darstellung in einem IBM-8514-Adapter angepaßt.
▨ Der Treiber IBM8514.BGI initialisiert die ersten 16 Einträge der Farb-Palette mit Werten, die den Standard-Farben einer EGA- bzw. VGA-Karte entsprechen. Damit sind auch »normale« Programme mit diesem Adapter lauffähig.

■ Bei VGA-Karten ergibt sich für *FarbNr* ein Wertebereich von 0...16.
■ **SetRGBPalette** ist nur auf Systemen lauffähig, die mit einem IBM-8514-Adapter oder einer VGA-Karte ausgestattet sind.
■ Die Standard-EGA-Farben sind wie folgt definiert:

```
TYPE   RGBRec = RECORD
                  RedVal, GreenVal, BlueVal: Integer;
                END;
CONST
  EGAColors: array[0..MaxColors] of RGBRec=
    ( (RedVal:$00;GreenVal:$00;BlueVal:$00),  { Black    0 }
      (RedVal:$00;GreenVal:$00;BlueVal:$FC),  { Blue     1 }
      (RedVal:$24;GreenVal:$FC;BlueVal:$24),  { Green    2 }
      (RedVal:$00;GreenVal:$FC;BlueVal:$FC),  { Cyan     3 }
      (RedVal:$FC;GreenVal:$14;BlueVal:$14),  { Red      4 }
      (RedVal:$B0;GreenVal:$00;BlueVal:$FC),  { Magenta  5 }
      (RedVal:$70;GreenVal:$48;BlueVal:$00),  { Brown   20 }
      (RedVal:$C4;GreenVal:$C4;BlueVal:$C4),  { White    7 }
      (RedVal:$34;GreenVal:$34;BlueVal:$34),  { Gray    56 }
      (RedVal:$00;GreenVal:$00;BlueVal:$70),  { L-Blue  57 }
      (RedVal:$00;GreenVal:$70;BlueVal:$00),  { L-Green 58 }
      (RedVal:$00;GreenVal:$70;BlueVal:$70),  { L-Cyan  59 }
      (RedVal:$70;GreenVal:$00;BlueVal:$00),  { L-Red   60 }
      (RedVal:$70;GreenVal:$00;BlueVal:$70),  { L-Mag.  61 }
      (RedVal:$FC;GreenVal:$FC;BlueVal:$24),  { Yellow  62 }
      (RedVal:$FC;GreenVal:$5C;BlueVal:$FC),  { Brown   63 }
    );
```

Hintergrundfarbe setzen
Prozedur

SetBkColor
Unit Graph

Setzt die Hintergrundfarbe des Bildschirms, die fortan verwendet werden soll.

SetBkColor(*Farbe* **: Word);**

■ *Farbe:* Nummer des Paletteneintrags, der zukünftig als Hintergrundfarbe verwendet werden soll.

Anmerkung

9.9

■ Als Vorgabe wird der erste Paletteneintrag (Nummer 0) als Hintergrundfarbe verwendet. Diese könnte also auch durch Veränderung des ersten Paletteneintrags verändert werden.

Hintergrundfarbe feststellen
Funktion

GetBkColor
Unit Graph

Ermittelt die momentan gesetzte Hintergrundfarbe des Bildschirms als Nummer eines Paletteneintrags.

GetBkColor : Word;

Anmerkungen

▓ **GetBkColor** liefert die Nummer des Paletteneintrags, der momentan als Hintergrundfarbe verwendet wird.

▓ Dieser Wert gibt lediglich den Paletteneintrag an. Die tatsächlich verwendete physikalische Farbe hängt von der Belegung dieses Eintrags in der Farbpalette ab.

▓ Möglich sind Werte im Bereich 0..15, abhängig vom verwendeten Grafiktreiber und -modus.

Höchste Zeichenfarbe feststellen
Funktion

GetMaxColor
Unit Graph

Liefert die maximal mögliche Farbnummer für den momentan gesetzten Grafikmodus und -treiber.

GetMaxColor : Word;

Anmerkungen

▓ Der Wert entspricht der Größe der Farbpalette −1
(zum Beispiel CGA: 3, EGA: 15).

▓ Vor dem Aufruf muß ein Grafikmodus gesetzt sein.

9.9

9.10 Textausgaben

Übersicht

Möglichkeiten für Textausgaben im Grafikmodus

OUTText	Textausgabe von der momentanen Position des Grafikcursors aus.
OutTextXY	Textausgabe von der angegebenen Position aus.

Einstellmöglichkeiten für Texte

SetJustify	Ausrichtung links-, rechtsbündig oder zentriert; Positionierung über oder unter dem Grafikcursor.
SetTextStyle	Zeichensatz, Rotation, Zeichengröße.
SetUserCharStyle	Vergrößert unabhängig voneinander in X- und Y-Richtung.

Abfragemöglichkeiten

	Ermittelt ...
TextHeight	Höhe der Textausgabe in Pixel.
TextWidth	Breite der Textausgabe in Pixel.
GetTextSettings	Einstellungen für Text, die von **SetJustify** und **SetTextStyle** gesetzt sind.

Text ausgeben	*OutText*
Prozedur	*Unit Graph*

Gibt einen Text an der momentanen Position des Grafikcursors aus.

OutText(*TextString* **: string);**

- *TextString*: String-Ausdruck, der ausgegeben werden soll.

9.10

Anmerkungen

■ Folgende Prozeduren stellen Schriftart und Formatierung dieses Textes ein:
- ▶ **SetTextStyle**: Schriftart, Rotation, Größe.
- ▶ **SetTextJustify**: Links-, Rechtsbündig, Zentriert.

■ Mit **TextWidth** und **TextHight** kann der Platzbedarf des auszugebenden Textes vorher ermittelt werden. Damit kann verhindert

werden, daß bei einem Wechsel von Schriftart und -größe Teile des
Bildschirms überschrieben werden.

■ Der Grafikcursor wird nach der Ausgabe um die Textbreite
weitergesetzt; bei horizontaler Ausgabe nach rechts, bei vertikaler Ausgabe nach oben.

■ Falls der Text über den Rand des Bildschirms bzw. des Zeichenfensters hinausgeht, wird er am Rand abgeschnitten.

Text ausgeben ab Punkt   _OutTextXY_
Prozedur   _Unit Graph_

Gibt einen Text an einer angegebenen Position aus.

OutTextXY(_X, Y_ **: Integer;** _TextString_ **: string);**

■ _X, Y_: Position, an der der Text ausgegeben wird.
■ _TextString_: String-Ausdruck, der ausgegeben werden soll.

Anmerkungen

■ Folgende Prozeduren stellen Schriftart und Formatierung dieses
Textes ein:

   ▶ **SetTextStyle**: Schriftart, Rotation, Größe.
   ▶ **SetTextJustify**: Links-, Rechtsbündig, Zentriert.

■ Vor der Textausgabe wird der Grafikcursor auf die angegebene
Position gesetzt. Nach der Ausgabe wird er um die Textbreite weitergesetzt; bei horizontaler Ausgabe nach rechts, bei vertikaler Ausgabe
nach oben.

■ Falls der Text über den Rand des Bildschirms bzw. des Zeichenfensters hinausgeht, wird er am Rand abgeschnitten.

Justierung von Textausgaben   _SetTextJustify_
setzen
Prozedur   _Unit Graph_

Stellt die Ausrichtung in horizontaler und vertikaler Richtung für
Textausgaben durch **OutText** und **OutTextXY** ein.

SetTextJustify(_Horiz, Vert_ **: Word);**

9.10

■ _Horiz:_ Horizontale Ausrichtung. Hierfür sind in der Unit Graph folgende Konstanten definiert:

LeftText	= 0	Text beginnt an Position des Grafikcursors.
CenterText	= 1	Text erscheint horizontal mittig an der Position des Grafikcursors.
RightText	= 2	Text endet rechts bei der Position des Grafikcursors.

▨ *Vert:* Vertikale Ausrichtung. Hierfür sind in der Unit Graph folgende Konstanten definiert:

BottomText	= 0	Text erscheint oberhalb der Position.
CenterText	= 1	Text erscheint vertikal mittig an der Position des Grafikcursors.
TopText	= 2	Text erscheint unterhalb der Position.

Textparameter setzen — SetTextStyle
Prozedur — **Unit Graph**

Stellt Zeichensatz, Rotation und Zeichengröße der folgenden Textausgaben durch **OutText** und und **OutTextXY** ein.

SetTextStyle(*Font*, *Richtung* : **Word**; *Groeße* : **Word***);**

▨ *Font:* Nummer des Zeichensatzes (Möglich sind standardmäßig 0..4).

▨ *Richtung:* Ausgaberichtung des Textes. Möglich sind:

HorizDir	= 0	Ausgaben von links nach rechts.
VertDir	= 1	Ausgaben von unten nach oben.

▨ *Groeße:* Vergrößerungsfaktor der Zeichen, die durch *Font* definiert sind (Möglich sind 1..10).

Anmerkungen

▨ In der Unit Graph sind folgende Konstanten für Zeichensätze und Richtungen definiert:

DefaultFont	= 0	Standard-Zeichensatz pixelweise definiert in 8x8-Bit-Matrix.
TriplexFont	= 1	Weitere Zeichensätze sind Vektor-Zeichensätze.
SmallFont	= 2	
SansSerifFont	= 3	
GothicFont	= 4	
HorizDir	= 0	Von links nach rechts.
VertDir	= 1	Von unten nach oben.

▨ Der Pixel-Zeichensatz ist in Form einer 8x8-Pixel-Matrix definiert. Eine Vergrößerung ergibt eine grober gerasterte Darstellung.

▨ Vektor-Zeichensätze sind als Abfolge von Zeichenbewegungen gespeichert. Eine Vergrößerung ergibt keine grober gerasterte Darstellung.

▨ Vektor-Zeichensätze werden nach Bedarf geladen und im Heap-Bereich gespeichert.

9.10

Fehler

GraphResult = –8

Zeichensatz-Datei konnte nicht gefunden werden.
GraphResult = –9
Nicht genügend Speicherplatz zum Laden des Zeichensatzes.
GraphResult = -12 / -13 / -14
Fehler beim Lesen/Interpretieren der .CHR-Datei.

Zeichensätze skalieren — SetUserCharSize
Prozedur — Unit Graph

Stellt voneinander unabhängige Vergrößerungsfaktoren für Textausgaben in X- und Y-Richtung ein.

SetUserCharSize(_MultX, DivX, MultY, DivY_ **: Word);**

▦ _MultX:_ Ausgabebreite jedes Zeichens wird nach folgender Formel berechnet:
DivX: Ausgabebreite = Zeichenbreite*MultX/DivX
▦ _MultY:_ Ausgabehöhe jedes Zeichens wird nach folgender Formel berechnet:
DivY: Ausgabehöhe = Zeichenhöhe*MultY/DivY

Anmerkung

▦ Nachfolgende Textausgaben erscheinen sofort in der neu eingestellten Größe (bei Turbo 4 muß vorher **SetTextStyle** erfolgen).

Texthöhe feststellen — TextHeight
Funktion — Unit Graph

Ermittelt Höhe eines Textstrings in Pixel.

TextHeight(_TextString_ **: string) : Word;**

▦ _TextString:_ Text, für den die Ausgabehöhe ermittelt werden soll.

Anmerkungen

▦ Die Texthöhe wird aus dem momentan eingestellten Zeichensatz und Vergrößerungsfaktor berechnet.
▦ Die Texthöhe ist unabhängig von den übergebenen Zeichen (anders als bei **TextWidth**).
▦ **TextHight** und **TextWidth** sollten unbedingt zum Ermitteln des Platzbedarfs von Textausgaben verwendet werden. Dadurch sind Programme leicht an Änderungen von Zeichensätzen und -größen anpaßbar.

9.10

Textbreite feststellen
Funktion

TextWidth
Unit Graph

Ermittelt Breite eines Textstrings in Pixel.

TextWidth(_TextString_ **: string) : Word;**

- _TextString_: Text, für den die Ausgabebreite ermittelt werden soll.

Anmerkungen

- Die Textbreite wird aus dem momentan eingestellten Zeichensatz und Vergrößerungsfaktor berechnet.
- Die Textbreite ist abhängig von der Anzahl Zeichen im _TextString_ und bei Proportional-Zeichensätzen davon, welche Zeichen übergeben werden.

Textparameter feststellen
Prozedur

GetTextSettings
Unit Graph

Ermittelt die mit **SetTextStyle** und **SetTextJustify** gesetzten Textparameter und liefert sie in einer Variablen zurück.

GetTextSettings(var _TextInfo_ **: TextSettingsType);**

- _TextInfo_: Enthält nach dem Aufruf die Textparameter. TextInfo ist ein Record vom Typ TextSettingsType, der folgende Definition hat:

```
TYPE
  TextSettingsType = RECORD
                       Font     : Word;
                       Direction : Word;
                       CharSize : Word; {1..10}
                       Horiz    : Word;
                       Vert     : Word;
                                  END;
```

Anmerkung

- Für Texteinstellungen sind in der Unit Graph folgende Konstanten definiert:

9.10

DefaultFont	= 0	Standard-Zeichensatz pixelweise definiert in 8x8-Bit-Matrix.
TriplexFont	= 1	Weitere Zeichensätze sind Vektor-Zeichensätze.
SmallFont	= 2	
SansSerifFont	= 3	
GothicFont	= 4	
HorizDir	= 0	Von links nach rechts.
VertDir	= 1	Von unten nach oben.

9.11 Fehlerbehandlung

**Fehlerstatus**   _**GraphResult**_
**Funktion**   _**Unit Graph**_

Liefert den Fehlerstatus der letzten Grafikoperation.

GraphResult : Integer;

Anmerkungen

▨ Nach jeder Grafikoperation wird der Fehlerstatus in **GraphResult** gesetzt und kann abgefragt werden.

▨ Nach jedem Aufruf von **GraphResult** wird der Wert wieder automatisch auf 0 gesetzt. Falls die Abfrage nach mehreren Grafikoperationen erfolgen soll, muß der Fehlerstatus in einer Variablen zwischengespeichert werden.

▨ Mögliche Ergebnisse und Konstanten, die in der Unit Graph definiert sind:

Konstante	Wert	Fehler
grOk	= 0	Fehlerfreie Ausführung.
grNoInitGraph	= –1	Grafiktreiber (.BGI) nicht installiert – **InitGraph** muß zuerst aufgerufen werden.
grNotDetected	= –2	Kein grafikfähiger Adapter vorhanden/ gewünschter Modus kann nicht gesetzt werden.
grFileNotFound	= –3	Grafiktreiber-Datei nicht gefunden.
grInvalidDriver	= –4	Grafiktreiber-Programm defekt (falsche Version, Datei zerstört...).
grNoLoadMem	= –5	Nicht genug Platz im Hauptspeicher für den Grafiktreiber.
grNoScanMem	= –6	Nicht genug Platz im Hauptspeicher (**Bar**, **FillPoly**, **PieSclice**, **Sector**).
grNoFloodMem	= –7	Nicht genug Platz im Hauptspeicher (**FloodFill**).
grFontNotFound	= –8	Zeichensatzdatei nicht gefunden.
grNoFontMem	= –9	Nicht genug Platz im Hauptspeicher für den Zeichensatz.
grInvalidMode	= –10	Grafikmodus wird vom geladenen Treiber nicht unterstützt.
grError	= –11	Allgemeiner Fehler (ungültiger Parameter).
grIOError	= –12	I/O-Fehler beim Lesen einer BGI- oder CHR-Datei .
grInvalidFont	= –13	Ungültige Zeichensatzdatei.
grInvalidFontNum	= –14	Ungültige Zeichensatznummer.

9.11

Fehlermeldung als String   *GraphErrorMsg*
Funktion   *Unit Graph*

Liefert den Text einer Fehlermeldung zurück, die über die Fehlernummer angegeben wird.

GraphErrorMsg(*ErrorCode* **: Integer) : String;**

■ *ErrorCode*: Fehlernummer, deren Text ermittelt werden soll.

Anmerkungen

■ Als *ErrorCode* wird normalerweise der von **GraphResult** übergebene Fehlerstatus verwendet werden.

■ Damit erhält man mit einem Aufruf Fehlermeldungen im (englischsprachigen) Klartext.

9.11

Kapitel 10:

DEBUGGER, FEHLERMELDUNGEN

10.1 Debugger – Übersicht

Übersicht: Möglichkeiten des Debuggers

Der eingebaute Debugger bietet folgende Möglichkeiten:
- Setzen von Haltepunkten und Programmablauf von Haltepunkt zu Haltepunkt.
- Programmablauf bis zu einem bestimmten Punkt (Cursorstelle).
- Laufende Anzeige von Ausdrücken und Variablenwerten (Watch-Ausdrücken).
- Anzeige und Änderung von Variablenwerten während der Programmausführung.
- Anzeige der Aufrufstruktur während der Programmausführung.
- Suchen von Prozeduren/Funktionen im Quelltext.

Hinweis

Programme, die den Interruptvektor $09 auf sich selbst setzen, lassen sich mit dem integrierten Debugger nicht schrittweise verfolgen.

In den nachfolgend beschriebenen Ausführungen wird die Bedienung mit der Maus nicht beschrieben. Diese wird wie im Kapitel 2 beschrieben auch beim Debugger angewendet.

Übersicht: Menüoptionen des Debuggers

Menü START ..

AUSFÜHREN	Strg + F9	Führt COMPILER COMPILIEREN aus, startet Programm und führt es bis zum nächsten Haltepunkt aus bzw. setzt Programmausführung nach einer Unterbrechung fort.
PROGRAMM ZURÜCKSETZEN	Strg + F2	Beendet Debugger, gibt belegten Speicherplatz wieder frei, schließt alle offenen Dateien.
GEHE ZUR CURSORPOSITION	F4	Setzt einen temporären Haltepunkt an Cursorstelle und startet das Programm bzw. setzt Ausführung ab der Position des Startbalkens fort.
EINZELNE	F7	Führt Befehl beim Startbalken aus.

10.1

ANWEISUNG		Falls der Befehl ein Aufruf einer Routine ist, stoppt der Debugger beim ersten Befehl in der Routine.
GESAMTE ROUTINE	F8	Führt Befehl beim Startbalken aus. Aufrufe von Routinen werden in einem Schritt ausgeführt.

Menü OPTION COMPILER ..

DEBUG-INFORMATIONEN	Muß auf **EIN** stehen, um Debugger für Programm nutzen zu können.
LOKALE SYMBOLE	Muß auf **EIN** stehen, wenn lokale Variablen verfolgt werden sollen.

Menü OPTION DEBUGGER ..

INTEGRIERTER DEBUGGER	Muß auf **EIN** stehen, um den internen Debugger zu nutzen.
EXTERNER DEBUGGER	Muß auf **EIN** stehen, um einen externen Debugger zu nutzen.
ANZEIGE UMSCHALTEN	Legt fest, wann der Debugger auf DOS-Bildschirm umschaltet.

Menü FENSTER ..

ANZEIGE ERNEUERN	Gibt den Bildschirm der integrierten Entwicklungsumgebung neu aus.

Menü SUCHEN ..

LAUFZEITFEHLER SUCHEN	Ermittelt die Stelle im Quelltext, die als Fehleradresse während der Laufzeit ausgegeben wurde.
PROZEDUR SUCHEN	Sucht eine Routine und zeigt Quelltext im Speicher.

Menü DEBUG ..

AUSWERTEN/ ÄNDERN	Strg + F4	Berechnet Wert eines Ausdrucks, ermöglicht Veränderung von Variablenwerten.
ÜBERWACHTE AUSDRÜCKE		Öffnet das »Überwachte Ausdrücke«-Fenster.
AUSDRUCK HINZUFÜGEN	Strg + F7	Eingabe eines Watch-Ausdrucks, der im Fenster »Überwachte Ausdrücke« hinzugefügt wird.
HALTEPUNKTE		Öffnet ein Fenster zur Verwaltung und Änderungen der gesetzen Haltepunkte.

10.1

NEUER HALTEPUNKT		Öffnet ein Fenster zum Setzen/ Löschen eines Haltepunkts an der Cursorstelle.
REGISTER		Öffnet ein Fenster mit dem Inhalt der CPU-Register.
AUSGABEFENSTER		Zeigt in einem Fenster die Programmausgaben (nicht für Grafik).
AUFRUF-STACK	`Strg`+`F3`	Zeigt Return-Stack (Reihenfolge der aufgerufenen Routinen) und ermöglicht das Ermitteln von Aufrufstellen.
AUSGABE- BILDSCHIRM	`Alt`+`F5`	Schaltet auf das Programm fenster um.

Lokales Menü des Editor-Fensters

HALTEPUNKT EIN-/ AUSSCHALTEN	`Strg`+`F8`	Setzt/löscht Haltepunkt an der Cursorstelle.

Aktionen im Fensters »Überwachte Ausdrücke«

ÄNDERN	`←`	Veränderung des Watch-Ausdrucks, auf dem der Cursor steht.
HINZUFÜGEN	`Einfg`	Öffnet ein Dialogfenster für das Eintügen eines Watch-Ausdrucks.
	`Entf`	Löscht den Watch-Ausdruck, auf dem der Cursor steht.

10.1

Anzeige des DOS-Bildschirms

Falls ein Programm Bildschirmaus- und -eingaben enthält, muß der
DOS-Bildschirm bei der Anwendung des Debuggers angezeigt werden
können.

**OPTION DEBUGGER ANZEIGE UMSCHALTEN bestimmt Bildschirm-
umschaltung**

> Hier wird eingestellt, wann der Debugger zwischen dem Bildschirm
> der integrierten Entwicklungsumgebung und dem DOS-Bildschirm
> umschaltet.

> ▷ **AUTOMATISCH:** (Standardvorgabe) Turbo Pascal versucht
> herauszufinden, ob der nächste Befehl einen Zugriff auf den
> Bildschirmspeicher enthält. Wenn ja, wird vor der
> Befehlsausführung umgeschaltet; wenn nein, bleibt der Bildschirm.

> ▷ **IMMER:** Bei der Ausführung jedes Befehls wird umgeschaltet.

> ▷ **NIE:** Keine automatische Umschaltung; nur für Programme ohne
> Bildschirmausgaben sinnvoll.

DEBUG AUSGABEBILDSCHIRM oder `Alt`+`F5` **zeigt den DOS-Bildschirm**

> Nach einem Tastendruck wird wieder zurückgeschaltet.

FENSTER ANZEIGE ERNEUERN zeigt Turbo Pascal-Bildschirm neu

> Wichtig, falls der Bildschirm von einem Programm überschrieben
> wurde.

10.1

10.2 Haltepunkte und schrittweise Ausführung

Übersicht: Haltepunkte

Haltepunkte sind Stellen im Quelltext, an denen die Programmausführung unterbrochen und danach wieder fortgesetzt werden kann.

Möglichkeiten und Funktionen

▷ Haltepunkte können gesetzt und gelöscht werden.
▷ Der Cursor kann zu der nächsten Quelltext-Zeile mit einem Haltepunkt gesetzt werden.
▷ Haltepunkte können einzeln oder insgesamt gelöscht werden.
▷ Ein Programm kann vom Anfang bis zu einem Haltepunkt und danach von Haltepunkt zu Haltepunkt ausgeführt werden.

Weitere Anmerkungen

▷ Maximal können je Datei 16 Haltepunkte gleichzeitig gesetzt sein.
▷ Quelltext-Zeilen, die einen Haltepunkt enthalten, werden in einem speziellen Zeichenattribut dargestellt (z.B. hell bei einem Monochrom-Bildschirm).
▷ Nach einer Unterbrechung wird die Zeile mit dem Startbalken gekennzeichnet. Er kennzeichnet die Zeile, bei der der Debugger ein Programm weiter ausführt.

Lebensdauer von Haltepunkten

▦ Haltepunkte bleiben bestehen
▷ nach Beenden und Neustarten des Debuggers.
▷ nach Veränderungen des Quelltextes.
▷ nach erneutem Compilieren.
▷ nach Speichern und erneutem Laden des Quelltextes.
▦ Sie sind nach Programmänderungen immer noch an die richtige Befehlszeile gebunden.
▦ Haltepunkte werden gelöscht:
▷ Mit DEBUG HALTEPUNKTE LÖSCHEN (ein Haltepunkt).
▷ Mit DEBUG HALTEPUNKTE ALLES LÖSCHEN (alle Haltepunkte).
▷ Über das lokale Editor-Menü mit HALTEPUNKT EIN-/AUSSCHALTEN.
▷ Durch Löschen der entsprechenden Quelltext-Zeile.
▷ Durch Beenden von Turbo Pascal.
▷ Durch Drücken der Tastenkombination [Strg]+[F8].

10.2

■ Haltepunkte sind falsch zugewiesen,
  ▶ wenn eine alte Quelltextversion wieder geladen wird und der
vorherige mit gesetzten Haltepunkten nicht gespeichert wurde;
  ▶ Quelltext geändert wurde, das Programm nicht neu compiliert
und die Arbeit mit dem Compiler fortgesetzt wird. (Hier erscheint
eine Meldung.)

Ausführung: Haltepunkte setzen

Cursor in gewünschte Quelltext-Zeile setzen
Bei dieser Zeile soll ein Haltepunkt gesetzt werden.
DEBUG HALTEPUNKTE ÄNDERN NEU
  oder
DEBUG NEUER HALTEPUNKT
  oder
[Strg]+[F8] **setzt einen Haltepunkt**
Falls hier ein Haltepunkt gesetzt war, wird er gelöscht.
Quelltext-Zeilen, die einen Haltepunkt enthalten, werden in einem
speziellen Zeichenattribut dargestellt.

Ausführung: Haltepunkt löschen

Cursor in gewünschte Quelltext-Zeile setzen
Bei dieser Zeile soll ein Haltepunkt gelöscht werden. Die Zeile ist
hervorgehoben dargestellt. Die Positionierung kann erfolgen mit
  ▶ den Cursorbewegungstasten.
  ▶ DEBUG HALTEPUNKTE ANSEHEN setzt den Cursor in die Zeile des
gewählten Haltepunkts.
DEBUG HALTEPUNKTE LÖSCHEN **oder** [Strg]+[F8] **löscht einen Haltepunkt**
Die besondere Darstellung der Zeile verschwindet.
  oder
DEBUG HALTEPUNKTE ALLES LÖSCHEN **löscht alle Haltepunkte**
Sämtliche definierten Haltepunkte werden zurückgesetzt.

Ausführung: Programm mit Haltepunkten ausführen

Im Quelltext müssen Haltepunkte gesetzt sein.
START PROGRAMM ZURÜCKSETZEN **oder** [Strg]+[F2] **beendet den Debugger**
Nur notwendig, falls das Programm vorher schon mit dem Debugger ausgeführt wurde und jetzt wieder vom Anfang gestartet werden
soll.
START AUSFÜHREN **oder** [Strg]+[F9] **führt das Programm bis zum nächsten Haltepunkt aus**

10.2

Die Ausführung geht vom Anfang bis zum nächsten auftretenden Haltepunkt. Hier wird unterbrochen. Die Zeile wird mit einem hervorgehobenen Balken gekennzeichnet – dem *Startbalken*.

START AUSFÜHREN führt das Programm vom Startbalken bis zum nächsten Haltepunkt aus

Das Programm kann auch schrittweise weiter ausgeführt werden (siehe unten).

Ausführung: Programm bis zu bestimmter Stelle ausführen

Haltepunkt setzen und Programm ausführen

Siehe oben; dies ist ein *permanenter Haltepunkt*.

oder

Cursor auf gewünschten Befehl setzen

Bis zu dieser Stelle soll das Programm ausgeführt werden.

START GEHE ZUR CURSORPOSTION oder F4 führt das Programm bis zur Cursorstelle aus

Die Ausführung geht von der Position des Startbalkens bis zur Cursorstelle. Hier wird wieder der Startbalken gesetzt.

Falls das Programm diese Stelle nicht erreicht (z.B. in einem **ELSE**-Zweig), geht die Ausführung bis zum nächsten Haltepunkt oder bis zum Ende.

Ausführung: Schrittweise Ausführung

START EIHZELNE ANWEISUNG oder F7 führt den nächsten Programm-schritt aus

Dabei werden aufgerufene Routinen *auch* schrittweise ausgeführt, falls

▷   dieses Modul auch mit Debugger-Information compiliert worden ist (siehe 10.1).

▷   der dazugehörige Pascal-Quelltext sich im momentanen Verzeichnis befindet.

▷   die Routine nicht als **Inline** deklariert ist (siehe 4.8).

Falls dies nicht erfüllt ist, bleibt der Debugger beim nächsten Befehl nach dem Rücksprung wieder stehen.

Der Quelltext einer Methode wird schrittweise abgearbeitet.

START GESAMTE ROUTINE oder F8 führt den nächsten Programm-schritt aus

10.2

Dabei werden aufgerufene Routinen *nicht* schrittweise ausgeführt. Eine aufgerufene Methode wird als unteilbare Einheit behandelt und ausgeführt, ohne daß der Quelltext dargestellt wird.

10.3 Ausdrücke anzeigen, Werte ändern

Ausführung: Variablenwerte ausgeben und ändern

Diese Funktion ermöglicht die Anzeige von Variablenwerten während der Anwendung des Debuggers und die Änderung dieser Werte.

DEBUG AUSWERTEN/ÄNDERN oder Strg+F4 **auswählen**

Ein Fenster erscheint, in dem Variablen angezeigt und geändert werden können.

Bei »Ausdruck« gewünschten Variablennamen eingeben

Falls der Cursor auf einer Variablen steht, wird deren Name vorgegeben.

Alt+E/ERGEBNIS **zeigt den momentanen Inhalt im Feld »Ergebnis«**

Falls nur ein Variablenwert angezeigt werden soll, kann hier mit Esc beendet werden. Das Fenster verschwindet.

Alt+N/NEUER WERT **setzt den Cursor in das Eingabefeld »Neuer Wert«**

In dem Feld kann der gewünschte Wert eingegeben werden.

Alt+D/ÄNDERN **übernimmt den momentanen Wert aus dem Fenster »Neuer Wert« und setzt den Cursor in dieses Fenster**

Der angezeigte Wert kann verändert oder ein neuer Wert eingegeben werden.

Anmerkungen

▪ Bei einer Eingabe, die länger als das Fenster ist, gelten folgende Tastenfunktionen:

→ ←	Verschieben den Fensterinhalt.
Pos1	Geht zum Anfang des Fensters.
Ende	Geht zum Ende des Fensters.

10.3

▦ Für die Ausgabe im Feld »Ergebnis« können Formatangaben zusätzlich eingegeben werden. Details dazu siehe weiter hinten in diesem Kapitel.

▦ Im Feld »Neuer Wert« kann dem Ausdruck im Feld »Ausdruck« ein neuer Wert zugewiesen werden, falls:

▸ Der Ausdruck im Feld »Ausdruck« in einem Pascal-Programm auf der linken Seite zulässig ist.

▸ Die Typen beider Ausdrücke einander zuweisungskompatibel sind.

▦ Wenn eine nicht erlaubte Änderung eingegeben wird, erscheint im Feld »Ergebnis« eine entsprechende Fehlermeldung.

▦ Objekte werden im Auswerten/Ändern-Fenster ähnlich wie Records dargestellt. Wird nur die Objektbezeichnung angegeben, werden die Datenfelder dargestellt. Wird die vollständige Bezeichnung angegeben, wird der Wert eines Zeigers dargestellt, der die Adresse des Programmcodes der Methode angibt.

▦ Im Auswerten/Ändern-Fenster können keine Konstruktor- oder Destruktormethoden ausgeführt werden.

▦ Mit ⬇ oder Klick auf das ↓-Symbol öffnet sich die Eingabeaufzeichnungsliste. Aus dieser können bereits vorhandene Ausdrücke übernommen werden.

10.3

10.4 Watch-Ausdrücke – Variablenwerte überwachen

Übersicht

Um eine Anzahl von Variablenwerten bei der Prüfung eines Programms mit dem Debugger zu überwachen, kann das Fenster »Überwachte Ausdrücke« genutzt werden. Diese Ausgaben erscheinen permanent und müssen nicht wie bei Fenster »Auswerten/Ändern« laufend aufgerufen werden. Die Werte der Variablen/Ausdrücke können nicht verändert werden.

Darstellung

▷ Watch-Ausdrücke werden im Fenster *»Überwachte Ausdrücke«* angezeigt.

▷ Die Fenster können so auf dem Bildschirm plaziert werden, daß sowohl das Programm als auch das Fenster »Überwachte Ausdrücke« gezeigt wird (siehe 2.1).

▷ Bei jedem Programmstop werden die Ausdrücke im Fenster »Überwachte Ausdrücke« auf den neuesten Stand gebracht.

Möglichkeiten und Funktionen

▷ Watch-Ausdrücke können im Fenster »Überwachte Ausdrücke« hinzugefügt werden.

▷ Zeilen im Fenster »Überwachte Ausdrücke« können geändert werden.

▷ Anzeige der Werte von Watch-Ausdrücke können gesperrt/freigegeben werden.

Ausführung: Watch-Ausdruck definieren

Cursor auf gewünschten Ausdruck oder Variablennamen im Quelltext setzen

Dies ist nicht unbedingt notwendig. Der Watch-Ausdruck kann auch bei beliebiger Cursorposition eingegeben werden.

DEBUG AUSDRUCK HINZUFÜGEN auswählen oder [Strg]+[F7]

Nun erscheint ein kleines Fenster zur Eingabe eines Watch-Ausdrucks. Der Ausdruck an der momentanen Cursorposition wird vorgegeben.

Vorgegebenen Ausdruck übernehmen mit [←]

oder

10.4

Ausdruck mit ⊡ **erweitern, dann** ⏎
Der weitere Teil aus dem Quelltext erscheint im Eingabefenster.
oder
Gewünschten Variablennamen oder Ausdruck eingeben, dann ⏎
Der eingegebene oder übernommene Ausdruck erscheint in der
aktuellen Zeile des Fensters »Überwachte Ausdrücke«, dahinter der
momentane Wert.

Ausführung: Watch-Ausdruck definieren
(alternativ im Fenster »Überwachte Ausdrücke«)

⌨F6⌨ **oder Auswahl aus der Fenster-Liste über** ⌨Alt⌨+⌨0⌨ **schaltet in
das Fenster »Überwachte Ausdrücke« um**
Nur notwendig, falls das Edit-Fenster aktiv ist. Hier erscheint der
Cursor als hervorgehobener Balken.
⌨Einfg⌨ **öffnet das Fenster zur Eingabe eines Watch-Ausdrucks**
Der letzte eingegebene Ausdruck wird vorgegeben.
Gewünschten Variablennamen oder Ausdruck eingeben, dann ⏎
Der eingegebene Ausdruck erscheint in der aktuellen Zeile des
Fensters »Überwachte Ausdrücke«, dahinter der momentane Wert.
Falls hier eine Zeile stand, wird sie nach unten verschoben.

Ausführung: Watch-Ausdruck löschen

⌨F6⌨ **oder Auswahl aus der Fenster-Liste über** ⌨Alt⌨+⌨0⌨ **schaltet in
das Fenster »Überwachte Ausdrücke« um**
Cursor auf gewünschten Watch-Ausdruck setzen
   ▶   ⌨Entf⌨ löscht den hervorgehobenen Watch-Ausdruck
   ▶   Durch Drücken der rechten Maustaste lokales Menü anfordern
und Löschen wählen.
   ▶   **ALLES LÖSCHEN** des lokalen Menüs im Fenster »Überwachte
Ausdrücke« löscht alle Variablen und Ausdrücke.

Ausführung: Watch-Ausdruck ändern

DEBU**G** ÜBERWACHTE **A**USDRÜCKE
oder
⌨F6⌨ **schaltet in das Fenster »Überwachte Ausdrücke« um**
Cursor auf gewünschten Watch-Ausdruck setzen
⏎ **öffnet das Fenster zur Änderung des Watch-Ausdrucks**
Der momentane Watch-Ausdruck wird vorgegeben.
Ausdruck ändern, dann ⏎

10.4

Ausführung: Watch-Ausdruck sperren/freigeben

[F6] **schaltet in das Fenster »Überwachte Ausdrücke« um**
Cursor auf gewünschten Watch-Ausdruck setzen
[Rechte Maustaste] **öffnet das lokale Menü des Fensters**
SPERREN **wählen, um die Anzeige des Wertes der Variablen oder**
des Ausdrucks zu sperren.
    Der Wert der Variable wird nicht mehr gezeigt.
FREIGEBEN **wählen, um einen gesperrten Ausdruck oder eine**
Variable freizugeben

Mögliche Ausdrücke in den Fenstern »Überwachte Ausdrücke« und »Auswerten/Ändern«

Für Watch-Ausdrücke und Auswerte/Ändern-Eingaben ist zulässig:
> Jeder Ausdruck, der der Syntax von Pascal entspricht.
> Diese Standardfunktionen können verwendet werden:

Abs	IOResult	Mem	Ofs	Round	SSeg
Addr	Length	MemAvail	Ord	Seg	Succ
Chr	Lo	MemL	Pred	SizeOf	Swap
Hi	MaxAvail	MemW	Ptr	SPtr	Trunc

> Lokale Variablen oder typisierte Konstanten von anderen
Routinen, die vollständig »qualifiziert« angegeben werden.
Nicht zulässig:
> Funktionsaufrufe des laufenden Programms.
> Lokale Variablen oder typisierte Konstanten, die außerhalb des
Gültigkeitsbereichs der Routine liegen, in der das Programm
angehalten hat.

Datentypen und Ausgabeformate

■ Normalerweise wird das Ausgabeformat über das Ergebnis des
Ausdrucks festgelegt (Typ *Char* erscheint als Zeichen, *Integer* als
ganze Zahlen, ..).
■ Alternativ kann das Ausgabeformat auch ausdrücklich durch eine
Formatangabe festgelegt werden.
■ Die Formatangabe wird durch ein Komma vom Ausdruck abge-
trennt.
Wiederholungszähler
> Der Wiederholungszähler folgt hinter dem Komma und legt fest,
wieviele aufeinanderfolgende Werte ausgegeben werden sollen. Er
wird normalerweise für Arrays verwendet.
Beispiel: Array Liste[1..10]

10.4

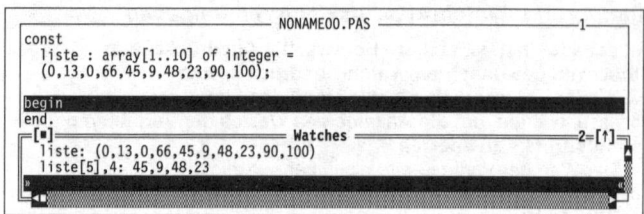

■ Diese Begrenzung empfiehlt sich für Datenstrukturen, die zu lang für die Darstellung in einer Zeile sind.

■ Bei anderen Typen können auch Wiederholungszähler verwendet werden. Hier werden bei der Angabe

Variable,n

ab der durch *Variable* angegebenen Speicheradresse *n* aufeinanderfolgende Werte des Typs von *Variable* dargestellt. Dies gilt nur, wenn der angegebene Ausdruck eine Variable angibt.

Zeichen für Formatangaben

■ **C**: (Character) Steuerzeichen (Code 0..31) erscheinen im Bildschirm-Zeichensatz. Anwendbar auf Zeichen, Strings und Integer.

■ **S**: (String) Steuerzeichen (Code 0..31) erscheinen in der Form #nn. Dies ist die Standardvorgabe für einzelne Zeichen und Strings und ist deshalb nur zusammen mit M sinnvoll.

■ **D**: (Decimal) Ganzzahlige Werte erscheinen in dezimaler Form. Anwendbar für Integer-Ausdrücke, Zeichen, Arrays und Records mit Integer- oder Zeichen-Elementen.

■ **H**, x, $: (Hex) Ganzzahlige Werte erscheinen in hexadezimaler Form, mit $ vorangestellt. Anwendbar für Integer-Ausdrücke, Zeichen, Arrays und Records mit Integer-Elementen.

■ **F**n: (Floating point) *n* ist Integer im Bereich 2..18 und legt die Anzahl der Nachkommastellen bei der Ausgabe fest. Nur auf Gleitkommazahlen anwendbar.

■ **M**: (Memory dump) Speicherauszug ab der durch den Ausdruck angegebenen Adresse; der Ausdruck muß eine Speicheradresse ergeben. Standardmäßig wird in hexadezimaler Form ausgegeben. In Kombination mit D, H, C oder S wird in dieser Form ausgegeben. Die Anzahl wird durch die Größe der angegebenen Variablen bestimmt, kann auch durch einen Wiederholungszähler verändert werden.

■ **P**: (Pointer) Ausgabe der Adresse, auf die eine Zeigervariable zeigt, im Format Segment:Offset. Nur auf Zeigervariablen anwendbar.

10.4

■ **R:** (Record) Ausgabe einzelner Felder. Nur auf Records und Varianten anwendbar.

Regeln für Formatangaben

▶ Formatangaben, die nicht auf den Typ des zuvor angegebenen Ausdrucks anwendbar sind, werden ignoriert.

▶ Falls der Ausdruck Elemente unterschiedlichen Typs enthält und auf ihn mehr als eine Formatangabe folgt, wird jeweils die »passende« Formatangabe angewandt.

▶ Bei mehr als einer Formatangabe gleichen Typs für einen Ausdruck wird automatisch das Format der höchsten Rangstufe verwendet. Dies trifft normalerweise nur für Records und Varianten zu.

```
┌─[■]──────────────────── NONAME00.PAS ─────────────────1═[↑]─┐
│var                                                          │
│  CRLF  : String;                                            │
│  Index : Integer;                                           │
│  Namen : record                                             │
│              Vorname   : String;                            │
│              Nachname  : String;                            │
│              Alter     : Byte;                              │
│          end;                                               │
│begin                                                        │
│CRLF := #17#18#16;                                           │
│Index := 45;                                                 │
│Namen.Vorname := 'Josef';                                    │
│═══ 4:1 ═══◄█►                                               │
┌───────────────── Überwachte Ausdrücke ──────────────2──┐
│→•CRLF,C: '◄◊►'                                      ←    │
│  CRLF,D: #17#18#16                                      │
│  CRLF,H: #$11#$12#$10                                   │
│  Index,M: 2D 00                                         │
│  Index,MH: $2D $0                                       │
│  Liste,m: 00 0D 00 42 2D 09 30 17 5A 64                 │
│  Namen,r: (VORNAME:'Josef';NACHNAME:'Schlupp';ALTER:45) │
└─────────────────────────────────────────────────────────┘
```

10.4

10.5 Routinen suchen, Aufrufebenen anzeigen

Ausführung: Funktion/Prozedur suchen

SUCHEN PROZEDUR SUCHEN auswählen
Nun erscheint ein Eingabefenster.
Gewünschten Namen eingeben
Turbo Pascal sucht nach der angegebenen Routine und setzt den
Cursor auf deren ersten Befehl (normalerweise **BEGIN**). Bei Bedarf
wird der dazugehörige Quelltext in den Speicher geladen.
Die Routine kann gefunden werden, falls..
▶ das entsprechende Modul mit **OPTION/COMPILER/DEBUG-INFORMATIONEN EIN** compiliert wurde;
▶ der dazugehörige Quelltext im momentanen Verzeichnis
vorhanden ist.
Eingeschachtelte Routinen müssen qualifiziert angegeben werden
(Prozedur1.Unterprozedur).

Ausführung: Aufrufebenen anzeigen

DEBUG AUFRUF-STACK oder [Strg]+[F3] **zeigt den »Return-Stack« des
laufenden Programms**
▨ Er wird in einem eigenen Fenster dargestellt.
▨ Der »Return-Stack« zeigt an, über welche Aufrufe der momentane
Punkt der Ausführung erreicht wurde.
▨ Das Hauptprogramm ist unten im Fenster. Das Fenster zeigt maxi-
mal 5 Aufrufe, bei mehr Aufrufen kann mit [Bild↑] und [Bild↓] geblättert
werden.
▨ Maximal können 128 Ebenen aufgenommen werden.
▨ Die Bezeichnungen aufgerufener Methoden eines Objekts werden
mit dem vorangestellten Objekttyp angegeben
Circle.Init
▨ Um den Aufrufpunkt im Programm zu finden, den Cursor im Return-
Stack auf die gewünschte Ebene positionieren und [←] betätigen.

10.5

10.6 Grenzen des Debuggers

▨ Haltepunkte und die schrittweise Ausführung orientieren sich an den Zeilennummern des Programms. Anweisungen wie:
```
X:= 10; Y:= 20; GOTOXY(X,Y); INC(X), DEC(Y);
```
werden als eine Anweisung ausgeführt.

▨ Werden in rekursiven Funktionen Watch-Variablen verfolgt, gehört der angezeigte Wert der letzten aktiven Aufrufebene.

▨ Viele Rekursionen verbrauchen eine Menge System-Stack. Beim Debuggen kann unter Umständen das Programm abbrechen, ein StackÜberlauf eintreten oder das System abstürzen.

▨ **INLINE**-Prozeduren werden als eine Anweisung betrachtet, da der Compiler keine Byte-Folgen analysieren kann.

▨ Als **EXTERNAL** deklarierte Anweisungen werden ebenfalls als eine Anweisung betrachtet, da hier ebenfalls die nötigen Informationen für den Debugger fehlen.

▨ Eine Exit-Prozedur gilt als Bestandteil der Bibliothek und kann nur über einen Umweg mit dem Debugger untersucht werden. Hierfür ist ein permanenter HALTEPUNKT auf das BEGIN der eigenen Exit-Prozedur zu setzen. In diesem Fall erhält der Debugger die Kontrolle zurück.

▨ INTERRUPT-Prozeduren können nicht mit dem Debugger untersucht werden.

▨ Units, die nicht mit **{$D+}** compiliert wurden, können nicht über den Quelltext untersucht werden.

▨ Ausgetestete Units sollten ohne die Informationen zur Fehlersuche **{$D-}** compiliert werden.

▨ Erscheint die Meldung
```
Hauptspeicher reicht nicht aus
```
müssen die Einstellungen der IDE überprüft werden. Die Werte für *Fenster*, *Editor* und *Heap-Größe* sind gg. zu verkleinern.

▨ Kann das Programm immer noch nicht untersucht werden, muß auf einen externen Debugger zurückgegriffen werden.

▨ Soweit möglich, sollte auf speicherresidente Programme verzichtet werden.

10.6

10.7 Der integrierte Assembler

Über den integrierten Assembler können in den Quelltext direkt
Assembler-Befehle für die 8086/8087 und 80286/80287-Prozessoren
eingefügt werden.

INLINE-Anweisungen können durch einen **Assembler-Block** (siehe
5.1) und **EXTERNAL**-Prozeduren/Funktionen durch **ASSEMBLER**-
Prozeduren/Funktionen ersetzt werden.

Die Syntax entspricht der des Turbo Assembler oder des Makro
Assembler von Microsoft.

Mit Ausnahme der **DB,DW und DD**-Anweisung unterstützt der
Assembler keine weiteren Turbo-Assembler-Anweisungen.

▦ *EQU*-Anweisungen werden durch Konstanten, Variablen- und
Typdeklarationen ersetzt.

▦ *PROC*-Anweisungen werden durch Prozedur- und
Funktionsdeklarationen ersetzt.

▦ *STRUC*-Anweisungen werden durch den RECORD-Typ ersetzt.

Assembler-Anweisungen

Assembler-Anweisungen werden zwischen die Blockanweisung

ASM
.
.
END;

gestellt (siehe 5.1).
Assembler-Prozeduren/Funktionen haben im Deklarationsteil die Direktive ASSEMBLER;

PROCEDURE *Name* (*Parliste*); **ASSEMBLER;**

FUNCTION *Name* (*Parliste*) : *Ergebnistyp* ; **ASSEMBLER;**

▦ Es können auch mehrere Anweisungen in eine Zeile gestellt werden. Diese müssen durch ein Semikolon »;« getrennt werden.

▦ Assembler-Anweisungen haben folgenden Syntax:

[Label ":"] <Präfix> [Opcode [Operand <"," Operand>]]

10.7

▦ *LABEL* ist ein Bezeichner und dient als Sprungmarke innerhalb der
Assembler-Anweisungen.

▦ *Präfix* ist ein Assembler-Operationscode.

▦ *Opcode* ist ein Assembler-Befehl oder eine Anweisung.

▦ *Operand* ist ein gültiger Assembler-Ausdruck.

Labels

Der integrierte Assembler unterscheidet zwischen deklarierten Labels und lokalen Labels.

▶ Labels müssen wie in Pascal deklariert werden.

▶ Lokale Labels müssen nicht deklariert werden, wenn diese innerhalb eines Assembler-Blocks stehen. Diese beginnen mit einem vorangestellten »@«.

Beispiel

Verwendung deklarierter und lokaler Labels.

```
LABEL Start, Stop
   ...
BEGIN
  ASM
    Start:
       ...
       JZ     Stop
    @1:
       ...
    END;
    ASM
    @1:
       ...
       JC     @2
       ...
       JMP    @1
    @2:
    END;
    GOTO Start;
    Stop:
END;
```

Präfix-Opcodes

Der integrierte Assembler unterstützt folgende Opcodes:

LOCK	Bus Lock.
REP	Wiederhole String-Operation.
REPE/REPZ	Wiederhole String-Operation solange Equal- bzw. Zero-Flag gesetzt ist.
REPNE/REPNZ	Wiederhole String-Operation solange Equal- bzw. Zero-Flag nicht gesetzt ist.
SEGCS	CS-Registervorgabe.
SEGDS	DS-Registervorgabe.
SEGES	ES-Registervorgabe.
SEGSS	SS-Registervorgabe.

10.7

Beispiele:

Verwendung von Präfixopcode.

```
ASM
   REP     MOVSB          { kopiere CX Byte von DS:SI nach ES:DI }
   SEGES   LODSW          { lade Word von ES:SI                  }
   SEGCS   MOV AX;[BX]    { identisch mit: MOV AX;CS:[BX]        }
   SEGES                  { bezieht sich auf die nächste Anweisung}
   MOV WORD PTR [DI,0 { wird zu MOV WORD PTR ES:[DI],0       }
END;
```

Operanden

Operanden sind Ausdrücke, die aus einer Kombination von Konstanten, Register, Symbolen und Operatoren bestehen. Die nachfolgenden Assembler-Anweisungen haben eine vordefinierte Bedeutung und somit immer Vorrang vor selbstdefinierten Bezeichnern.

AH	AL	AND	AX	BH
BL	BP	BX	BYTE	CH
CL	CS	CX	DH	DI
DL	DS	DWORD	DX	ES
FAR	HIGH	LOW	MOD	NEAR
NOT	OFFSET	OR	PTR	QWORD
SEG	SHL	SHR	SI	SP
SS	TBYTE	TYPE	WORD	XOR
ST				

Ausdrücke

Ausdrucke müssen im integrierten Assembler immer einen konstanten Wert haben. Das heißt, der Wert des Ausdrucks muß bereits vor der Compilierung feststehen. Grundlegende Elemente eines Ausdrucks sind *Konstanten*, *Register* und *Symbole*.

```
CONST I = 10;
      K = 20;
VAR   X,Y : Integer;
      Z   : Integer;
ASM
   MOV   Z,I+K      { gültig, da I und K bereits bekannt }
   MOV   AX,X
   ADD   AX,Y
   MOV   Z,AX
END;
```

10.7

Da X und Y zum Zeitpunkt der Compilierung nicht bekannt sind, müssen die Werte nacheinander über die Register geladen bzw. berechnet werden.

Variablenreferenzen beziehen sich nicht auf den Inhalt der Variablen, sondern sind eine Referenz auf die Adresse der Variablen.

Der Ausdruck X+4 bedeutet in Pascal, daß die Variable X mit der Konstanten 4 summiert wird. Im Assembler bezieht sich der Ausdruck auf den Inhalt des Word an der Speicheradresse, die 4 Byte höher liegt als die Adresse der Variablen X.

Somit ist die Anweisung

```ASM
    MOV    AX,X+4
END;
```

zwar gültig, das Register wird jedoch nicht mit dem Wert von X geladen, sondern mit dem Inhalt des Word, der 4 Byte oberhalb von X gespeichert ist. Die Anweisung muß daher wie folgt geändert werden:

```ASM
    MOV    AX,X
    ADD    AX,4
END;
```

Konstanten

Der Assembler unterstützt _numerische_ und _String_-Konstanten.

Numerische Konstanten

Sind ganze Zahlen im Wertebereich von −2147483649 bis 4294967295.

In der Standardeinstellung werden diese in dezimaler Schreibweise (Basis 10) geschrieben. Es werden jedoch auch die binäre (Basis 2), die oktale (Basis 8) und die hexadezimale (Basis 16) Schreibweise unterstützt.

Hierfür wird an die Zahl eine Erweiterung für die betreffende Basis gestellt:

B　= binär
O　= oktal
H　= hexadezimal in Assembler-Anweisungen
$　= hexadezimal wie in Pascal-Anweisungen

▶　In Pascal-Ausdrücken stehen nur die dezimale und hexadezimale Schreibweise zur Verfügung.

String-Konstanten

Müssen entweder in Apostrophen »' '« oder Anführungszeichen »" "« stehen.

▶　String-Konstanten, die über eine DB-Anweisung deklariert wurden, haben keine Längenbeschränkung und ergeben eine Byte-Folge, die den ASCII-Zeichen der einzelnen Zeichen entsprechen.

▶　String-Konstanten, die über eine DW oder DD-Anweisung deklariert wurden, dürfen eine Länge von zwei bzw. vier Byte nicht überschreiten.

10.7

Register

Für die CPU-Register gibt es reservierte Symbole.

Bezeichnung	Reservierte Symbole
Allgemeine 16-Bit-Register	AX BX CX DX
Niederwertige 8-Bit-Register	AL BL CL DL
Höherwertige 8-Bit-Register	AH BH CH DH
16-Bit-Zeiger-Register	SP BP SI DI
16-Bit-Segment-Register	CS DS SS ES
80x87-Register-Stack	ST

■ Die Basis-Register **BP** und **BX** sowie die Index-Register **SI** und **DI** können für indizierte Speicherzugriffe verwendet werden. Hierfür sind die Registersymbole in eckige Klammern »[ ]« zu setzen.

■ Die Segment-Register **ES**, **CS**, **SS** und **DS** können zur Überschreibung der Segmentvorgabe benutzt werden. Hierfür muß auf das Registersymbol ein Doppelpunkt »:« folgen.

■ Das Register **ST** bezeichnet die Spitze des Coprozessor-Stacks. Jedes der acht Register kann durch das Symbol ST und eine Nummer in runden Klammern »( )« angesprochen werden (z.B. ST(3)). Die Nummer gibt dabei die Distanz zur Spitze des Stacks an.

Symbole

Mit dem integrierten Assembler kann auf fast alle Pascal-Symbole zugegriffen werden. Zusätzlich werden noch die Symbole

@Code @Data @Result

zur Verfügung gestellt.

▷ *@Code* steht für das Code-Segment.
▷ *@Data* steht für das Daten-Segment.
▷ *@Result* erlaubt den Zugriff auf das Ergebnis einer Funktion innerhalb des Anweisungsteils der Funktion.

Zusammenfassung der Symbol-Werte, -Klassen, -Typen

Symbol	Wert	Klasse	Typ
Label	Label-Adresse	Speicher	Short
Konstante	Konstantenwert	Konstante	0
Type	0	Speicher	wie SizeOF(Type)
Feld	Feld-Offset	Speicher	wie SizeOf(Feld)
Variable	Variablen-Adresse	Speicher	wie SizeOf(Variable)
Prozedur	Prozedur-Adresse	Speicher	NEAR oder FAR
Funktion	Funktion-Adresse	Speicher	NEAR und FAR
Unit	0	Konstante	0

10.7

@Code	Adresse Code-Segment	Speicher	0fff0H
@Data	Adresse Daten-Segment	Speicher	0fff0H
@Result	Offset der Result-Variablen	Speicher	

Ausdruck-Klassen

Es wird zwischen drei unterschiedlichen Klassen unterschieden:
- Register-Ausdrücke
- Speicher-Referenzen
- Konstante Ausdrücke

Register-Ausdrücke bestehen nur aus einem Registernamen.

Speicher-Referenzen verweisen auf Speicherstellen. (z.B. Variablen, typisierte Konstanten, Prozeduren, Funktionen, Pascal-Labels)

Konstante Ausdrücke weder Register- noch Speicher-Ausdrücke. Hierzu gehören untypisierte Konstanten und Typ-Bezeichner.

Ausdruck-Typen

Jeder Ausdruck hat eine bestimmte Größe, da der Assembler den Typ eines Ausdrucks als eine Größenangabe für den Speicherausdruck verwendet.

Es werden Typ-Prüfungen durchgeführt, soweit dies möglich ist.

Neben den in Pascal vorhandenen Symbol-Typen stellt der Assembler noch weitere zur Verfügung.

Symbol	Typ
BYTE	1
WORD	2
DWORD	4
QWORD	8
TBYTE	10
NEAR	0FFFEH
FAR	0FFFFH

Die Pseudo-Typen NEAR und FAR dienen zur Angabe des Aufrufmodells einer Prozedur/Funktion.

Wird z.B. im selben Modul einer als FAR deklarierten Prozedur ein Assembler-Block geschrieben, kann innerhalb des Moduls mit der NEAR-Anweisung der Aufruf durchgeführt werden.

```
PROZEDURE FarProc;FAR;
...
ASM
    PUSH CS
    CALL NEAR PTR FarProc
END;
```

10.7

Ausdruck-Operatoren

Der integrierte Assembler hat eine Reihe von Operatoren, die sich jedoch in der Rangfolge von Pascal erheblich unterscheiden. Die nachfolgende Tabelle gibt gleichzeitig die Rangfolge der Operatoren in absteigender Form an.

Operator	Beschreibung
&	Wird vor das selbstdefinierte Symbol gestellt, wenn ein vordefiniertes Symbol gleichen Namens des Assemblers existiert.
(...)	*Teilausdrücke* – Ausdrücke innerhalb runder Klammern werden komplett ausgewertet und als einziges Ausdrucks-Element behandelt. Ein weiterer Ausdruck kann vorangestellt werden. Das Ergebnis ergibt sich aus der Summe beider Ausdrücke, wobei der Ergebnistyp dem Typ des vorangestellten Ausdrucks entspricht.
[...]	*Speicher-Referenzen* – werden komplett ausgewertet und als einziges Ausdruck-Element behandelt. Der Klammerausdruck kann für indizierte Speicherzugriffe eine Kombination der Register BX, BP, SI oder DI und der Plus- und Minuszeichen enthalten. Ist der Speicherreferenz ein Ausdruck vorangestellt, ergibt sich als Ergebnis die Summe beider Ausdrücke. Das Ergebnis ist immer eine Speicher-Referenz des gleichen Typs wie der vorangestellte Ausdruck.
.	Dient zur Strukturauswahl von Record-Typen wie in Pascal.
HIGH	Liefert die acht höherwertigen Bits des konstanten Ausdrucks. Der Ausdruck muß dem Typ *WORD* entsprechen.
LOW	Liefert die acht niederwertigen Bits des konstanten Ausdrucks. Der Ausdruck muß dem Typ *WORD* entsprechen.
+	»Unäres Plus« – liefert den folgenden Ausdruck unverändert zurück. Der Operator dient zur expliziten Darstellung positiver Zahlen.
-	»Unäres Minus« – liefert den negierten Wert eines Ausdrucks zurück. Der Ausdruck muß ein absoluter, konstanter Wert sein.

10.7

:	»Segment-Vorgabe« – weist den Assembler an, die Adresse des folgenden Ausdrucks relativ zu einem bestimmten Segment zu berechnen. Das Segment wird durch die Register CS, DS, SS oder ES vor dem Doppelpunkt bestimmt. Das Ergebnis ist eine Speicherreferenz.
OFFSET:	Liefert den Offset-Anteil des folgenden Ausdrucks zurück. Das Ergebnis ist eine Konstante.
SEG:	Liefert den Segment-Anteil des folgenden Ausdrucks zurück. Das Ergebnis ist eine Konstante.
TYPE:	Liefert den Typ des folgenden Ausdrucks. Bei einer Konstanten hat das Ergebnis den Wert 0. Der Operator entspricht der Pascal-Funktion *SizeOf*.
PTR	»Typecast-Operator« – weist den Assembler an, den Datentyp des folgenden Ausdrucks durch einen anderen zu ersetzen. Der neue Datentyp entspricht dem des Ausdrucks vor dem Operator. Das Ergebnis ist eine Speicher-Referenz.
*	»Multiplikation« – beide Ausdrücke müssen absolute, konstante Werte sein.
/	«Ganzzahlige Division« – beide Ausdrücke müssen absolute, konstante Werte sein. Das Ergebnis ist ebenfalls ein absoluter, konstanter Wert.
MOD	»Modulo-Operator« – Rest einer ganzzahligen Division. Beide Ausdrücke müssen absolute, konstante Werte sein. Das Ergebnis ist ebenfalls ein absoluter, konstanter Wert.
SHL / SHR	»Logisches Links-/Rechtsschieben« – beide Ausdrücke müssen absolute, konstante Werte sein. Das Ergebnis ist ebenfalls ein absoluter, konstanter Wert.
+	»Addition« – die Ausdrücke können konstante Werte oder Speicher-Referenzen sein. Es darf jedoch nur einer der beiden Ausdrücke ein relozierbarer Wert sein. Das Ergebnis ist in jedem Fall ein relozierbarer Wert, wenn ein Ausdruck relozierbar ist. Sind beide Ausdrücke Speicher-Referenzen, dann ist auch das Ergebnis eine Speicher-Referenz.

10.7

»Subtraktion« – die Klasse des ersten Ausdrucks kann beliebig sein, der zweite Ausdruck muß ein absoluter, konstanter Wert sein. Die Klasse des Ergebnisses entspricht der Klasse des ersten Ausdrucks.

NOT »Bitweise Negation« – der Ausdruck muß ein absoluter, konstanter Ausdruck sein. Das Ergebnis ist vom gleichen Typ.

AND »Bitweise Und-Verknüpfung« – beide Ausdrücke müssen absolute, konstante Werte sein. Das Ergebnis ist vom gleichen Typ.

OR »Bitweise Oder-Verknüpfung« – beide Ausdrücke müssen absolute, konstante Werte sein. Das Ergebnis ist vom gleichen Typ.

XOR «Bitweise Exklusiv-Oder-Verknüpfung» – beide Ausdrücke müssen absolute, konstante Werte sein. Das Ergebnis ist vom gleichen Typ.

Anmerkungen

Werden die Register BP, SP, SS, DS und DS verwendet, müssen diese vor dem Verlassen des Assembler-Blocks die gleichen Werte wie beim Eintritt aufweisen. Alle anderen Register stehen ohne Einschränkung zur Verfügung.

Folgende Register erhalten beim Aufruf Werte zugewiesen:
- BP: Zeigt auf den aktuellen Stack-Rahmen.
- SP: Zeigt auf die Spitze des Stacks.
- SS: Enthält die Segmentadresse des Stack-Segments.
- DS: Enthält die Segmentadresse des Daten-Segments.

Alle anderen Register haben keinen definierten Inhalt.

Der integrierte Assembler unterstützt Befehle für den Prozessor 80286 und die Coprozessoren 80x87. Hierfür müssen die Compiler-Schalter {$G+} bzw./und {$N+} eingeschaltet sein.

Der **RET**-Befehl erzeugt je nach Aufrufmodell NEAR oder FAR den entsprechenden Maschinencode für NEAR und FAR.

Sprung-Befehle werden auf den kürzesten und effizientesten Befehl angepaßt. Die Optimierung erfolgt bei allen unbedingten Sprüngen. Bei bedingten Sprüngen wird nur optimiert, wenn als Sprungziel ein Label angegeben ist.

10.7

ASSEMBLER-Anweisungen wie
```
ByteVar  DB ?
WordVar  DW ?
  ..
  MOV  AL,ByteVar
  MOV  BX,WordVar
```

werden nicht unterstützt. Hier müssen entsprechende Pascal-
Anweisungen verwendet werden.

```
VAR  ByteVar: Byte;
     WordVar: Word;

ASM
    MOV  AL,ByteVar
    MOV  BX,WordVar
END;
```

▓ Soweit möglich, sollten Bezeichner, die den reservierten Operanden
des Assemblers entsprechen, vermieden werden.

```
VAR  CH: Char;

ASM
    MOV  CH,1
END;
```

Hier wurde der Wert dem Register CH zugewiesen und nicht der
Variablen CH. Um die Variable anzusprechen, muß das Zeichen
»&« vorangestellt werden.

```
VAR  CH: Char;

ASM
    MOV  &CH,1
END;
```

▓ Lokale Variablen (Deklaration innerhalb Prozeduren und Funktionen) werden immer auf dem Stack angelegt und relativ zu SS:BP
adressiert.

▓ Für den Assembler ist der Offset einer lokalen Variablen nur der
Offset zum zugehörigen Base Pointer (BP). Deshalb ist Vorsicht gebo-
ten, wenn auf lokale Variablen außerhalb des momentanen
Gültigkeitsbereiches zugegriffen wird.

▓ **VAR**-Parameter werden als 32-Bit-Zeiger mit einer Größe von 4
Byte behandelt. Soll also auf den Inhalt eines VAR-Parameters
zugegriffen werden, muß zunächst der 32-Bit-Zeiger geladen werden
und dann die Speicherstelle, auf die der Zeiger verweist.

```
FUNCTION Sum (VAR x,y: Integer): Integer;
BEGIN
    ASM
        LES  BX,x
        MOV  AX,ES:[BX]
        LES  BX,y
        ADD  AX,ES:[BX]
        MOV  @Result,AX
    END;
END;
```

10.7

Beispiel:

Deklaration mit DB, DW und DW-Anweisungen.

```
ASM
    DB    OFFH              { ein Byte }
    DB    'A'               { ein Byte }
    DB    'Turbo ',ODH,OAH  { acht Byte }
    DW    OFFFFH            { ein Wort }
    DW    'BA'              { ein WORD }
    DW    <variable>        { Offset von variable }
    DD    OFFFFFFFFH        { ein DWord }
    DD    'ABCD'            { ein DWord }
    DD    <variable>        { Zeiger auf variable }
END;
```

Verweise

ASSEMBLER-Direktive **4.8**, ASSEMBLER-Kontrollstruktur **5.1**.

10.7

10.8 Compiler-Fehler

Fehler während der Compilierung werden ausgelöst durch syntaktisch
unzulässige Konstrukte wie
- fehlende oder überzählige Elemente;
- falsch geschriebene Schlüsselwörter, Variablennamen;
- Überschreitung der Speichergrenzen;
- nicht angepasste Einstellungen im Menü OPTION/COMPILER.

Ausgabe der Fehlermeldung
- Sobald der Compiler einen Fehler erkennt, gibt er eine Meldung mit
Zusatzinformationen aus.

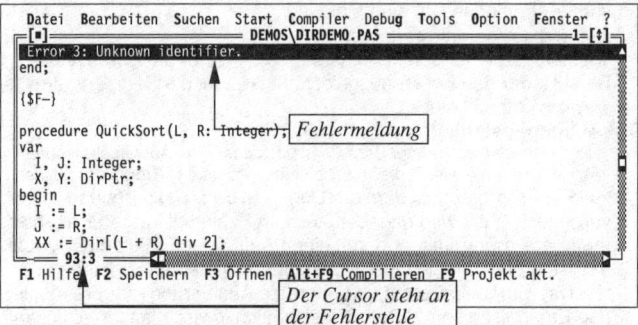

- Falls die gerade compilierte Datei nicht im Speicher vorhanden ist,
wird sie geladen und der Cursor positioniert. Der Fehlermeldungstext
verschwindet nach einem Tastendruck.
- [Strg]+[Q][W] oder Aktion Menü **SUCHEN/LETZTEN FEHLER ZEIGEN** zeigen
die Fehlermeldung erneut am Bildschirm.
- Der Fehler liegt in verschiedenen Fällen einige Zeilen vor der
angezeigten Cursorstelle, da er vom Compiler erst später erkannt werden kann.
- [F1] bringt eine Erklärung zur angezeigten Fehlermeldung auf den
Bildschirm in einem Hilfefenster (siehe 1.1).

10.8

10.9 Laufzeitfehler

Turbo Pascal unterscheidet bei Fehlern, die während der Ausführung eines Programms auftreten, zwei Klassen:

■ *Ein-/Ausgabefehler* (»I/O Errors«) haben Codes im Bereich von 1..199 und können über den Compiler-Befehl {$I-} abgefangen werden (siehe 3.3).

■ *Fehler mit sofortigem Abbruch* (»Fatal Errors«) haben Codes im Bereich von 200..249 und einen unbedingten Abbruch zur Folge; programmgesteuerte Korrekturmaßnahmen sind hier nicht möglich.

Programmabbruch

▶ Beim Abbruch durch einen Laufzeitfehler erscheint (unabhängig von der Fehlerklasse) eine Meldung

`Runtime error nnn at xxxx:yyyy`

nnn steht dabei für den Fehlercode, xxxx:yyyy für die Adresse des Befehls, der den Fehler ausgelöst hat (xxxx ist die Segmentadresse, yyyy der Offset-Anteil).

Ein-/Ausgabebefehle

▶ Normalerweise codiert der Compiler nach jedem Ein-/ Ausgabebefehl den Aufruf einer Prüfroutine, die im Falle eines Fehlers das Programm abbricht.

▶ Ein Programmteil, dem der Compiler-Befehl {$I-} (siehe 3.3) vorangestellt ist, wird dagegen auch im Fehlerfall fortgesetzt – hier muß der Programmierer durch einen Aufruf der Funktion **IOResult** explizit prüfen, ob die Operation fehlerfrei verlaufen ist (siehe 8.7).

▶ Das Ergebnis 0 steht für fehlerfreie Ausführung; andere mögliche Ergebnisse von **IOResult** lassen sich in vier Klassen einteilen:

1..99	Fehlercodes von DOS
100..149	Fehler bei der Bearbeitung von Dateien
150..199	Schwerwiegende Fehler (Laufwerksklappe offen, kein Papier im Drucker usw.)
200..249	Fehler mit sofortigem Abbruch des Programms

Fehler von DOS

1 Ungültiger Dos-Funktionscode
(Invalid function number)
Aufruf einer nicht existierenden DOS-Funktion.

2 Datei nicht gefunden
(File not found)
Ausgelöst von Reset, Append, Rename und Erase, wenn der der Datei-Variablen zugeordnete Name keine existierende Datei bezeichnet bzw. diese Datei

nicht innerhalb des momentanen bzw. angegebenen Verzeichnisses zu finden ist.

3 Pfad nicht gefunden
(Path not found)
– Ausgelöst von Reset, Rewrite, Append, Rename und Erase, wenn der der Datei-Variablen zugeordnete Name einen ungültigen oder nicht existierenden Suchweg angibt.
– Ausgelöst von ChDir, MkDir und RmDir, wenn der angegebene Suchweg ungültig ist oder ein nicht existierendes Verzeichnis bezeichnet.

4 Zu viele Dateien geöffnet
(Too many open files)
Ausgelöst von Reset, Rewrite und Append, wenn das System die Eröffnung einer weiteren Datei aufgrund fehlender Dateipuffer verweigert. Maximal sind 15 Diskettendateien pro Prozeß erlaubt – falls dieser Fehler früher erscheint, sollte die Datei CONFIG.SYS geprüft und gegebenenfalls um den Befehl FILES=20 erweitert werden.
Hinweis: Damit Veränderungen von CONFIG.SYS wirksam werden, muß der Computer neu gestartet werden.

5 Zugriff auf Datei verweigert
(File access denied)
– Ausgelöst von Reset und Append, wenn das Feld FileMode der Datei-Variablen Schreib- und Lesezugriffe erlaubt und die Datei-Variable einer gegen Überschreiben gesperrten Datei oder einem Unterverzeichnis zugeordnet ist.
– Ausgelöst von Rewrite, wenn die Datei-Variable einem Unterverzeichnis zugeordnet ist oder das entsprechende Verzeichnis bei der Erzeugung einer neuen Datei keinen Platz für den Dateieintrag bietet.
– Ausgelöst von Rename, wenn der der Datei-Variablen zugeordnete Name ein Unterverzeichnis bezeichnet oder bereits eine Datei mit dem neuen Namen existiert.
– Ausgelöst von Erase, wenn der der Datei-Variablen zugeordnete Name ein Unterverzeichnis oder eine gegen Schreibzugriffe gesperrte Datei bezeichnet.
– Ausgelöst von MkDir, wenn bereits eine »normale« Datei des angegebenen Namens innerhalb des Verzeichnisses existiert, in dem das Unterverzeichnis eingetragen werden soll, das Verzeichnis keinen Platz für einen weiteren Eintrag bietet oder der angegebene Suchpfad ein Peripheriegerät bezeichnet.
– Ausgelöst von RmDir, wenn das angegebene Verzeichnis nicht leer ist (d.h. noch Dateieinträge enthält) oder wenn es sich beim angegebenen Suchpfad um eine »normale« Datei oder um das Stammverzeichnis des Datenträgers handelt.
– Ausgelöst von Read oder BlockRead bei einer typisierten bzw. untypisierten Datei, wenn diese Datei nicht für Leseoperationen geöffnet wurde.
– Ausgelöst von Write oder BlockWrite bei einer typisierten bzw. untypisierten Datei, wenn diese Datei nicht für Schreiboperationen geöffnet wurde.

10.9

6 Ungültiges Datei-Handle
(Invalid file handle)
Dieser Fehler sollte theoretisch nicht vorkommen (solange mit Pascal-Prozeduren gearbeitet wird) – falls doch, ist die Datei-Variable aus irgendeinem Grund überschrieben bzw. zerstört worden.

12 Ungültiger Zugriffscode
(Invalid file access mode)
Ausgelöst von Reset und Append bei der Anwendung auf typisierte und untypisierte Dateien, wenn der angegebene Zugriff nicht möglich ist, weil das Feld FileMode einen ungültigen Wert hat.

15 Ungültiges Laufwerk
(Invalid drive number)
Ausgelöst von GetDir, wenn die angegebene Laufwerksnummer außerhalb der zulässigen Grenzen liegt.

16 Aktuelles Verzeichnis kann nicht gelöscht werden
(Cannot remove current directory)
Ausgelöst von RmDir beim Versuch, das momentan gesetzte Verzeichnis zu löschen.

17 Umbenennen über Laufwerke hinweg nicht erlaubt
(Cannot rename across drives)
Ausgelöst von Rename, wenn für den alten und den neuen Dateinamen zwei verschiedene Laufwerke angegeben werden.

18 Keine weiteren Dateien
(No more files)
Ausgelöst durch die Prozeduren FindFirst und FindNext, wenn diese keine weitere Dateien mehr finden. Die Variable DosError hat den Wert 18.

Fehler bei der Bearbeitung von Dateien

100 Fehler beim Lesen von Diskette/Festplatte
(Disk read error)
Ausgelöst von Read beim Versuch, über das Ende einer typisierten Datei hinaus weitere Daten zu lesen.

101 Fehler beim Schreiben auf Diskette/Festplatte
(Disk write error)
Ausgelöst von Close, Write, Writeln, Flush und Page, wenn die Diskette voll ist.

102 Datei-Variable ist keiner Datei zugeordnet
(File not assigned)
Ausgelöst von Reset, Rewrite, Append, Rename und Erase, wenn die Datei-Variable noch nicht (durch einen Aufruf von Assign) einer Datei zugeordnet wurde.

10.9

103 Datei nicht geöffnet
(File not open)
Ausgelöst von Close, Read, Write, Seek, Eof, FilePos, FileSize, Flush, BlockRead und BlockWrite bei der Anwendung auf eine Datei, die noch nicht geöffnet wurde.

104 Datei wurde nicht für Leseoperationen geöffnet
(File not open for input)
Ausgelöst von Read, Readln, Eof, Eoln, SeekEof und SeekEoln bei der
Anwendung auf eine Textdatei, die nur für Schreiboperationen geöffnet
wurde.

105 Datei wurde nicht für Schreiboperationen geöffnet
(File not open for output)
Ausgelöst von Write, Writeln und Page bei der Anwendung auf eine Textdatei,
die nur für Leseoperationen geöffnet wurde.

106 Ungültiges numerisches Format
(Invalid numeric format)
Ausgelöst von Read oder Readln, wenn von einer Textdatei gelesene Werte
nicht dem numerischen Format der angegebenen Variablen entsprechen.

Critical Errors

150 Diskette ist schreibgeschützt
(Disk is write protected)

151 Peripheriegerät nicht bekannt/nicht angeschlossen
(Unknown Unit)

152 Laufwerk nicht bereit
(Drive not ready)

153 Ungültiger DOS-Funktions code/Funktion nicht definiert
(Unknown command)

154 CRC-Fehler in Daten
(CRC error in data)

155 Ungültiger Disk-Parameterblock
(Bad drive request structure length)

156 Seek-Fehler auf Diskette/Platte
(Disk seek error

157 Unbekanntes Sektorformat
(Unknown media type)

158 Sektor nicht gefunden
(Sector not found)

159 Drucker hat kein Papier
(Printer out of paper

160 Fehler beim Schreiben auf Peripheriegerät
(Device write fault

161 Fehler beim Lesen von einem Peripheriegerät
(Device read fault

162 Hardware-Fehler
(Hardware failure)

10.9

Fehler mit sofortigem Abbruch (»Fatal Errors«)

200 Division durch null
(Division by zero)

201 Bereichsüberschreitung
(Range check error)
Dieser Fehler tritt auf, wenn eine der folgenden Bedingungen zutrifft:
– der Index-Ausdruck bei einem Zugriff auf ein Array gibt ein nicht existierendes Element an (d.h., sein Wert überschreitet die Array-Grenzen);
– das Programm hat versucht, einer Variablen einen Wert außerhalb ihres
  zulässigen Bereichs zuzuweisen;
– das Programm hat versucht, einer Prozedur oder Funktion einen Wert zu
  übergeben, der außerhalb des zulässigen Wertebereichs des entsprechenden formalen Parameters dieser Routine liegt.

202 Stack-Überlauf
(Stack overflow error)
Dieser Fehler tritt auf, wenn das Programm im Modus {$S+} compiliert wurde
und es sich nun beim Aufruf einer Prozedur oder Funktion herausstellt, daß
nicht mehr genügend Platz auf dem Stack vorhanden ist. (Solange es sich
nicht um einen Programmierfehler handelt: mit dem Compiler-Befehl {$M}
sollte die Größe des Stacks entsprechend erhöht werden.)

203 Heap-Überlauf
(Heap overflow error)
Dieser Fehler wird von New und GetMem ausgelöst, wenn nicht mehr genug
Platz auf dem Heap ist, um einen Speicherbereich der gewünschten Größe zu
belegen (siehe 6.8).

204 Ungültige Zeiger-Operation
(Invalid pointer operation)
Dieser Fehler wird von Dispose oder FreeMem erzeugt, wenn die übergebene
Zeigervariable den Wert nil hat, auf eine Adresse außerhalb des Heap zeigt
oder die Fragmentliste keine weiteren Einträge mehr aufnehmen kann
(siehe 6.8).

205 Überlauf bei Gleitkomma-Operation
(Floating point overflow)

206 Unterlauf bei Gleitkomma-Operation
(Floating point underflow)
Unterläufe liefern normalerweise den Wert 0 – dieser Fehler tritt nur bei
Verwendung eines numerischen Coprozessors und der Freigabe des Bits für
Unterläufe im Statusregister des 8087 auf.

207 Fehler bei Gleitkomma-Operation
(Invalid floating point operation)
– Ausgelöst von Trunc und Round, wenn der übergebene Real-Wert nicht
  innerhalb der Bereichsgrenzen von LongInt (–2147483648.. 2147483647) in
  einen ganzzahligen Wert konvertiert werden konnte.
– Ausgelöst von Sqrt bei Aufrufen mit negativem Argument.
– Ausgelöst von Ln bei Aufrufen mit negativem Argument oder dem Wert 0.
– Ausgelöst durch einen Stack-Überlauf des 8087 (mehr als acht
  Zwischenergebnissen bzw. Überlauf durch Rekursion).

10.9

208 Overlay-Manager nicht installiert

(Overlay manager not installed)

Das Programm hat versucht, vor der Initialisierung des Overlay-Managers eine Overlay-Routine aufzurufen. Entweder fehlt der für Overlay-Programme obligatorische Aufruf OvrInit, oder diese Funktion konnte aus einem anderen Grund nicht fehlerfrei beendet werden (z.B. Overlay-Datei nicht gefunden, unzureichender Speicherplatz usw.).

Ein anderer Grund wäre, daß eine der Overlay-Units einen Initialisierungsteil definiert – dann muß eine statische Unit programmiert werden, die jedoch vor der entsprechenden Overlay-Unit mit uses angegeben wird und deren Initialisierung die Overlay-Verwaltung startet.

209 Lesefehler bei Overlay-Datei

(Overlay file read error)

Wenn die Overlay-Verwaltung ein Overlay nicht korrekt von der Diskette lesen kann, wird mit diesem Code ein Programm abgebrochen (nur, wenn die entsprechende Unit tatsächlich benötigt wird – OvrInit und OvrInitEMS setzen im Fehlerfall nur die Statusvariable OvrError).

210 Objekt nicht initialisiert

(Object not initialized)

Es wurde versucht, die virtuelle Methode eines Objekts aufzurufen, obwohl dieses Objekt noch nicht (mittels eines Konstruktor-Aufrufs) initialisiert wurde. Der Fehler erscheint, wenn die Bereichsüberprüfung mit {$R+} eingeschaltet ist.

211 Aufruf einer abstrakten Methode (Version 6)

(Call to abstract method)

Der Fehler wird von der Prozedur *Abstract* in der Unit *Object* ausgelöst und zeigt an, daß das Programm versucht hat, eine abstrakte virtuelle Methode aufzurufen. Zu dem Objekt muß ein neues Objekt abgeleitet werden, das die abstrakten Methoden des alten Objekts überschreibt.

212 Fehler bei der Stream-Registrierung (Version 6)

(Stream registration error)

Der Fehler wird von der Prozedur *RegisterType* der Unit *Objects* ausgelöst. Es können folgende Fehler vorliegen:

– Der Stream-Registrierungsrecord befindet sich nicht im Datensegment.

– Das Feld *ObjType* des Stream-Registrierungsrecords enthält den Wert Null.

– Der Typ wurde schon registriert.

– Es existiert schon ein anderer Typ mit dem gleichen Wert in *ObjType*.

213 Kollektion-Index außerhalb des zulässigen Bereichs (Version 6)

(Collection Index out of range)

Der Index, der beim Aufruf einer Methode vom *TCollection* übergeben wurde, liegt außerhalb des zulässigen Bereichs.

214 Kollektion-Überlauf (Version 6)

(Collection overflow error)

Der Fehler wird von *TCollection* ausgelöst, wenn versucht wird, einer Kollektion, die nicht mehr erweitert werden kann, ein Element hinzuzufügen.

10.9

215 Arithmetik-Überlauf (Version 7)

(Arithmetic overflow error)

Ist der Compilerschalter {$Q+} eingeschaltet, dann wird dieser Fehler durch eine bereichsüberschreitende Integer-Operation ausgelöst. Ferner wird diese Fehlermeldung gezeigt, wenn das Ergebnis einer Integer-Operation außerhalb der zulässigen Grenzen liegt.

216 Allgemeine Schutzverletzung (Version 7)

(General protection fault)

Diese Fehlermeldung wird gezeigt, wenn auf einen nicht zugriffsberechtigten Speicherbereich zugegriffen wird. Ausgelöst wird der Fehler durch

– Laden von konstanten Werten in das Segment-Register

– Benutzen des Segment-Registers als Zwischenspeicher von temp. Variablen

– Schreiboperationen in das Code-Segment

– Ausführung von arithmetischen Operationen über das Segment-Register

– Dereferenzierung von nil-Zeigern.

10.9

ZEICHENSATZTABELLE

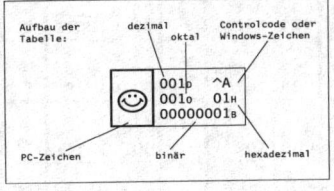

Aufbau der Tabelle:

dezimal
oktal
Controlcode oder Windows-Zeichen

001_D
001_O
00000001_B

^{A}
01_H

PC-Zeichen
binär
hexadezimal

10.9

Zeichen	^	Dez	Okt	Hex	Binär
	^@	000D	000o	00H	00000000B
☺	^A	001D	001o	01H	00000001B
☻	^B	002D	002o	02H	00000010B
♥	^C	003D	003o	03H	00000011B
♦	^D	004D	004o	04H	00000100B
♣	^E	005D	005o	05H	00000101B
♠	^F	006D	006o	06H	00000110B
●	^G	007D	007o	07H	00000111B
◙	^H	008D	010o	08H	00001000B
○	^I	009D	011o	09H	00001001B
◘	^J	010D	012o	0AH	00001010B
♂	^K	011D	013o	0BH	00001011B
♀	^L	012D	014o	0CH	00001100B
♪	^M	013D	015o	0DH	00001101B
♫	^N	014D	016o	0EH	00001110B
☼	^O	015D	017o	0FH	00001111B
►	^P	016D	020o	10H	00010000B
◄	^Q	017D	021o	11H	00010001B
↕	^R	018D	022o	12H	00010010B
‼	^S	019D	023o	13H	00010011B
¶	^T	020D	024o	14H	00010100B
§	^U	021D	025o	15H	00010101B
▬	^V	022D	026o	16H	00010110B
↨	^W	023D	027o	17H	00010111B
↑	^X	024D	030o	18H	00011000B
↓	^Y	025D	031o	19H	00011001B
→	^Z	026D	032o	1AH	00011010B
←	^[	027D	033o	1BH	00011011B
∟	^\	028D	034o	1CH	00011100B
↔	^]	029D	035o	1DH	00011101B
▲	^^	030D	036o	1EH	00011110B
▼	^_	031D	037o	1FH	00011111B
		032D	040o	20H	00100000B
!		033D	041o	21H	00100001B
"		034D	042o	22H	00100010B
#		035D	043o	23H	00100011B
$		036D	044o	24H	00100100B
%		037D	045o	25H	00100101B
&		038D	046o	26H	00100110B
'		039D	047o	27H	00100111B
(		040D	050o	28H	00101000B
)		041D	051o	29H	00101001B
*		042D	052o	2AH	00101010B
+		043D	053o	2BH	00101011B
,		044D	054o	2CH	00101100B
-		045D	055o	2DH	00101101B
.		046D	056o	2EH	00101110B
/		047D	057o	2FH	00101111B
0		048D	060o	30H	00110000B
1		049D	061o	31H	00110001B
2		050D	062o	32H	00110010B
3		051D	063o	33H	00110011B
4		052D	064o	34H	00110100B
5		053D	065o	35H	00110101B
6		054D	066o	36H	00110110B
7		055D	067o	37H	00110111B
8		056D	070o	38H	00111000B
9		057D	071o	39H	00111001B
:		058D	072o	3AH	00111010B
;		059D	073o	3BH	00111011B
<		060D	074o	3CH	00111100B
=		061D	075o	3DH	00111101B
>		062D	076o	3EH	00111110B
?		063D	077o	3FH	00111111B

@	064D @ 100o 40H 01000000B	P	080D P 120o 50H 01010000B	'	096D ` 140o 60H 01100000B	p	112D p 160o 70H 01110000B
A	065D A 101o 41H 01000001B	Q	081D Q 121o 51H 01010001B	a	097D a 141o 61H 01100001B	q	113D q 161o 71H 01110001B
B	066D B 102o 42H 01000010B	R	082D R 122o 52H 01010010B	b	098D b 142o 62H 01100010B	r	114D r 162o 72H 01110010B
C	067D C 103o 43H 01000011B	S	083D S 123o 53H 01010011B	c	099D c 143o 63H 01100011B	s	115D s 163o 73H 01110011B
D	068D D 104o 44H 01000100B	T	084D T 124o 54H 01010100B	d	100D d 144o 64H 01100100B	t	116D t 164o 74H 01110100B
E	069D E 105o 45H 01000101B	U	085D U 125o 55H 01010101B	e	101D e 145o 65H 01100101B	u	117D u 165o 75H 01110101B
F	070D F 106o 46H 01000110B	V	086D V 126o 56H 01010110B	f	102D f 146o 66H 01100110B	v	118D v 166o 76H 01110110B
G	071D G 107o 47H 01000111B	W	087D W 127o 57H 01010111B	g	103D g 147o 67H 01100111B	w	119D w 167o 77H 01110111B
H	072D H 110o 48H 01001000B	X	088D X 130o 58H 01011000B	h	104D h 150o 68H 01101000B	x	120D x 170o 78H 01111000B
I	073D I 111o 49H 01001001B	Y	089D Y 131o 59H 01011001B	i	105D i 151o 69H 01101001B	y	121D y 171o 79H 01111001B
J	074D J 112o 4AH 01001010B	Z	090D Z 132o 5AH 01011010B	j	106D j 152o 6AH 01101010B	z	122D z 172o 7AH 01111010B
K	075D K 113o 4BH 01001011B	[	091D [133o 5BH 01011011B	k	107D k 153o 6BH 01101011B	{	123D { 173o 7BH 01111011B
L	076D L 114o 4CH 01001100B	\	092D \ 134o 5CH 01011100B	l	108D l 154o 6CH 01101100B	|	124D | 174o 7CH 01111100B
M	077D M 115o 4DH 01001101B	]	093D] 135o 5DH 01011101B	m	109D m 155o 6DH 01101101B	}	125D } 175o 7DH 01111101B
N	078D N 116o 4EH 01001110B	^	094D ^ 136o 5EH 01011110B	n	110D n 156o 6EH 01101110B	~	126D ~ 176o 7EH 01111110B
O	079D O 117o 4FH 01001111B		095D _ 137o 5FH 01011111B	o	111D o 157o 6FH 01101111B		127D ■ 177o 7FH 01111111B

Char	Dec	Oct	Hex	Bin
Ç	128D	200o	80H	10000000B
ü	129D	201o	81H	10000001B
é	130D	202o	82H	10000010B
â	131D	203o	83H	10000011B
ä	132D	204o	84H	10000100B
à	133D	205o	85H	10000101B
å	134D	206o	86H	10000110B
ç	135D	207o	87H	10000111B
ê	136D	210o	88H	10001000B
ë	137D	211o	89H	10001001B
è	138D	212o	8AH	10001010B
ï	139D	213o	8BH	10001011B
î	140D	214o	8CH	10001100B
ì	141D	215o	8DH	10001101B
Ä	142D	216o	8EH	10001110B
Å	143D	217o	8FH	10001111B
É	144D	220o	90H	10010000B
æ	145D	221o	91H	10010001B
Æ	146D	222o	92H	10010010B
ô	147D	223o	93H	10010011B
ö	148D	224o	94H	10010100B
ò	149D	225o	95H	10010101B
û	150D	226o	96H	10010110B
ù	151D	227o	97H	10010111B
ÿ	152D	230o	98H	10011000B
Ö	153D	231o	99H	10011001B
Ü	154D	232o	9AH	10011010B
¢	155D	233o	9BH	10011011B
£	156D	234o	9CH	10011100B
¥	157D	235o	9DH	10011101B
Pt	158D	236o	9EH	10011110B
ƒ	159D	237o	9FH	10011111B
á	160D	240o	A0H	10100000B
í	161D	241o	A1H	10100001B
ó	162D	242o	A2H	10100010B
ú	163D	243o	A3H	10100011B
ñ	164D	244o	A4H	10100100B
Ñ	165D	245o	A5H	10100101B
a	166D	246o	A6H	10100110B
o	167D	247o	A7H	10100111B
¿	168D	250o	A8H	10101000B
⌐	169D	251o	A9H	10101001B
¬	170D	252o	AAH	10101010B
½	171D	253o	ABH	10101011B
¼	172D	254o	ACH	10101100B
¡	173D	255o	ADH	10101101B
«	174D	256o	AEH	10101110B
»	175D	257o	AFH	10101111B
░	176D	260o	B0H	10110000B
▒	177D	261o	B1H	10110001B
▓	178D	262o	B2H	10110010B
│	179D	263o	B3H	10110011B
┤	180D	264o	B4H	10110100B
╡	181D	265o	B5H	10110101B
╢	182D	266o	B6H	10110110B
╖	183D	267o	B7H	10110111B
╕	184D	270o	B8H	10111000B
╣	185D	271o	B9H	10111001B
║	186D	272o	BAH	10111010B
╗	187D	273o	BBH	10111011B
╝	188D	274o	BCH	10111100B
╜	189D	275o	BDH	10111101B
╛	190D	276o	BEH	10111110B
┐	191D	277o	BFH	10111111B

Grafik	Zeichen	Dezimal	Oktal	Hex	Binär
└	À	192D	300o	C0H	11000000B
┴	Á	193D	301o	C1H	11000001B
┬	Â	194D	302o	C2H	11000010B
├	Ã	195D	303o	C3H	11000011B
─	Ä	196D	304o	C4H	11000100B
┼	Å	197D	305o	C5H	11000101B
╞	Æ	198D	306o	C6H	11000110B
╟	Ç	199D	307o	C7H	11000111B
╚	È	200D	310o	C8H	11001000B
╔	É	201D	311o	C9H	11001001B
╩	Ê	202D	312o	CAH	11001010B
╦	Ë	203D	313o	CBH	11001011B
╠	Ì	204D	314o	CCH	11001100B
═	Í	205D	315o	CDH	11001101B
╬	Î	206D	316o	CEH	11001110B
╧	Ï	207D	317o	CFH	11001111B
╨	Ð	208D	320o	D0H	11010000B
╤	Ñ	209D	321o	D1H	11010001B
╥	Ò	210D	322o	D2H	11010010B
╙	Ó	211D	323o	D3H	11010011B
╘	Ô	212D	324o	D4H	11010100B
╒	Õ	213D	325o	D5H	11010101B
╓	Ö	214D	326o	D6H	11010110B
╫	×	215D	327o	D7H	11010111B
╪	Ø	216D	330o	D8H	11011000B
┘	Ù	217D	331o	D9H	11011001B
┌	Ú	218D	332o	DAH	11011010B
█	Û	219D	333o	DBH	11011011B
▄	Ü	220D	334o	DCH	11011100B
▌	Ý	221D	335o	DDH	11011101B
▐	Þ	222D	336o	DEH	11011110B
▀	ß	223D	337o	DFH	11011111B
α	à	224D	340o	E0H	11100000B
β	á	225D	341o	E1H	11100001B
Γ	â	226D	342o	E2H	11100010B
π	ã	227D	343o	E3H	11100011B
Σ	ä	228D	344o	E4H	11100100B
σ	å	229D	345o	E5H	11100101B
µ	æ	230D	346o	E6H	11100110B
τ	ç	231D	347o	E7H	11100111B
Φ	è	232D	350o	E8H	11101000B
θ	é	233D	351o	E9H	11101001B
Ω	ê	234D	352o	EAH	11101010B
δ	ë	235D	353o	EBH	11101011B
∞	ì	236D	354o	ECH	11101100B
φ	í	237D	355o	EDH	11101101B
∈	î	238D	356o	EEH	11101110B
∩	ï	239D	357o	EFH	11101111B
≡	ð	240D	360o	F0H	11110000B
±	ñ	241D	361o	F1H	11110001B
≥	ò	242D	362o	F2H	11110010B
≤	ó	243D	363o	F3H	11110011B
⌠	ô	244D	364o	F4H	11110100B
⌡	õ	245D	365o	F5H	11110101B
÷	ö	246D	366o	F6H	11110110B
≈	÷	247D	367o	F7H	11110111B
°	ø	248D	370o	F8H	11111000B
•	ù	249D	371o	F9H	11111001B
·	ú	250D	372o	FAH	11111010B
√	û	251D	373o	FBH	11111011B
ⁿ	ü	252D	374o	FCH	11111100B
²	ý	253D	375o	FDH	11111101B
■	þ	254D	376o	FEH	11111110B
	ÿ	255D	377o	FFH	11111111B

196	179		205	186	
─	│		═	║	
218	**194**	**191**	**201**	**203**	**187**
┌	┬	┐	╔	╦	╗
195	**197**	**180**	**204**	**206**	**185**
├	┼	┤	╠	╬	╣
192	**193**	**217**	**200**	**202**	**188**
└	┴	┘	╚	╩	╝

196	186		205	179	
─	║		═	│	
214	**210**	**183**	**213**	**209**	**184**
╓	╥	╖	╒	╤	╕
199	**215**	**182**	**198**	**216**	**181**
╟	╫	╢	╞	╪	╡
211	**208**	**189**	**212**	**207**	**190**
╙	╨	╜	╘	╧	╛

Stichwortverzeichnis

Alphabetisches Befehlsverzeichnis

**Ausklappbares
Inhaltsverzeichnis**